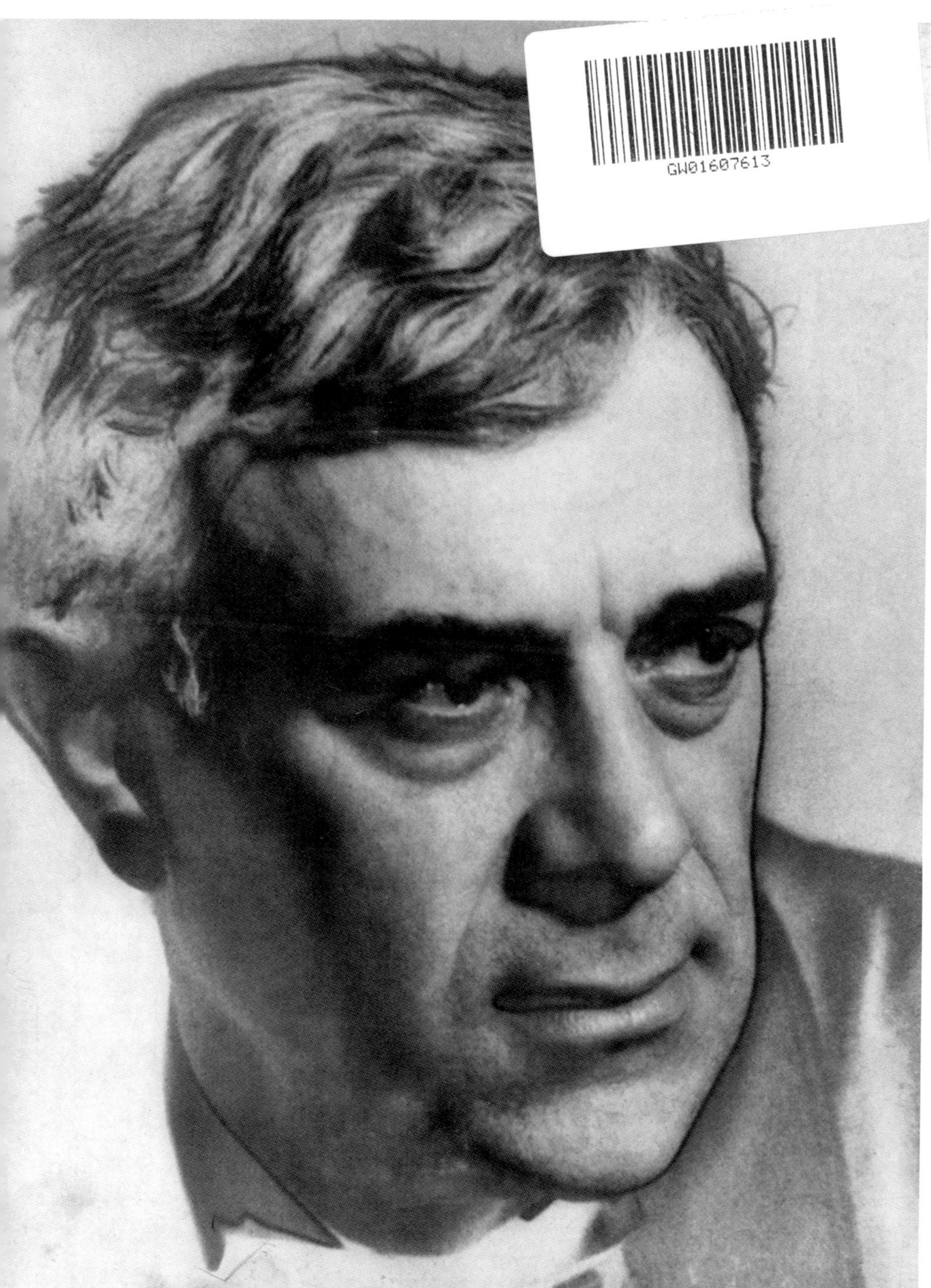

Biographie

1882. Georges Braque est né le 13 mai à Argenteuil-sur-Seine. Son père exploite une entreprise de peinture en bâtiment. Il est également peintre amateur.

1890. La famille Braque s'installe au Havre.

1897. Braque suit les cours du soir de l'école des Beaux-Arts du Havre.

1899. Il quitte le lycée et entre en apprentissage chez le peintre décorateur Roney.

1902. Établi à Paris, Braque choisit de devenir artiste. Il s'installe à Montmartre et suit l'enseignement de l'académie Humbert.

1906. Braque donne deux toiles à l'exposition du Cercle de l'art moderne du Havre, qui réunit des peintres fauves.

Au XXIIe Salon des Indépendants, il expose sept toiles qu'il détruira plus tard.

À partir d'octobre, il séjourne à L'Estaque durant cinq mois.

1907. Il expose six paysages de L'Estaque au Salon des Indépendants, dont cinq sont achetés par le collectionneur allemand Wilhelm Uhde.

Il rencontre Matisse, Derain et Vlaminck.

À l'automne, il rend visite à Picasso dans son atelier du Bateau-Lavoir à Montmartre et découvre *Les Demoiselles d'Avignon*. Puis il s'éloigne définitivement du fauvisme.

Durant l'hiver 1907-1908, il commence le *Grand nu*.

1908. Première exposition personnelle de Braque à la galerie Kahnweiler, avec les œuvres refusées au Salon d'automne. Préface du catalogue par Guillaume Apollinaire. Le critique Louis Vauxcelles parle de « cubes » pour décrire la peinture de Braque.

1909. Séjours à La Roche-Guyon et à Carrières-Saint-Denis. Braque entre dans la période du cubisme dit « analytique ».

1911. Mort de son père.

Braque rencontre Marcelle Lapré, qui deviendra sa femme en 1926.

Séjour avec Picasso à Céret. Les caractères d'imprimerie apparaissent dans ses compositions *(Le Portugais)*.

1912. Braque s'installe au 5, impasse Guelma avec Marcelle Lapré.

Il commence à mêler à sa peinture de la sciure de bois et du sable pour donner du relief aux toiles. En septembre, à Sorgues, il exécute le premier papier collé, *Compotier et verre*.

BRAQUE L'EXPO

Français | English

L'exposition est organisée par la Réunion des musées nationaux – Grand Palais
en partenariat avec le Centre Pompidou, Paris, et le Museum of Fine Arts, Houston.

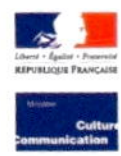
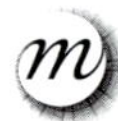
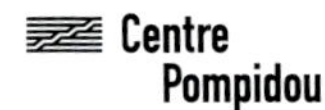

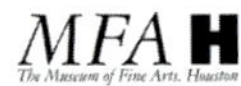

À Paris
L'exposition est réalisée grâce au soutien de Nexity.

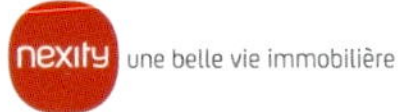

Sauf mention contraire,
toutes les œuvres citées sont de Georges Braque.

Unless otherwise indicated,
all the works mentioned in this publication are by Georges Braque.

Couverture :
L'Oiseau noir et l'oiseau blanc, 1960
Huile sur toile
134 × 167,5 cm
Collection particulière

Cover:
Black Bird and White Bird, 1960
Oil on canvas
52.75 × 65.94 in
Private collection

254-256, rue de Bercy, 75012 Paris, France

ISBN : 978-2-7118-6109-5
EE 10 6109

BRAQUE L'EXPO

Georges Braque

1882 – 1963

Man Ray (Radnitzky Emmanuel, dit)
Portrait de Georges Braque, vers 1933
Épreuve gélatino-argentique
28 × 21 cm
Paris, Centre Pompidou, Musée national d'art moderne,
Bibliothèque Kandinsky, Fonds Cahiers d'art
Don Yves de Fontbrune, 2005
10710

Man Ray (Radnitzky Emmanuel, known as)
Portrait of Georges Braque, c.1933
Silver gelatin print
11.02 × 8.26 in
Paris, Centre Pompidou, Musée national d'art moderne,
Bibliothèque Kandinsky, Fonds Cahiers d'Art
Gift of Yves de Fontbrune, 2005
10710

1913. Il déménage son atelier à l'hôtel Roma, rue Caulaincourt.
Certaines de ses œuvres sont présentées à l'Armory Show à New York.
1914. Braque est mobilisé. Il est envoyé au front dans la Somme et à Maricourt en novembre.
1915. Il est grièvement blessé et décoré de la Croix de guerre.
1917. Il est démobilisé et recommence à peindre.
Il rencontre Pierre Reverdy. Les « Pensées et réflexions sur la peinture » sont publiées dans la revue du poète, *Nord-Sud*.
1919. Exposition personnelle chez Léonce Rosenberg, à la galerie de l'Effort moderne, qui reçoit un accueil enthousiaste.
1922. Une salle entière est consacrée à Braque au Salon d'automne. Parmi d'autres toiles, il y expose les Canéphores.
1924. Création de deux ballets, *Les Fâcheux*, par les Ballets russes, et *Salade*, pour lesquels Braque a conçu costumes et décors.
1925. Braque s'installe à Montparnasse, rue du Douanier, dans une maison-atelier construite pour lui par Auguste Perret.
1928. Le couple Braque séjourne à Varengeville et décident d'y passer leurs étés. L'architecte Paul Nelson leur construira une maison puis un atelier pour le peintre.
1932. Braque exécute des plâtres gravés et illustre la *Théogonie* d'Hésiode.
1933. Première rétrospective « Braque » à la Kunsthalle de Bâle.
1934-1939. Le travail de Braque est de plus en plus reconnu. Il peint les cycles des intérieurs avec des femmes au chevalet ou à la palette, et la série des vanités.
1939-1940. Le couple Braque est à Varengeville pendant la « drôle de guerre ». Puis il se rend dans le Limousin et rentre à Paris en juillet 1940.
1941. En dépôt à Libourne, un grand nombre de peintures de Braque sont confisquées par les autorités allemandes.
1943. Publication de *Braque le Patron* par Jean Paulhan.
1945. Braque peut retourner à Varengeville. Il commence la série des Billards.
1946. Dans le climat tourmenté de l'après-guerre, Braque choisit la discrétion.

Francis Ponge publie son premier texte sur le peintre, *Braque le réconciliateur*. Nicolas de Staël écrit que Braque « est le plus grand des peintres vivants de ce monde ».

1947. Première exposition à la galerie Maeght.

Braque rencontre le poète René Char.

Les éditions Maeght publient *Cahier de Georges Braque, 1917-1947*.

1949. La galerie Maeght expose un ensemble de peintures de la série des Ateliers. Le motif de l'oiseau y fait son apparition.

Une importante exposition rétrospective de peintures, œuvres graphiques et sculptures de Braque se tient au Museum of Modern Art de New York.

1953. Braque exécute la décoration du plafond de la salle Henri II au Louvre, qui abrite les collections étrusques.

1955. Le peintre est très affecté par le suicide de Nicolas de Staël.

Il travaille au vitrail de l'église de Varengeville.

Il rencontre Martin Heidegger à Cerisy.

1956. Il travaille à ses premières grandes peintures sur le thème de l'oiseau.

1959. Publication de l'ouvrage de Reverdy et Braque, *La Liberté des mers*.

1960. Braque est fait officier de la Légion d'honneur par André Malraux.

1962. Parution des livres illustrés *Si je mourais là-bas* d'Apollinaire et *L'Ordre des oiseaux* de Saint-John Perse.

1963. Parution de *Lettera amorosa* de René Char, dernier livre d'artiste de Braque.

Georges Braque meurt le 31 août. Le 3 septembre, l'État organise des funérailles nationales dans la cour Carrée du Louvre, Malraux prononce un éloge funèbre.

Georges Braque repose avec sa femme Marcelle dans le petit cimetière marin de Varengeville.

1965. Donation de Mme Georges Braque aux Musées nationaux de quatorze peintures et cinq sculptures.

Biographie établie par Lauriane Manneville

Biographical chronology

1882. Georges Braque is born on 13 May in Argenteuil-sur-Seine. His father runs a house-painting business and is also an amateur painter.
1890. The Braque family settles in Le Havre.
1897. Braque attends evening classes at the School of Fine Arts in Le Havre.
1899. He leaves secondary school and begins work as an apprentice with the painter-decorator Roney.
1902. Having settled in Paris, Braque decides to become an artist. He sets up home in Montmartre and attends the Académie Humbert.
1906. Braque submits two canvases for an exhibition organized by the Le Havre Cercle de l'art moderne – a group that brings together various Fauvist painters.
At the 22nd Salon des Indépendants, Braque exhibits seven canvases, all of which he later destroys.
Beginning in October, he spends five months in L'Estaque.
1907. He exhibits six landscapes of L'Estaque at the Salon des Indépendants. Five are bought by the German collector Wilhelm Uhde.
He meets Matisse, Derain, and Vlaminck.
In autumn he visits Picasso in his studio at the Bateau-Lavoir (Montmartre) and encounters *Les Demoiselles d'Avignon*. He makes a definitive break with Fauvism.
In the winter of 1907–1908, he begins work on his *Grand Nu* (Large Nude).
1908. Braque's first solo exhibition at the Kahnweiler Gallery, featuring works rejected by the Salon d'Automne. Preface to the catalogue written by Guillaume Apollinaire. The critic Louis Vauxcelles uses the term 'cubes' to describe Braque's style.
1909. Visits to La Roche-Guyon and Carrières-Saint-Denis. Braque enters the period of Cubism known as 'analytic'.
1911. Death of his father.
Braque meets Marcelle Lapré, who will later (1926) become his wife.
Trip to Céret with Picasso. Print characters make an appearance in Braque's compositions. (*Le Portugais* – The Emigrant).
1912. Braque sets up home with Marcelle Lapré at 5 Impasse de Guelma.
He begins to mix sawdust and sand with his paint to add relief to his canvases. In September,

in Sorgues, he creates his first *papier collé*: *Compotier et Verre (Fruit Dish and Glass).*
1913. He moves his studio to the Hôtel Roma in the Rue Caulaincourt.
A number of his works are exhibited at the Armory Show in New York.
1914. Braque is called up and in November is sent to the front, to Maricourt on the Somme.
1915. He is seriously wounded and is awarded the Croix de Guerre.
1917. He is demobilized and begins to paint again.
He meets Pierre Reverdy. Braque's 'Pensées et Réflexions sur la Peinture' ('Thoughts and Reflections on Painting') are published in the poet's journal *Nord-Sud*.
1919. Solo exhibition at Léonce Rosenberg's Galerie de l'Effort Moderne. Enthusiastic reception.
1922. An entire room is devoted to Braque at the Salon d'Automne. The works exhibited include his *Canéphores* (Basket-Bearers).
1924. Staging of two ballets – *Les Fâcheux* (The Bores), by the Ballets Russes, and *Salade* – for which Braque designed the sets and the costumes.
1925. Braque moves to Montparnasse, Rue Douanier, to a house-cum-studio designed for him by Auguste Perret.
1928. Braque and his wife visit Varengeville and decide to spend their summers there. The architect Paul Nelson later designs a house for them, and then a studio for the painter.
1932. Braque creates a series of engraved plasters and illustrates Hesiod's *Theogony*.
1933. First Braque retrospective at the Kunsthalle in Basle.
1934–1939. Braque's work gains increasing recognition. He paints the cycle of interiors featuring female figures with easels or palettes, and the series of vanitas works.
1939–1940. Braque and his wife are in Varengeville at the time of the 'phoney war'. They travel on to the Limousin and return to Paris in July 1940.
1941. A large number of Braque's paintings placed in storage in Libourne are confiscated by the German authorities.

1943. Publication of *Braque le Patron* by Jean Paulhan.
1945. Braque is able to return to Varengeville. He starts work on the 'billiard table' series.
1946. In the troubled atmosphere of the post-war period, Braque elects to keep his counsel. Francis Ponge publishes his first text on Braque – *Braque le réconciliateur* (Braque the Reconciler). Nicolas de Staël writes that Braque is 'the greatest living painter in the world'.
1947. First exhibition at the Maeght Gallery. Braque meets the poet René Char.
The *Cahier de Georges Braque, 1917–1947* is published by Maeght.
1949. The Maeght Gallery exhibits a selection of paintings from the 'Studio' series. The bird motif makes its first appearance in these. A major retrospective of Braque's paintings, graphic works, and sculptures is held at the Museum of Modern Art in New York.
1953. Braque creates the decoration for the ceiling of the Louvre's Henri II gallery, which houses the Etruscan collections.
1955. The painter is deeply affected by the suicide of Nicolas de Staël.
He works on the stained-glass windows for the church of Varengeville.
He meets the philosopher Martin Heidegger in Cerisy.
1956. He works on his first large-scale 'bird' paintings.
1959. Publication of *La Liberté des mers* (The Freedom of the Seas) by Reverdy and Braque.
1960. Braque is appointed Officer of the Légion d'Honneur by André Malraux.
1962. Publication of the illustrated works *Si je mourais là-bas* (If I Were to Die There) by Apollinaire and *L'Ordre des oiseaux* (The Order of Birds) by Saint-John Perse.
1963. Publication of *Lettera amorosa* by René Char – Braque's last *livre d'artiste*.
Georges Braque dies on 31 August. On 3 September, a state funeral is held in the Louvre's Cour Carrée. The eulogy is delivered by Malraux.
Georges Braque lies buried in the tiny seaside cemetery of Varengeville, later to be joined by his wife Marcelle.
1965. Braque's wife donates fourteen paintings and five sculptures to the Musées Nationaux.

Biographical chronology
by Lauriane Manneville

La période fauve
The Fauve period

1906 – 1907

Le Port de L'Estaque, 1906	*The Port of L'Estaque*, 1906
Huile sur toile	Oil on canvas
50 × 61 cm	19.68 × 24.01 in
Signé en bas à gauche : *G. Braque*	Signed lower left: *G. Braque*
Londres, collection particulière	London, private collection
On long-term loan to the Courtauld Gallery	On long-term loan to the Courtauld Gallery
LP.2002.xx.13	LP.2002.xx.13

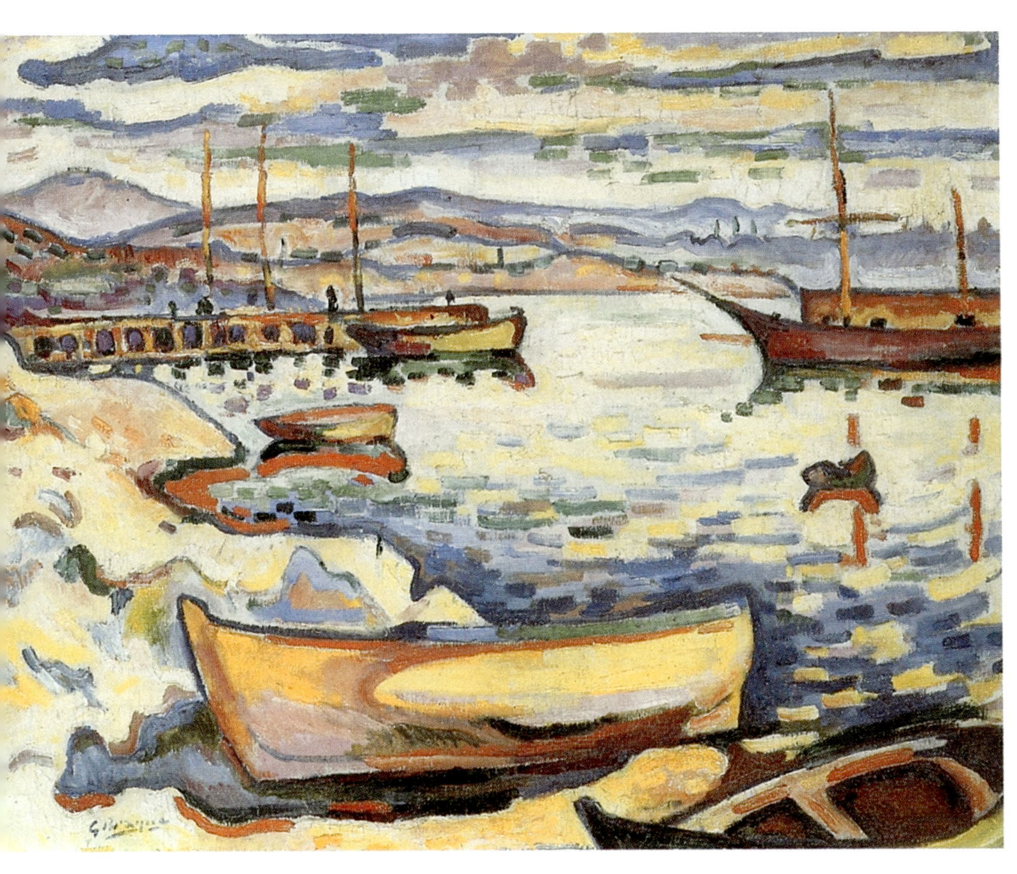

Le Port de L'Estaque, automne 1906
Huile sur toile
60,5 × 73 cm
Signé, daté en bas à gauche : *G. Braque / 06*
Copenhague, Statens Museum for Kunst
Don
SMK7384

The Port of L'Estaque, autumn 1906
Oil on canvas
23.81 × 28.74 in
Signed and dated lower left: *G. Braque/06*
Copenhagen, Statens Museum for Kunst
Gift
SMK7384

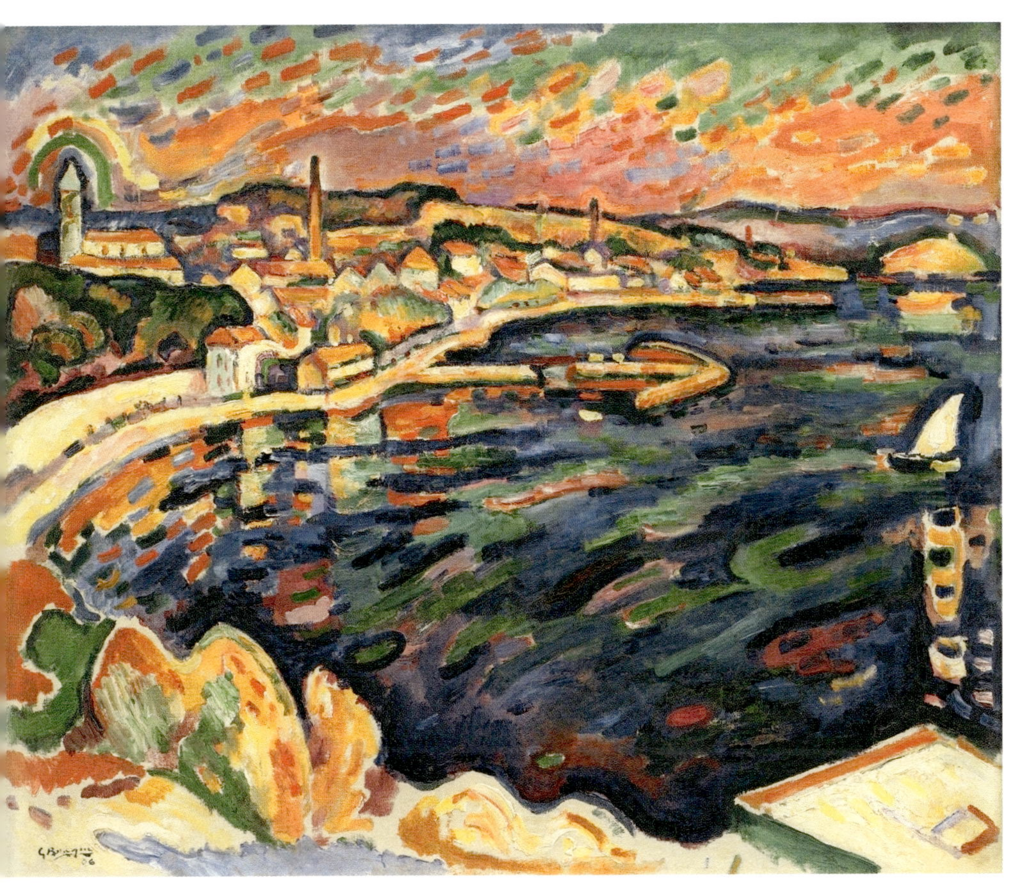

Le Port de L'Estaque, 1906
Huile sur toile
37 × 46 cm
Collection particulière

The Port of L'Estaque, 1906
Oil on canvas
19.69 × 24.02 in
Private collection

L'Estaque, automne 1906
Huile sur toile
50 × 60 cm
Signé, daté en bas à gauche : *G. Braque / 06*
Paris, Centre Pompidou, Musée national d'art moderne
Donation de Mme Georges Braque, 1965
AM 4297 P

L'Estaque, autumn 1906
Oil on canvas
19.68 × 23.62 in
Signed and dated lower left: *G. Braque/06*
Paris, Centre Pompidou, Musée national d'art moderne
Gift of the artist's wife, 1965
AM 4297 P

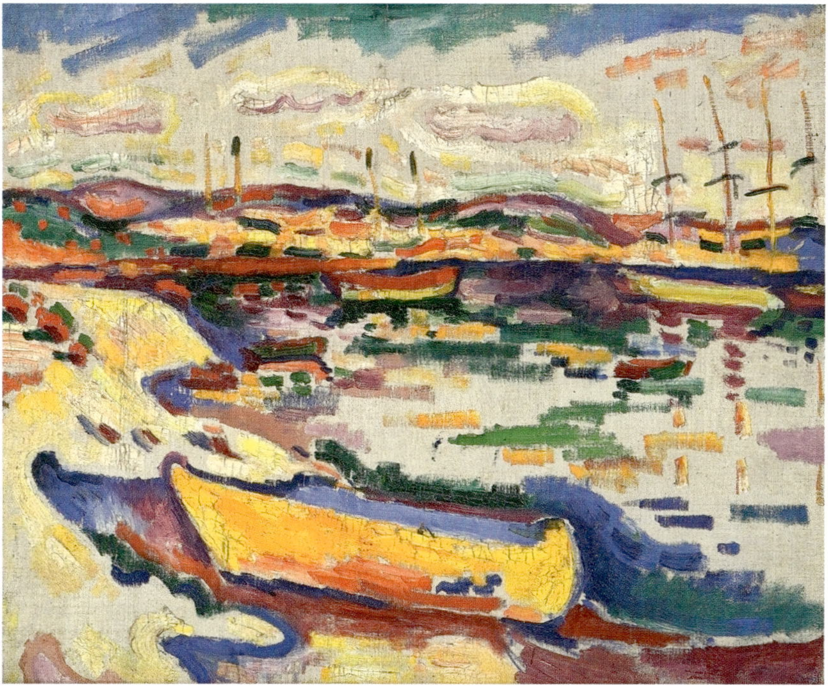

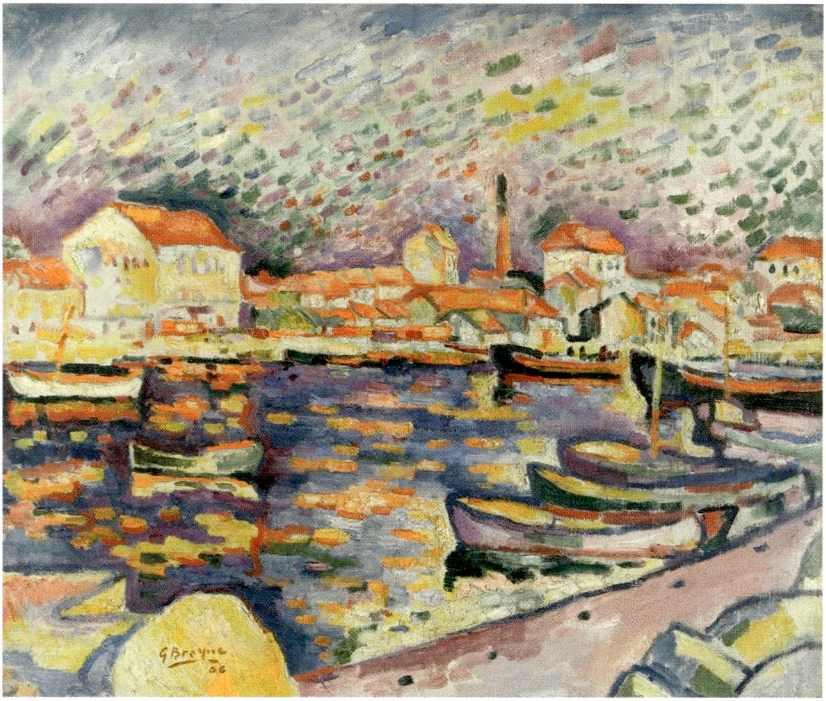

L'Estaque, [1906-1907]
Huile sur toile
46 × 55 cm
Signé, daté en bas à gauche : *G Braque / 06*
Merzbacher Kunststiftung

L'Estaque, [1906–1907]
Oil on canvas
18.11 × 21.65 in
Signed and dated lower left: *G Braque/06*
Merzbacher Kunststiftung

Paysage à L'Estaque, [1906-1907]
Huile sur toile
48 × 59 cm
Signé, daté en bas à gauche : *G. Braque / 06.*
Signé, daté au verso sur le châssis :
L'Estaque / G. Braque 1906
Collection particulière

Landscape at L'Estaque, [1906–1907]
Oil on canvas
18.89 × 23.22 in
Signed and dated lower left: *G. Braque/06*,
signed and dated on reverse, on stretcher:
L'Estaque/G. Braque 1906
Private collection

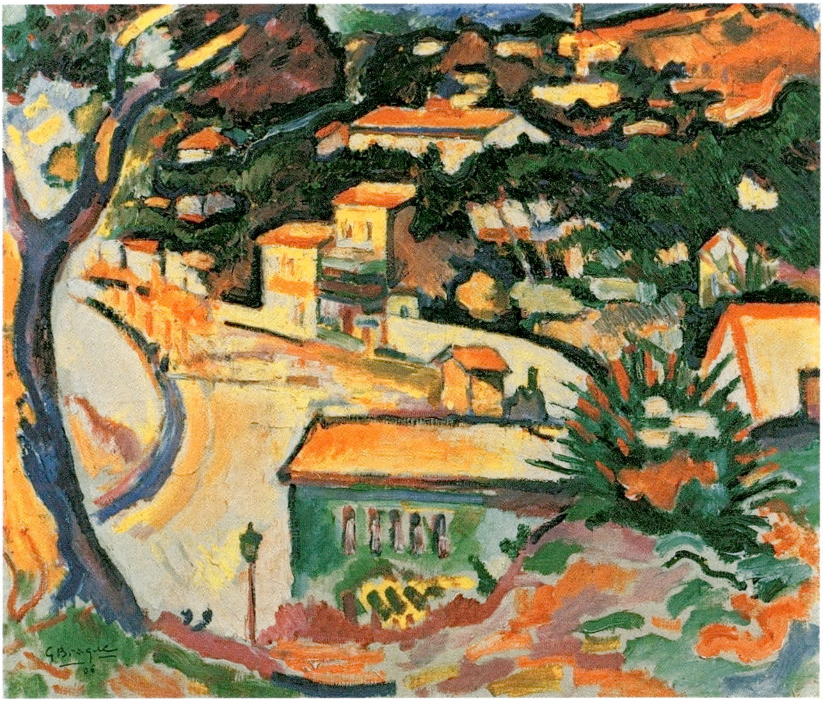

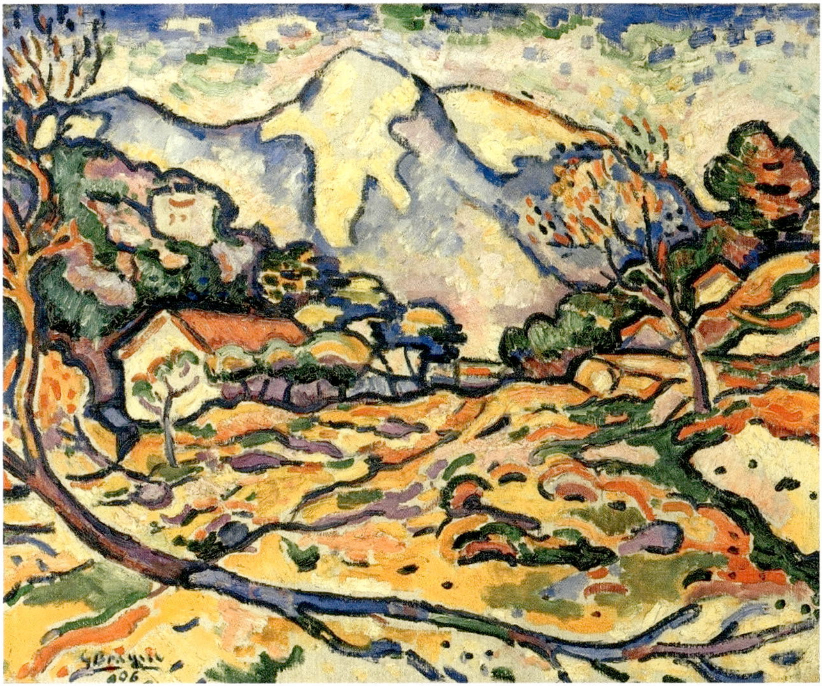

L'Estaque, octobre 1906
Huile sur toile
60 × 73,5 cm
Signé, daté en bas à droite : *G. Braque / 06*
Paris, Centre Pompidou, Musée national d'art moderne
Dation, 1982
AM 1982-98

L'Estaque, October 1906
Oil on canvas
23.62 × 28.93 in
Signed and dated lower right: *G. Braque/06*
Paris, Centre Pompidou, Musée national d'art moderne
Accepted in lieu of inheritance tax, 1982
AM 1982-98

Paysage de L'Estaque, [1906-1907]
Huile sur toile
50 × 61 cm
Paris, Centre Pompidou, Musée national d'art moderne
Dation, 1986
AM 1986-392

Landscape at L'Estaque, [1906–1907]
Oil on canvas
19.68 × 24.01 in
Paris, Centre Pompidou, Musée national d'art moderne
Accepted in lieu of inheritance tax, 1986
AM 1986-392

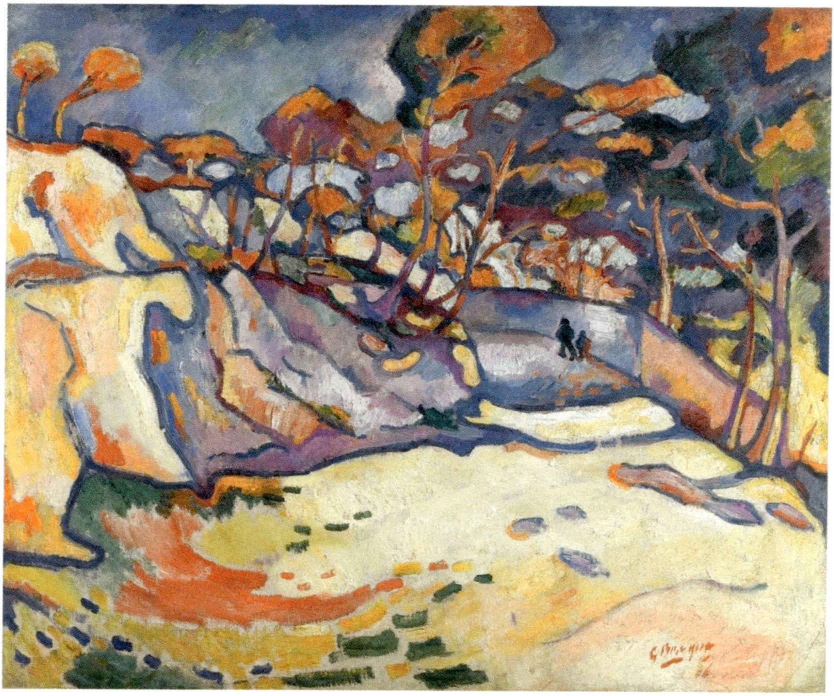

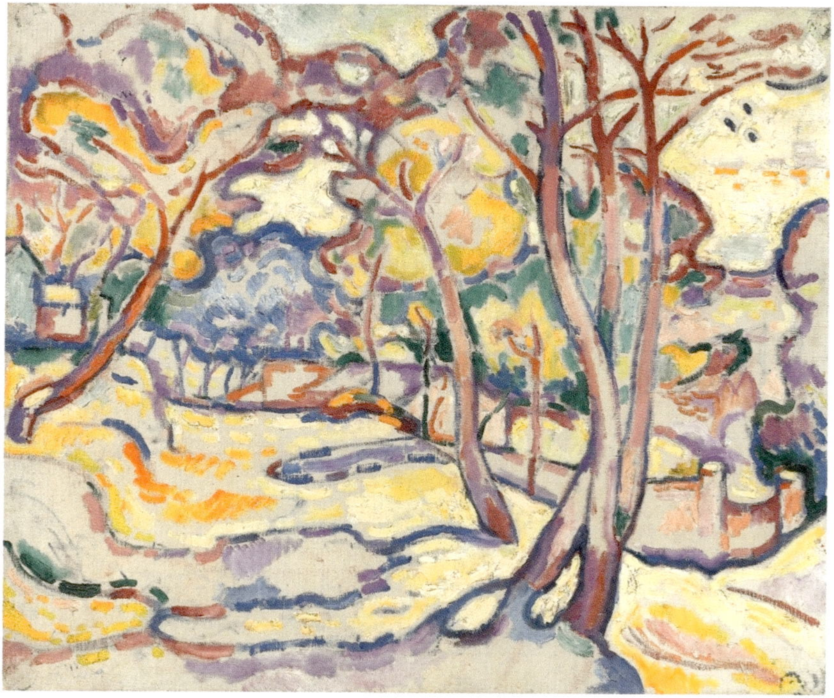

Paysage de L'Estaque, automne 1906
Huile sur toile
60,3 × 72,7 cm
Signé en bas à gauche : *G. Braque*
Chicago, Art Institute of Chicago
Restricted gift of Friends of the Art Institute of Chicago in honour of Mary Block; Walter Aitken, Martha Leverone, and Major Acquisitions Centennial Endowments, 1981
1981.65

Landscape at L'Estaque, autumn 1906
Oil on canvas
23.74 × 28.62 in
Signed lower left: *G. Braque*
Chicago, Art Institute of Chicago
Restricted gift of the Friends of the Art Institute of Chicago in honour of Mary Block; Walter Aitken, Martha Leverone, and Major Acquisitions Centennial Endowments, 1981
1981.65

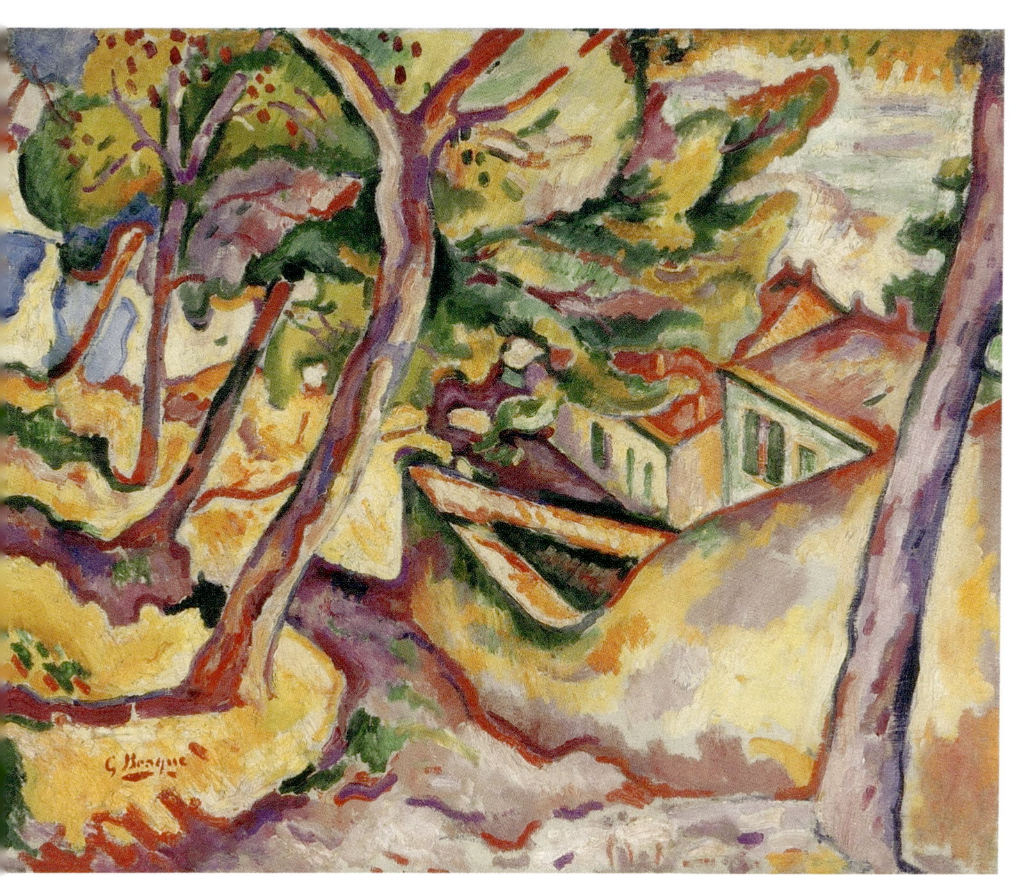
G Braque

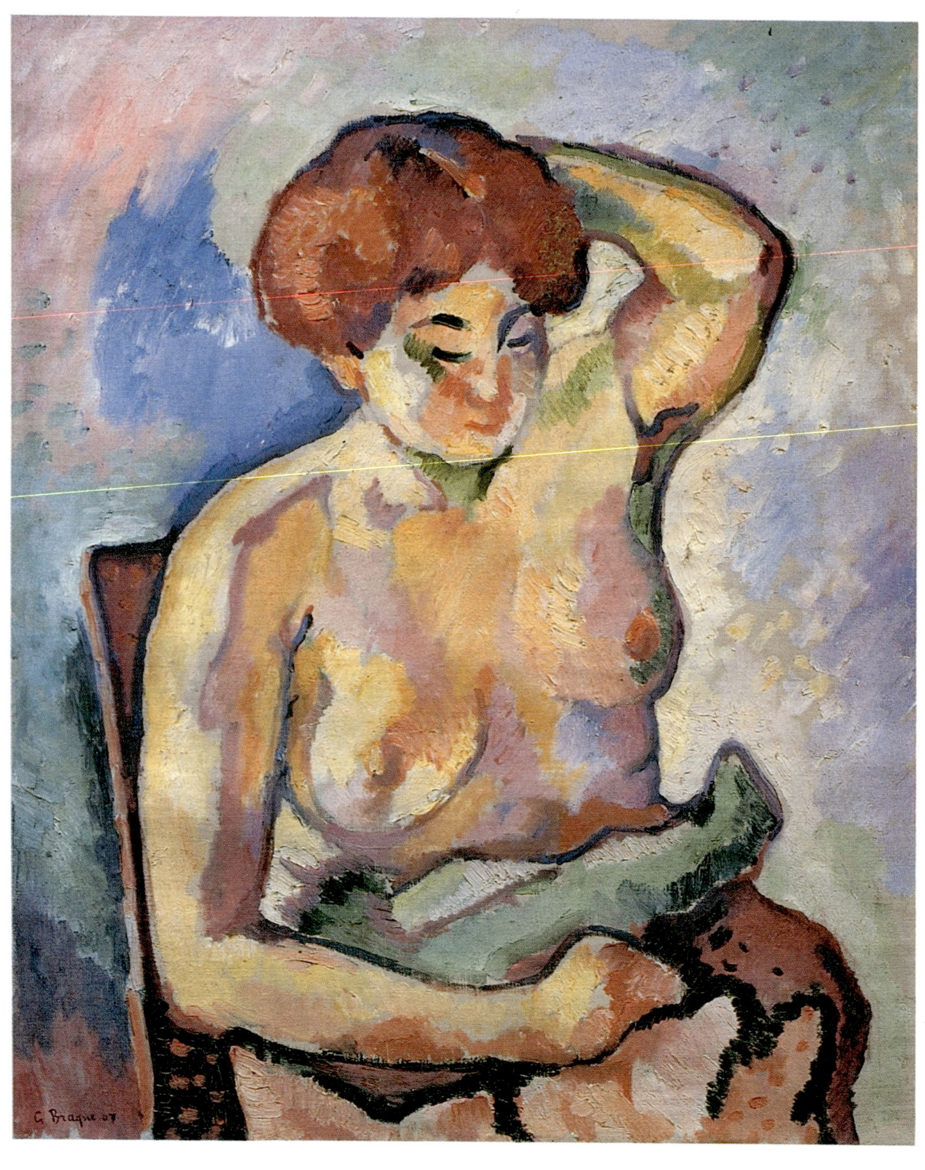

Nu assis, 1907	*Seated Nude*, 1907
Huile sur toile	Oil on canvas
61 × 50 cm	24.01 × 19.68 in
Signé, daté en bas à gauche : *G. Braque / 07*	Signed and dated lower left: *G. Braque/07*
Collection S. & P. Traboulsi	Collection S. & P. Traboulsi

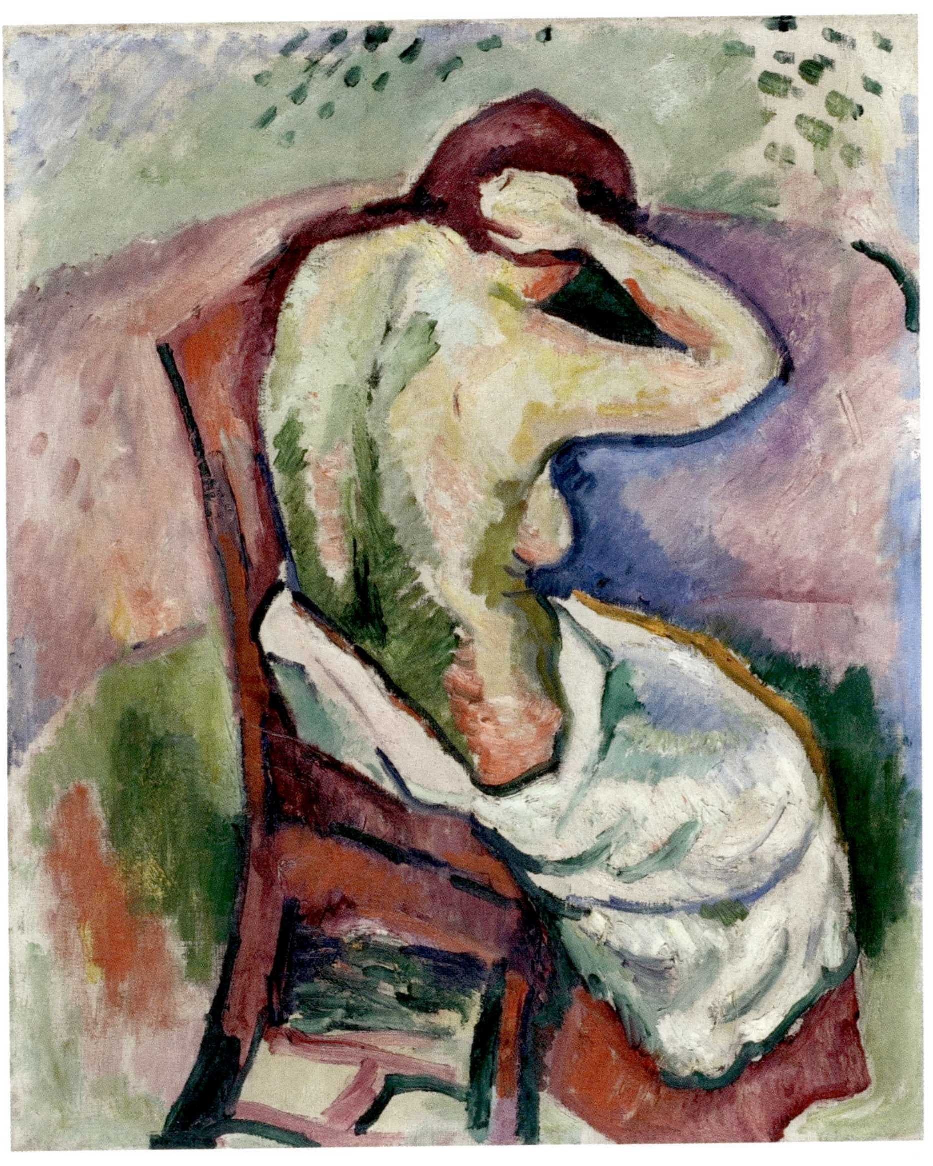

Femme nue assise, 1907
Huile sur toile
55,5 × 46,5 cm
Paris, Centre Pompidou, Musée national d'art moderne
Donation de Louise et Michel Leiris, 1984
AM 1984-497

Seated Nude, 1907
Oil on canvas
21.85 × 18.30 in
Paris, Centre Pompidou, Musée national d'art moderne
Gift of Louise and Michel Leiris, 1984
AM 1984-497

Le Golfe des Lecques, automne 1907
Huile sur toile
38 × 46 cm
Signé en bas à droite : *G. Braque*
Paris, Centre Pompidou, Musée national d'art moderne
Donation de Louise et Michel Leiris, 1984
AM 1984-496

The Bay at Les Lecques, autumn 1907
Oil on canvas
14.96 × 18.11 in
Signed lower right: *G. Braque*
Paris, Centre Pompidou, Musée national d'art moderne
Gift of Louise and Michel Leiris, 1984
AM 1984-496

Paysage à L'Estaque, automne 1907
Huile sur toile
37 × 46 cm
Signé en bas à gauche : *G. Braque*
Troyes, musée d'Art moderne,
collections nationales Pierre et Denise Lévy
Donation Lévy, 1976
MNPL 33

Landscape at L'Estaque, autumn 1907
Oil on canvas
14.57 × 18.11 in
Signed lower left: *G. Braque*
Troyes, Musée d'Art moderne,
Collections nationales Pierre et Denise Lévy
Lévy Gift, 1976
MNPL 33

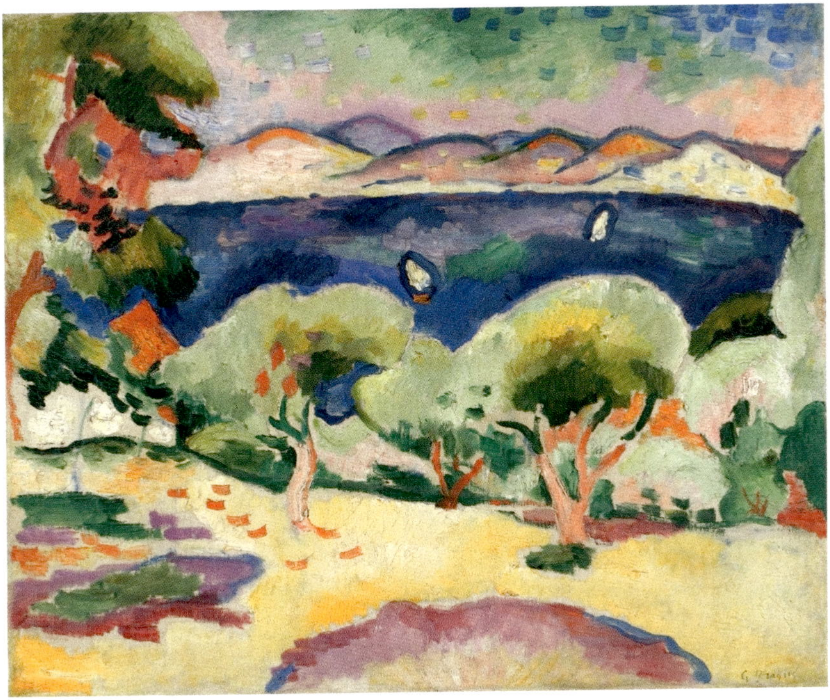

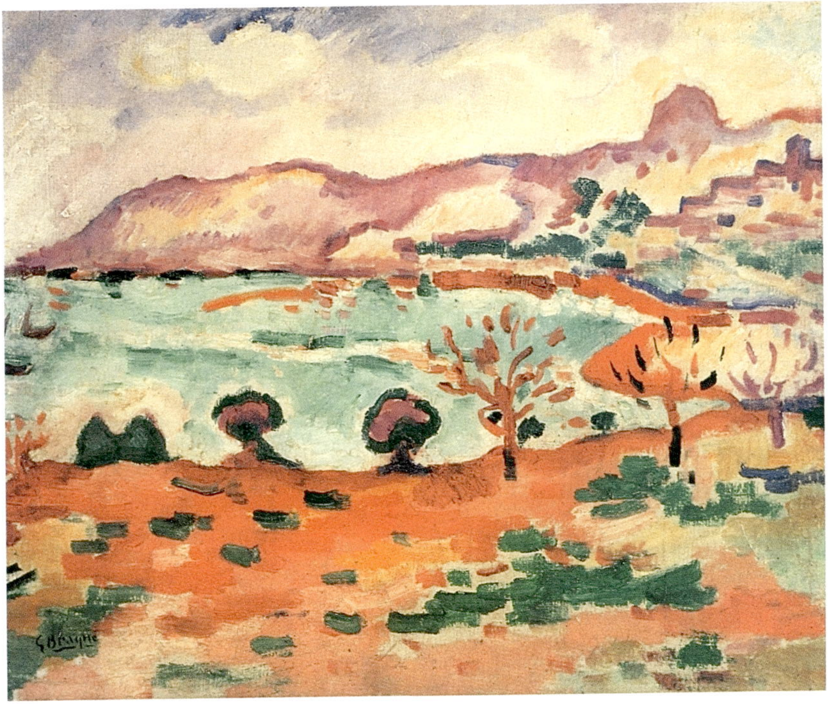

Le Port de La Ciotat, mai-septembre 1907
Huile sur toile
64,8 × 81 cm
Signé en bas à droite : *Braque*
Washington, National Gallery of Art
Collection of Mr and Mrs John Hay Whitney
1998.74.6

The Port of La Ciotat, May–September 1907
Oil on canvas
25.51 × 31.88 in
Signed lower right: *Braque*
Washington, National Gallery of Art
Collection of Mr and Mrs John Hay Whitney
1998.74.6

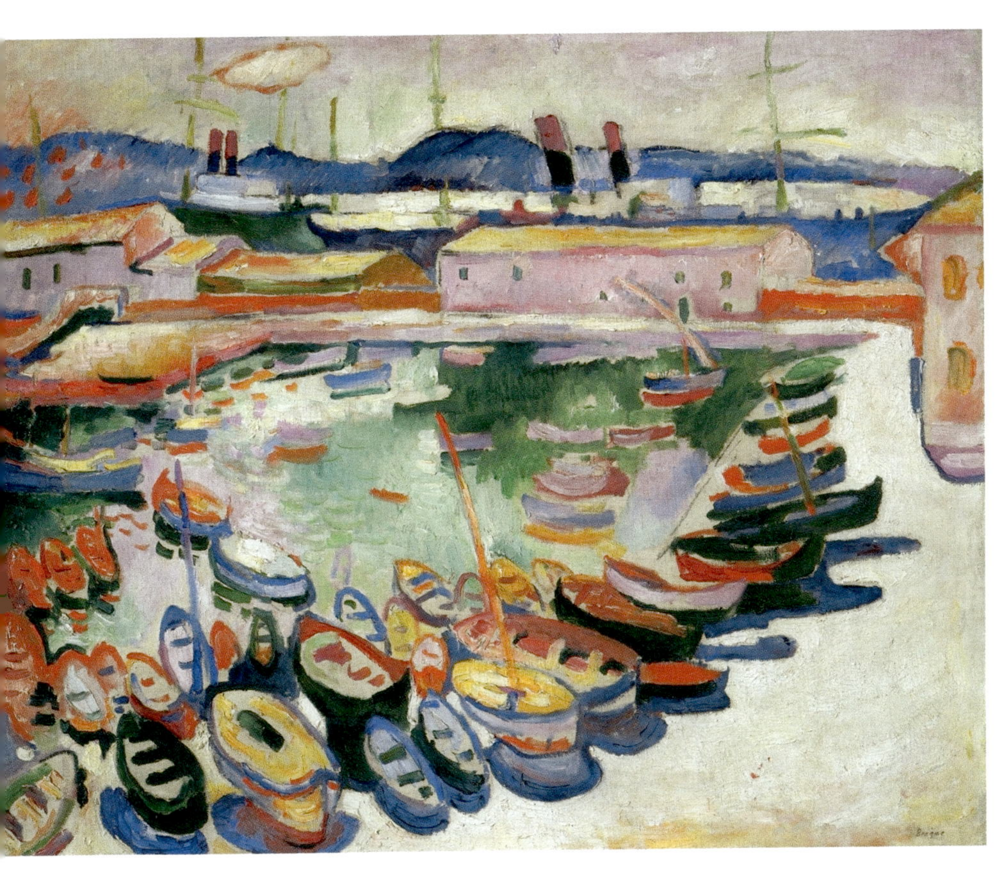

Paysage à L'Estaque, [1906-1907]
Huile sur toile
50,8 × 60,3 cm
Signé, daté en bas à droite : *G. Braque / 06*
La Nouvelle-Orléans, New Orleans Museum of Art
Gift of Victor K. Kiam
77. 284

Landscape at L'Estaque, [1906–1907]
Oil on canvas
20 × 23.74 in
Signed and dated lower right: *G. Braque/06*
New Orleans, New Orleans Museum of Art
Gift of Victor K. Kiam
77. 284

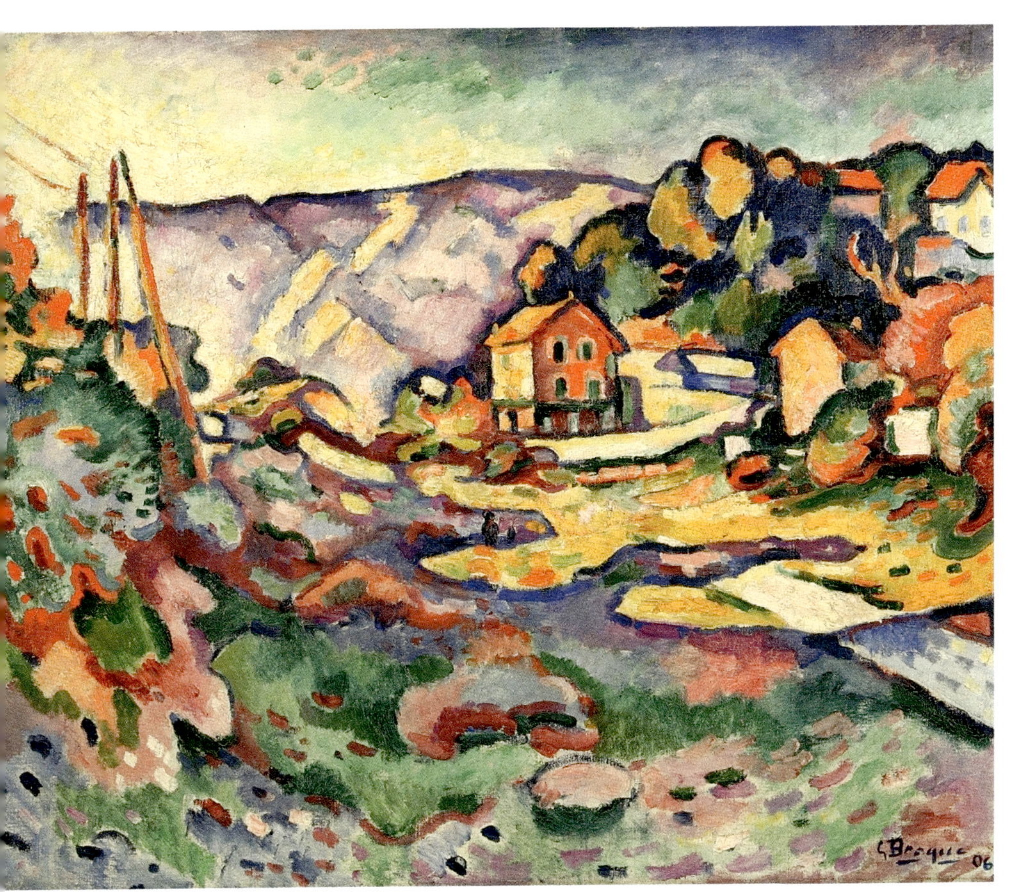
G Braque 06

Paysage à L'Estaque, [1906-1907]
Huile sur toile
60 × 73 cm
Signé, daté en bas à droite : *G Braque / 06*
Paris, Centre Pompidou, Musée national d'art moderne
Legs de M. Georges Grammont, legs à l'État français pour dépôt au musée de l'Annonciade, Saint-Tropez, 1959
AM 3847 P

Landscape at L'Estaque, [1906–1907]
Oil on canvas
23.62 × 28.74 in
Signed and dated lower left: *G Braque/06*
Paris, Centre Pompidou, Musée national d'art moderne
Bequeathed by M. Georges Grammont to the French state for deposit in the Musée de l'Annonciade, Saint-Tropez, 195
AM 3847 P

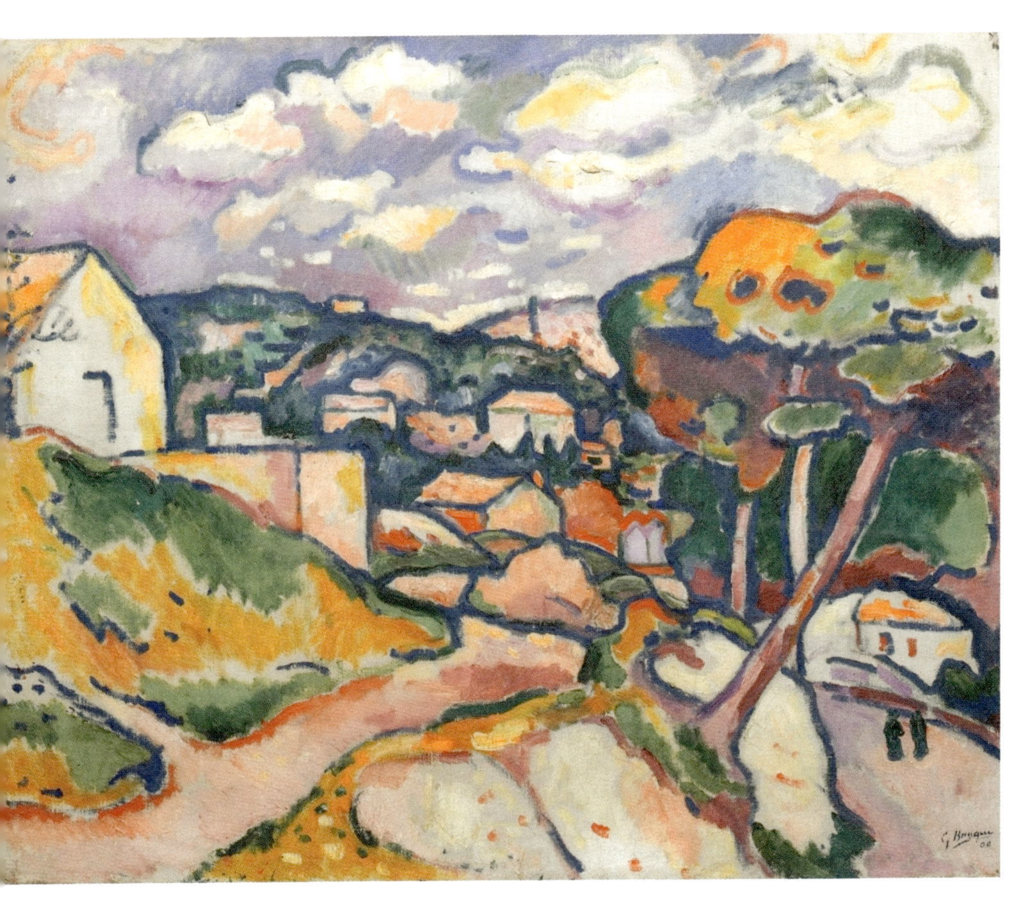
G Braque
08

Paysage de La Ciotat, été 1907
Huile sur toile
71,7 × 59,4 cm
New York, The Museum of Modern Art
Acquired through the Katherine S. Dreier
and Adele R. Levy Bequests, 1975
373.1975

Landscape at La Ciotat, summer 1907
Oil on canvas
28.22 × 23.38 in
New York, The Museum of Modern Art
Acquired through the Katherine S. Dreier
and Adele R. Levy Bequests, 1975
373.1975

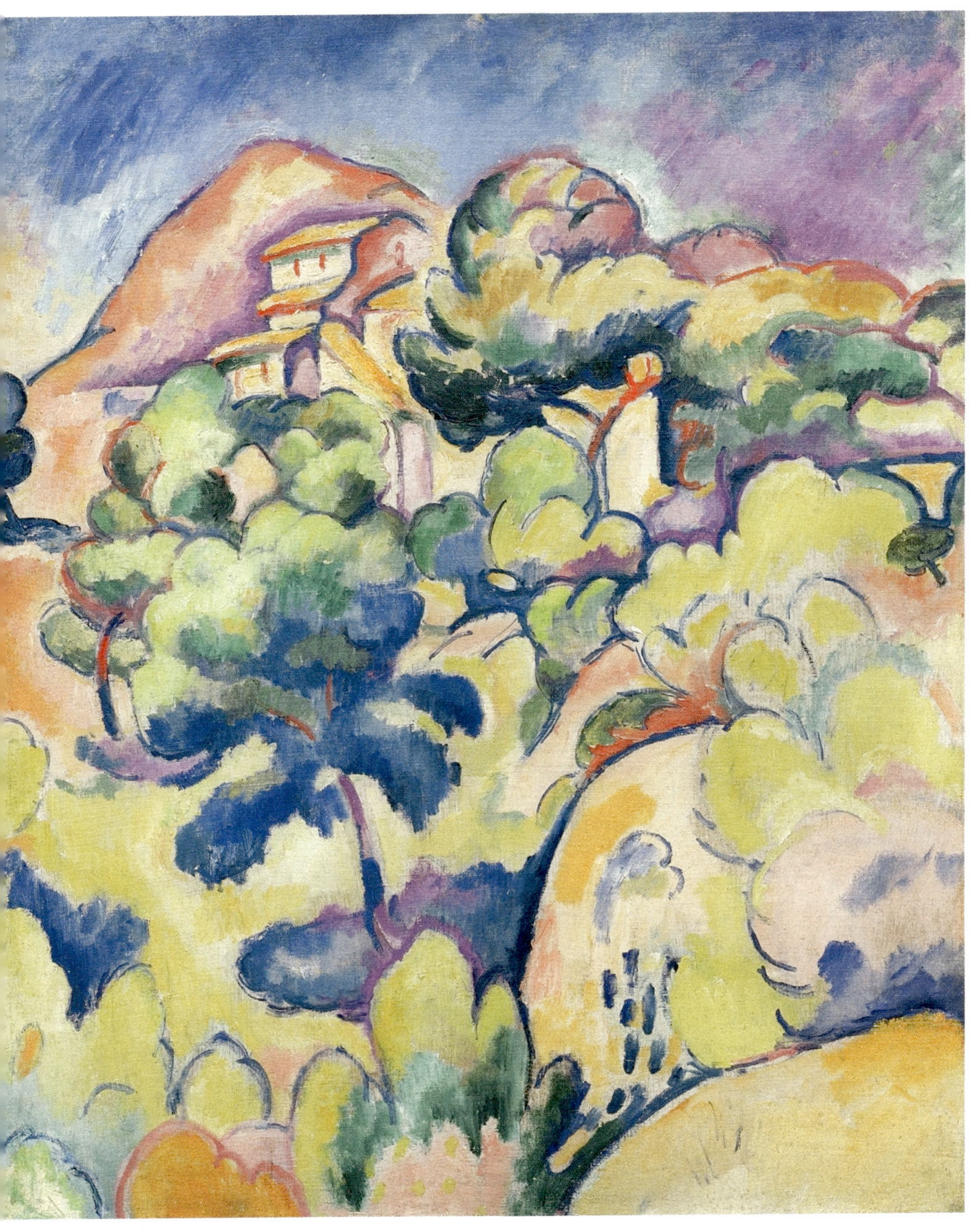

La Petite Baie de La Ciotat, juin 1907
Huile sur toile
36 × 48 cm
Signé en bas à gauche : *Braque*
Paris, Centre Pompidou, Musée national d'art moderne
Donation de Mme Georges Braque, 1965
AM 4298 P

The Little Bay at La Ciotat, June 1907
Oil on canvas
14.17 × 18.89 in
Signed lower left: *Braque*
Paris, Centre Pompidou, Musée national d'art moderne
Gift of the artist's wife, 1965
AM 4298 P

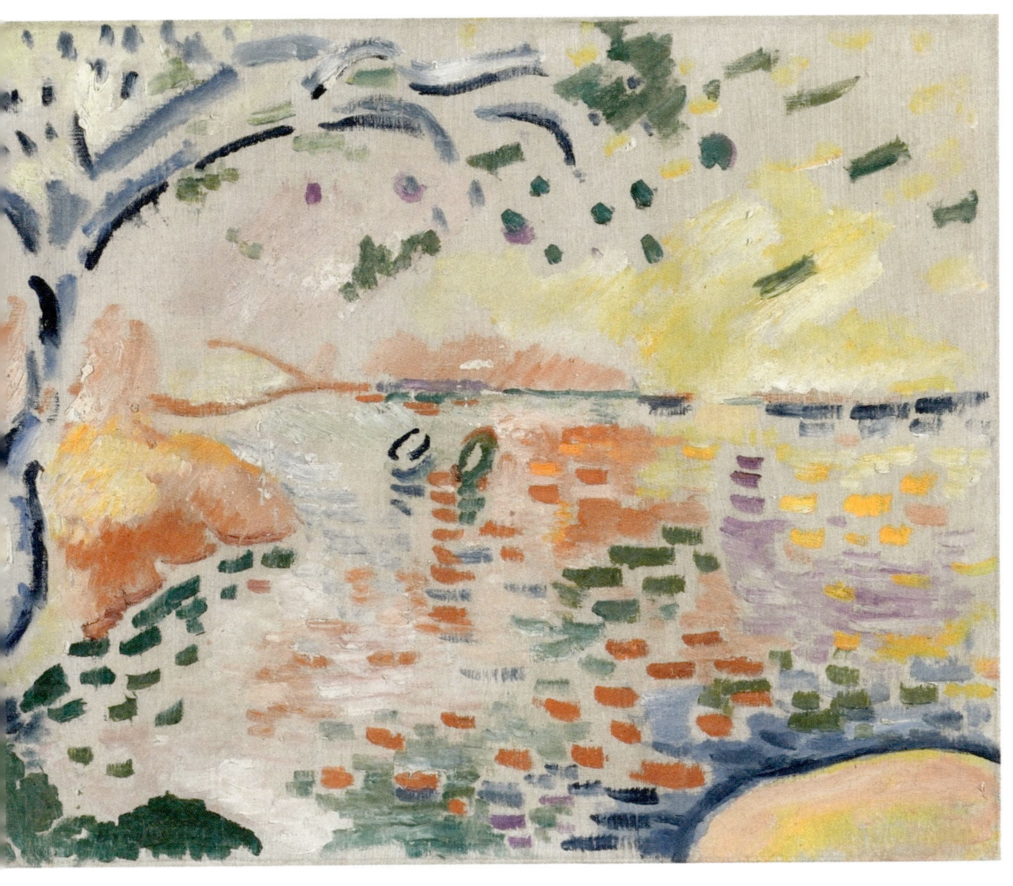

L'invention du cubisme
The invention of Cubism

1908 – 1910

Le Viaduc de L'Estaque, début 1908
Huile sur toile
72,5 × 59 cm
Paris, Centre Pompidou, Musée national d'art moderne
Dation, 1984
AM 1984-353

The Viaduct at L'Estaque, early 1908
Oil on canvas
28.54 × 23.22 in
Paris, Centre Pompidou, Musée national d'art moderne
Accepted in lieu of inheritance tax, 1984
AM 1984-353

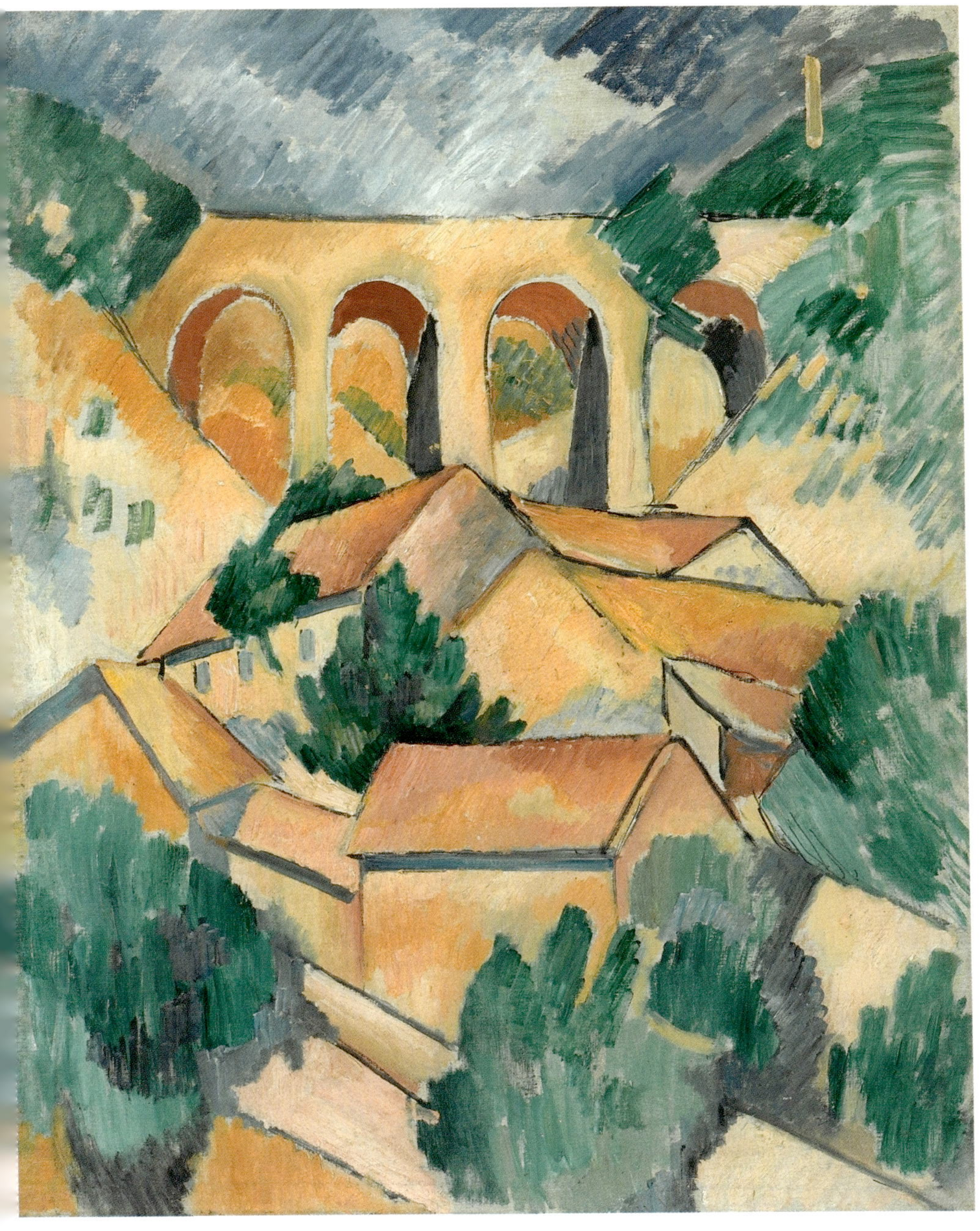

Arbres à L'Estaque, 1908
Huile sur toile
80,4 × 60,1 cm
Signé au verso : *G. Braque*
The Leonard A. Lauder Cubist Trust

Trees at L'Estaque, 1908
Oil on canvas
31.65 × 23.66 in
Signed on reverse: *G. Braque*
The Leonard A. Lauder Cubist Trust

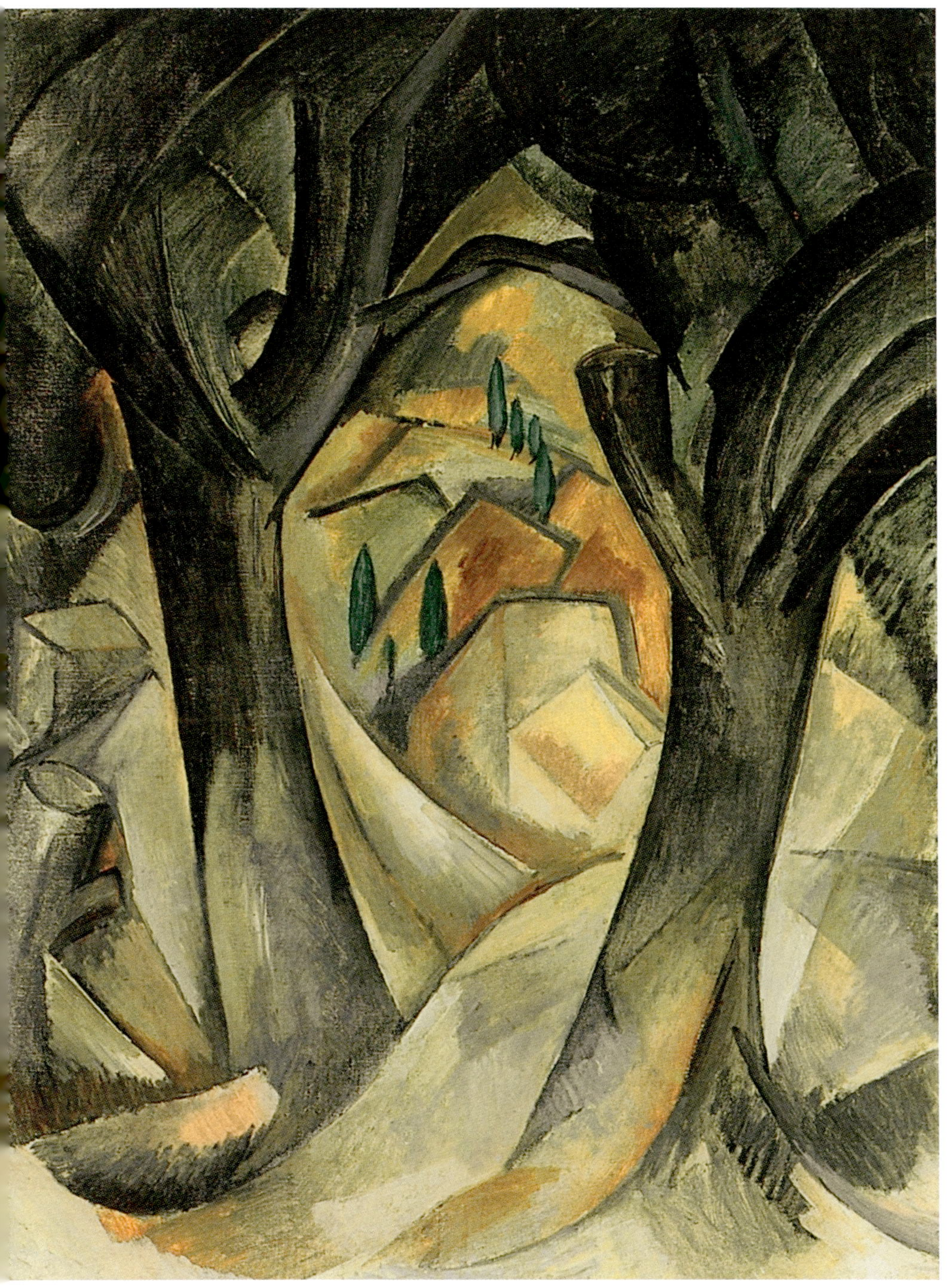

Arbres à L'Estaque, 1908	*Trees at L'Estaque*, 1908
Huile sur toile	Oil on canvas
73 × 60 cm	28.74 × 23.62 in
Signé au verso : *Braque*	Signed on reverse: *Braque*
Copenhague, Statens Museum for Kunst	Copenhagen, Statens Museum for Kunst
KMSr7	KMSr7
Don, 1928	Gift, 1928

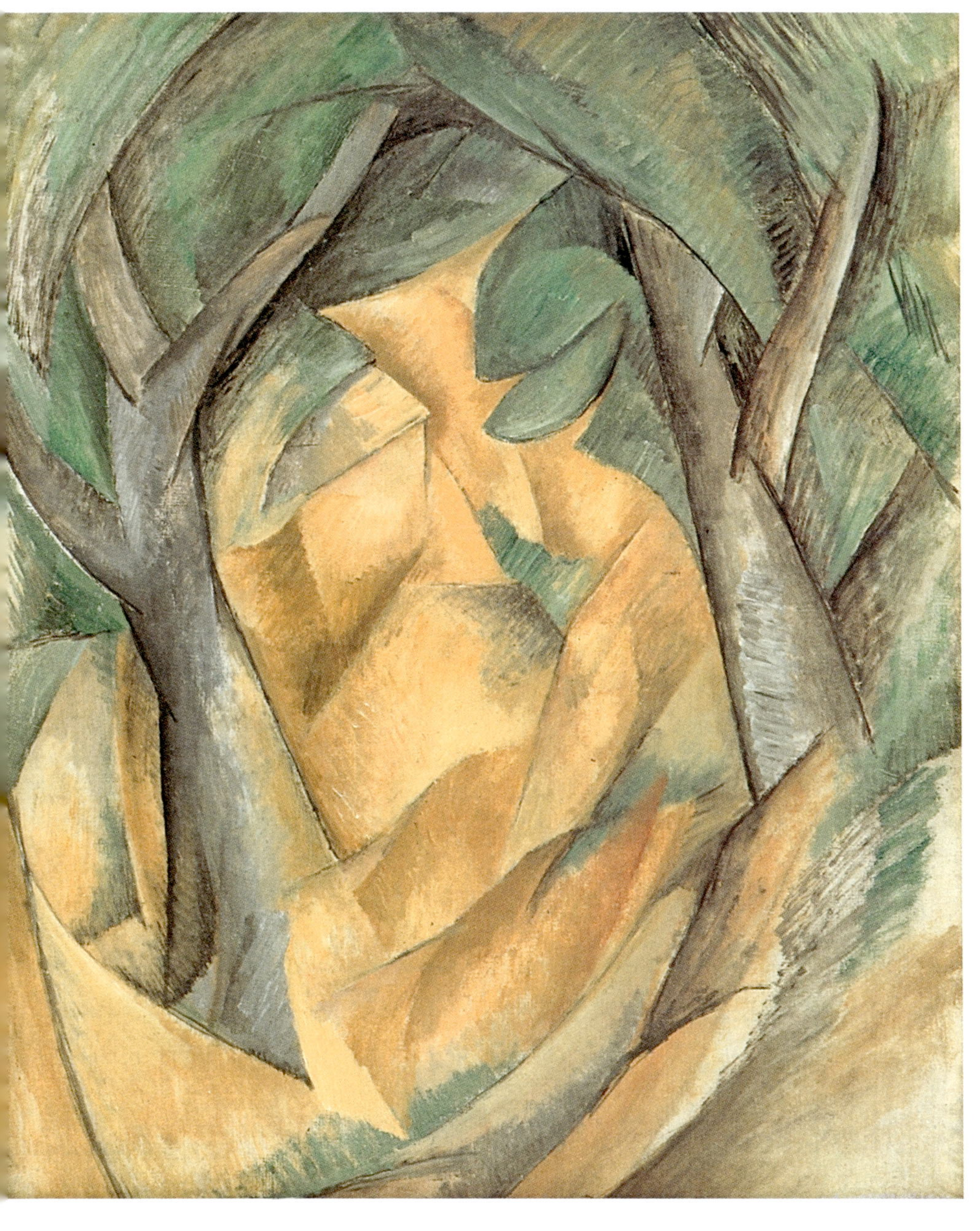

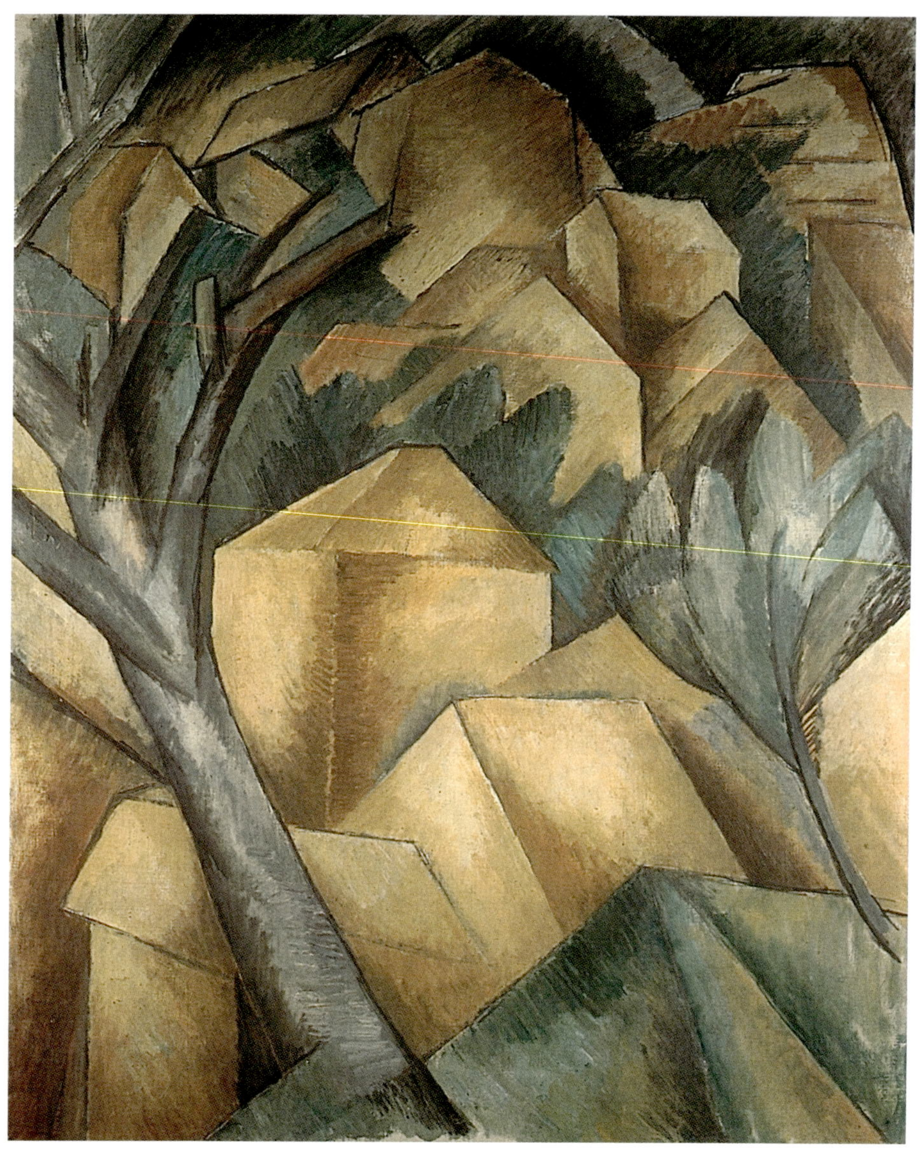

Maisons à L'Estaque, été 1908	*Houses at L'Estaque*, summer 1908
Huile sur toile	Oil on canvas
73 × 59,5 cm	28.74 × 23.42 in
Signé au verso : *Braque*	Signed on reverse: *Braque*
Berne, Kunstmuseum	Bern, Kunstmuseum
Hermann und Margrit Rupf-Stiftung	Hermann und Margrit Rupf Stiftung
Ge 006	Ge 006

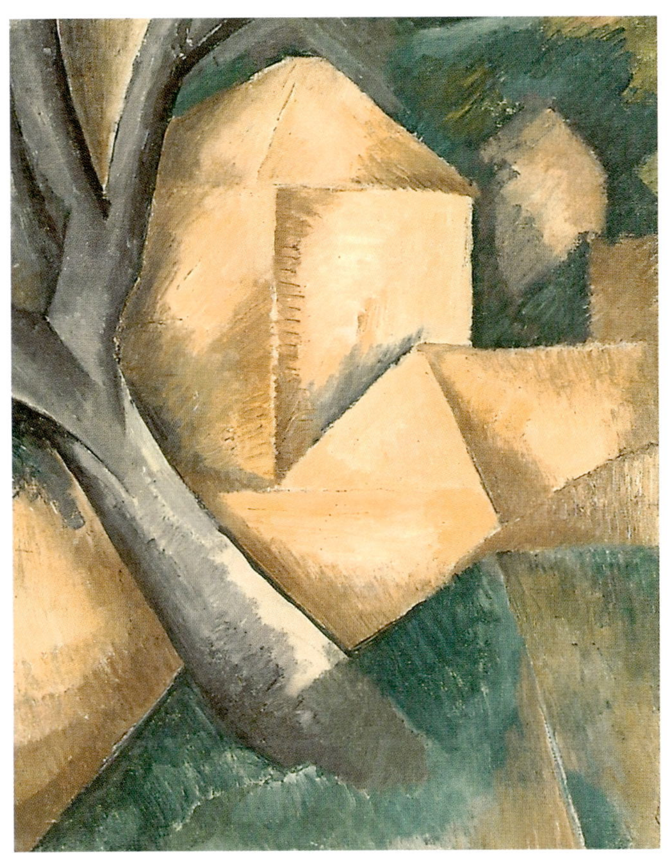

Maisons et arbre, été 1908	*Houses and tree*, summer 1908
Huile sur toile	Oil on canvas
40,5 × 32,5 cm	15.94 × 12.79 in
Signé au verso : *Braque*	Signed on reverse: *Braque*
Villeneuve-d'Ascq, LaM Lille métropole musée d'Art moderne, d'Art contemporain et d'Art brut	Villeneuve-d'Ascq, LaM Lille métropole musée d'Art moderne, d'Art contemporain et d'Art brut
Donation de Geneviève et Jean Masurel, 1979	Gift of Geneviève and Jean Masurel, 1979
979.4.16	979.4.16

Grand nu, hiver 1907 – juin 1908
Huile sur toile
140 × 100 cm
Signé en bas à droite : *G. Braque.*
Signé, daté au crayon bleu au verso : *Juin (G) Braque*
Paris, Centre Pompidou, Musée national d'art moderne
Dation Alex Maguy-Glass, 2002
AM 2002-127

Large Nude, Winter 1907 – June 1908
Oil on canvas
55.11 × 39.37 in
Signed lower right: *G. Braque.*
Signed and dated on reverse in blue pencil: *June (G) Braqu*
Paris, Centre Pompidou, Musée national d'art moderne
Accepted in lieu of inheritance tax from Alex Maguy-Glass, 20C
AM 2002-127

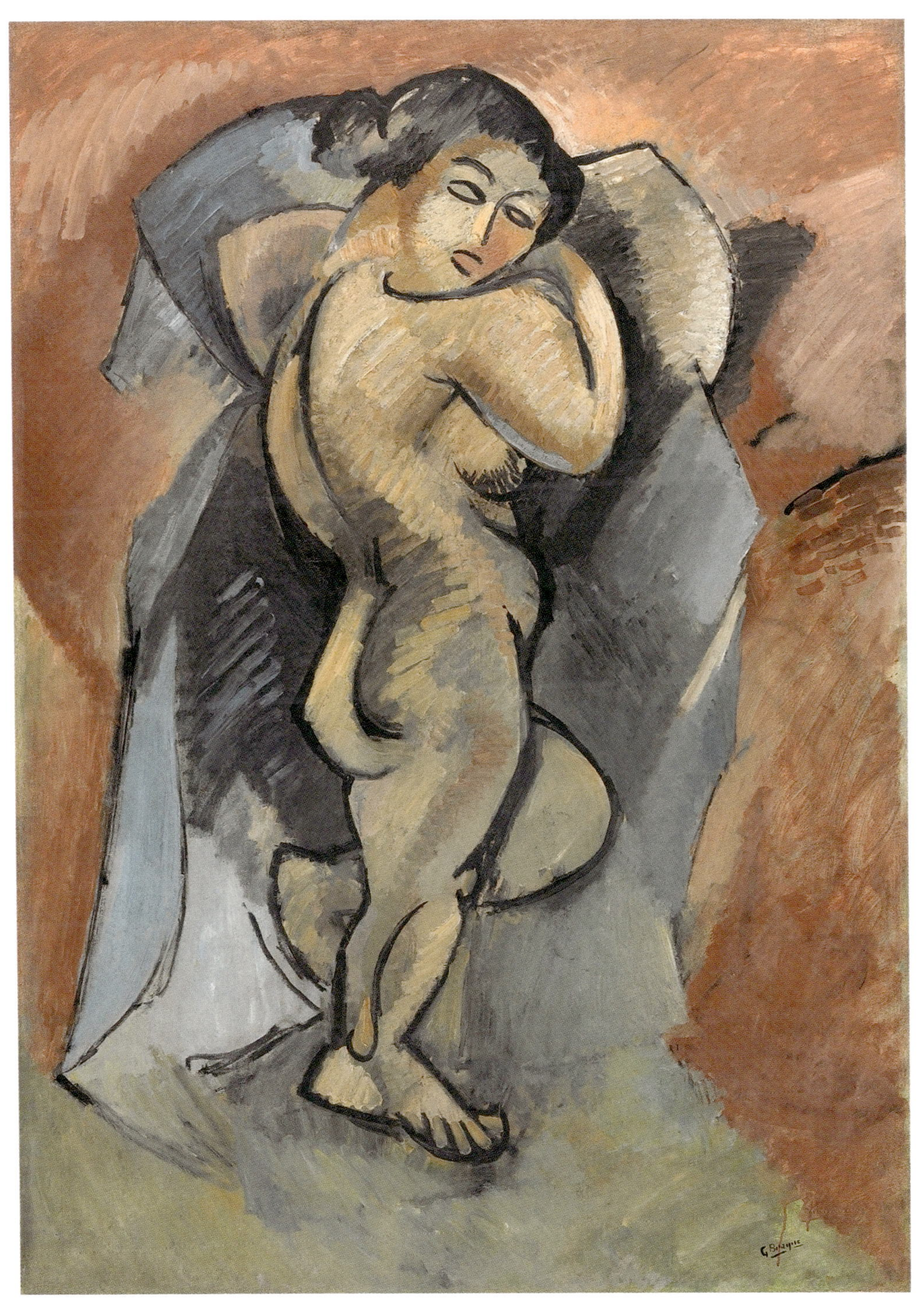

Cinq bananes et deux poires, printemps-été 1908
Huile sur toile
24 × 33 cm
Signé en bas à gauche : *G. Braque*
Paris, Centre Pompidou, Musée national d'art moderne
Dation, 1992
AM 1992-145

Five Bananas and Two Pears, spring–summer 1908
Oil on canvas
9.44 × 12.99 in
Signed lower left: *G. Braque*
Paris, Centre Pompidou, Musée national d'art moderne
Accepted in lieu of inheritance tax, 1992
AM 1992-145

Les Instruments de musique, automne 1908
Huile sur toile
50,2 × 61,2 cm
Signé, daté en bas à gauche : *G. Braque / 1908*
Paris, Centre Pompidou, Musée national d'art moderne
Dation, 2004
AM 2004-464

Musical Instruments, autumn 1908
Oil on canvas
19.76 × 24.09 in
Signed and dated lower left: *G. Braque/1908*
Paris, Centre Pompidou, Musée national d'art moderne
Accepted in lieu of inheritance tax, 2004
AM 2004-464

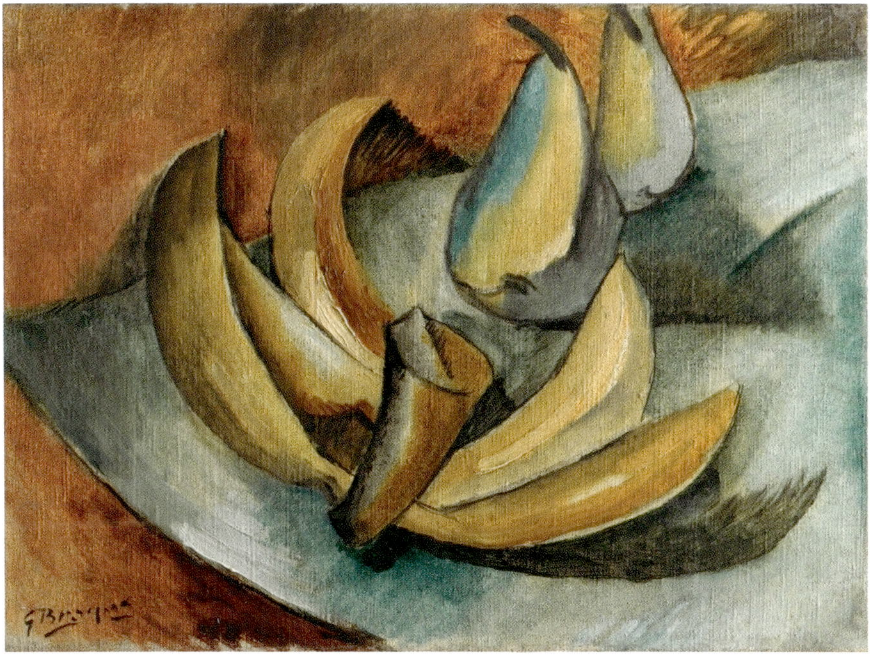

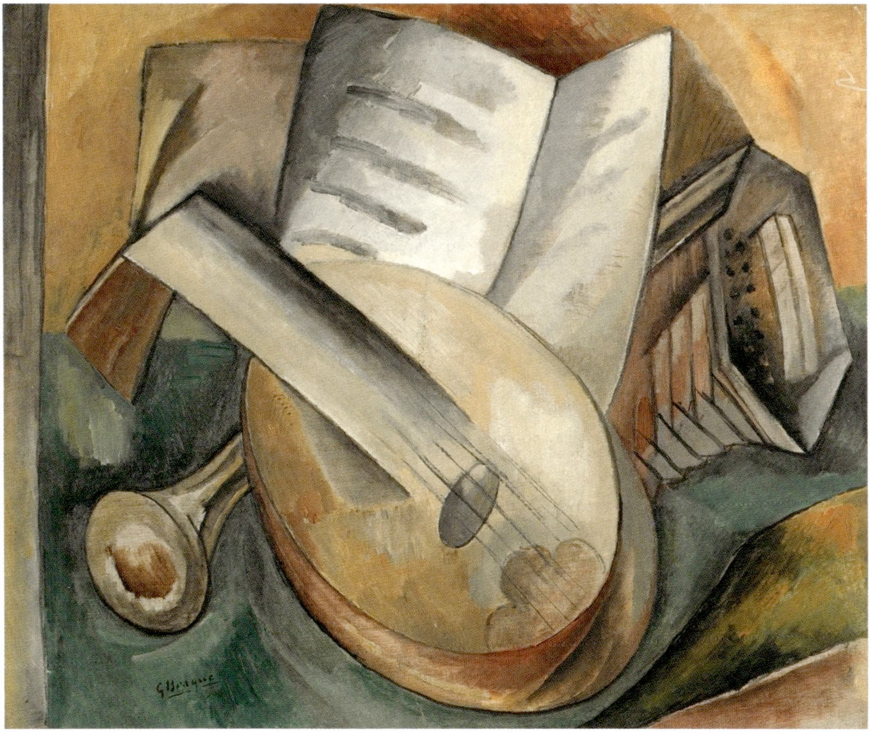

Tête de femme, 1909
Huile sur toile
41 × 33 cm
Signé au verso : *Braque*
Paris, musée d'Art moderne de la ville de Paris
Legs Dr Maurice Girardin, 1953
AMVP 1129

Head of a Woman, 1909
Oil on canvas
16.14 × 12.99 in
Signed on reverse: *Braque*
Paris, Musée d'Art moderne de la ville de Paris
Bequeathed by Dr Maurice Girardin, 1953
AMVP 1129

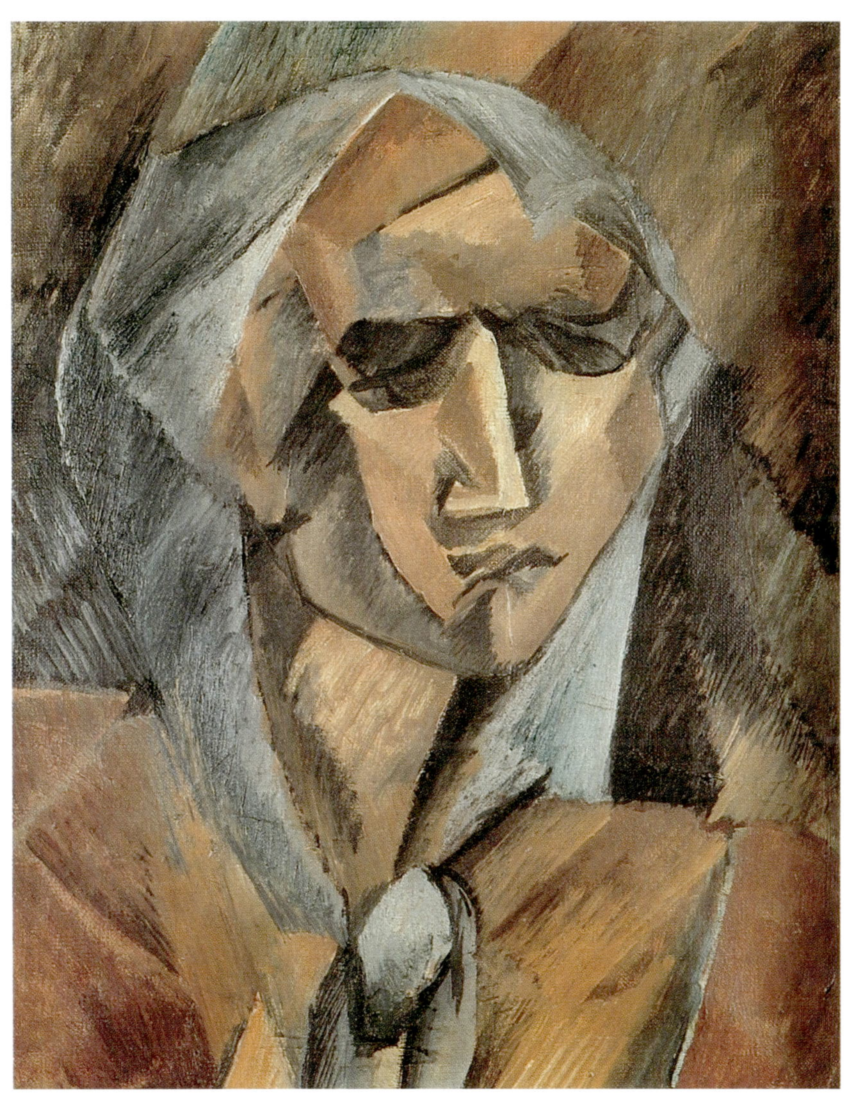

Le Château de La Roche-Guyon, été 1909
Huile sur toile
80 × 59,5 cm
Signé au verso : *Braque*
Stockholm, Moderna Museet
Legs de Rolf de Maré, 1966
NM 5985

The Chateau at La Roche-Guyon, summer 1909
Oil on canvas
31.49 × 23.42 in
Signed on reverse: *Braque*
Stockholm, Moderna Museet
Bequeathed by Rolf de Maré, 1966
NM 5985

Le Château de La Roche-Guyon, été 1909
Huile sur toile
92,5 × 72,5 cm
Signé au verso : *Braque*
Eindhoven, Van Abbemuseum
51

The Chateau at La Roche-Guyon, summer 1909
Oil on canvas
36.41 × 28.54 in
Signed on reverse: *Braque*
Eindhoven, Van Abbemuseum
51

Le Château de La Roche-Guyon, été 1909
Huile sur toile
73 × 60 cm
Signé au verso : *Braque*
Villeneuve-d'Ascq, LaM Lille métropole musée d'Art moderne, d'Art contemporain et d'Art brut
Donation de Geneviève et Jean Masurel, 1979
979.4.17

The Chateau at La Roche-Guyon, summer 1909
Oil on canvas
28.74 × 23.62 in
Signed on reverse: *Braque*
Villeneuve-d'Ascq, LaM Lille métropole musée d'Art moderne, d'Art contemporain et d'Art brut
Gift of Geneviève and Jean Masurel, 1979
979.4.17

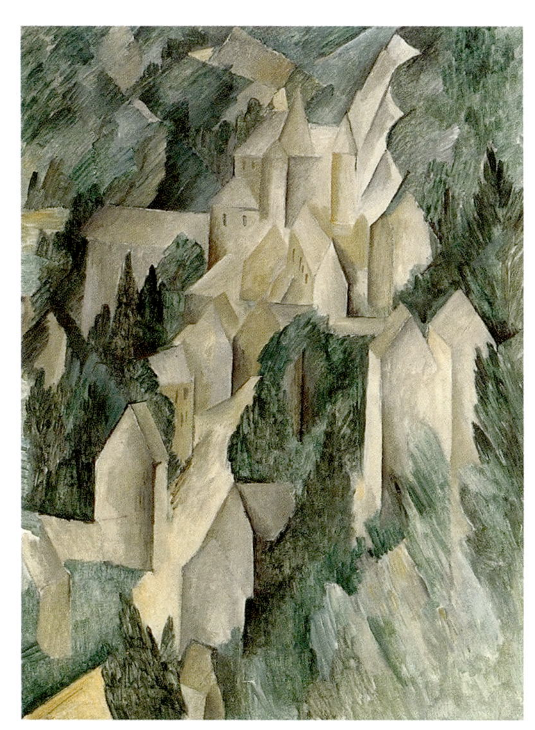

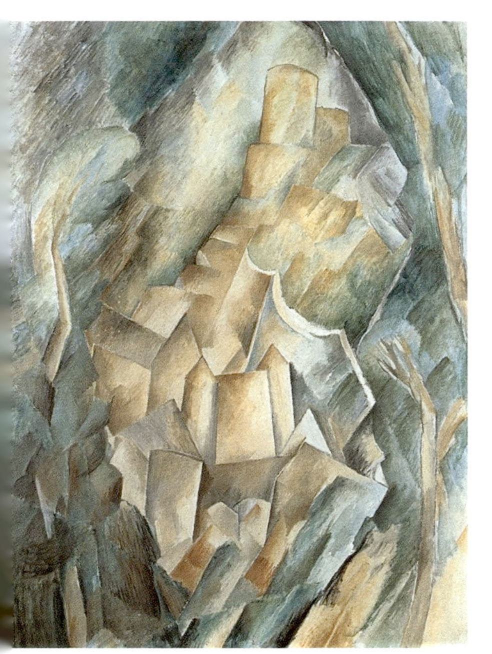

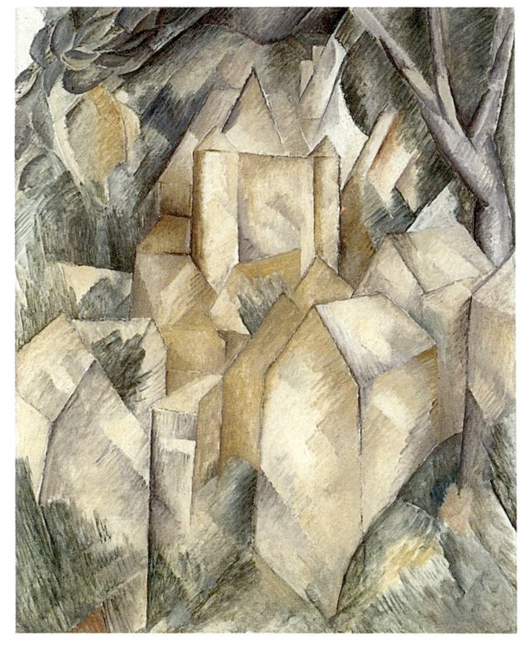

Violon et palette, hiver 1909-1910
Huile sur toile
91,7 × 42,8 cm
Signé au verso : *Braque*
New York, The Solomon R. Guggenheim Museum
54.1412

Violin and Palette, winter 1909–1910
Oil on canvas
36.10 × 16.85 in
Signed on reverse: *Braque*
New York, The Solomon R. Guggenheim Museum
54.1412

Piano et mandore, hiver 1909-1910
Huile sur toile
91,7 × 42,8 cm
Signé au verso : *G. Braque*
New York, The Solomon R. Guggenheim Museum
54.1411

Piano and Mandora, winter 1909–1910
Oil on canvas
36.10 × 16.85 in
Signed on reverse: *G. Braque*
New York, The Solomon R. Guggenheim Museum
54.1411

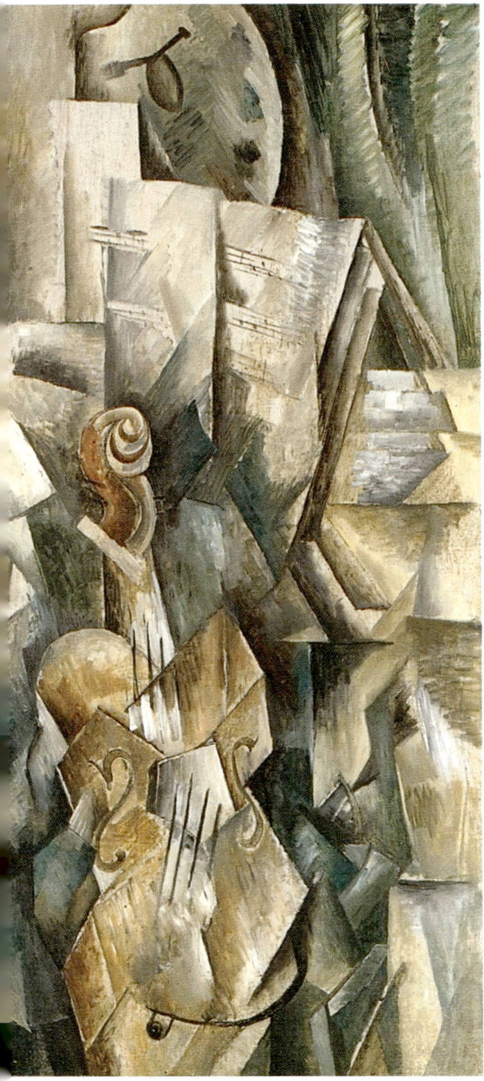

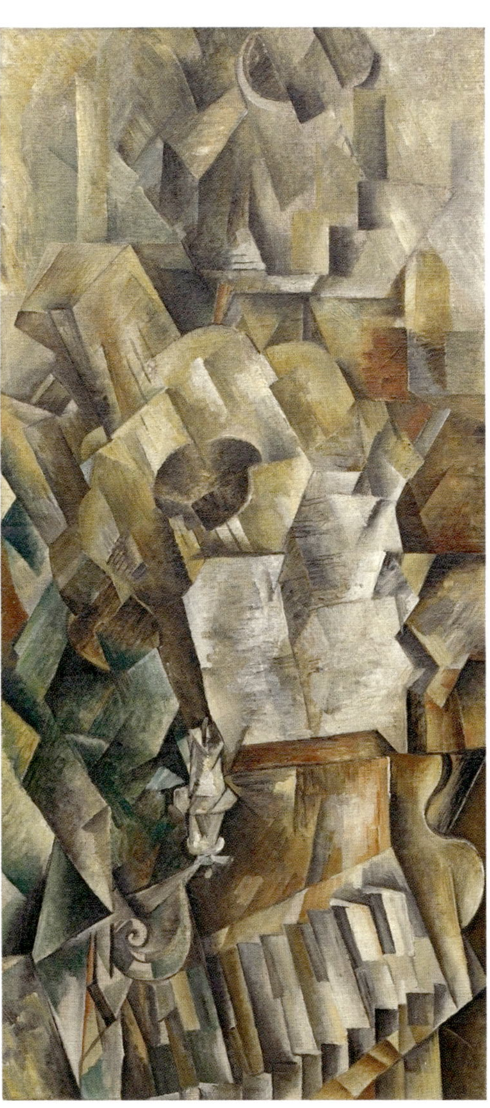

Broc et violon, 1909-1910
Huile sur toile
116,8 × 73,2 cm
Signé au verso : *G. Braque*
Bâle, Kunstmuseum Basel
Don Dr h. c. Raoul La Roche, 1952
Inv. Nr. 2285

Violin and Pitcher, 1909–1910
Oil on canvas
45.98 × 28.81 in
Signed on reverse: *G. Braque*
Basle, Kunstmuseum Basel
Gift of Dr. h.c. Raoul La Roche, 1952
Inv. Nr. 2285

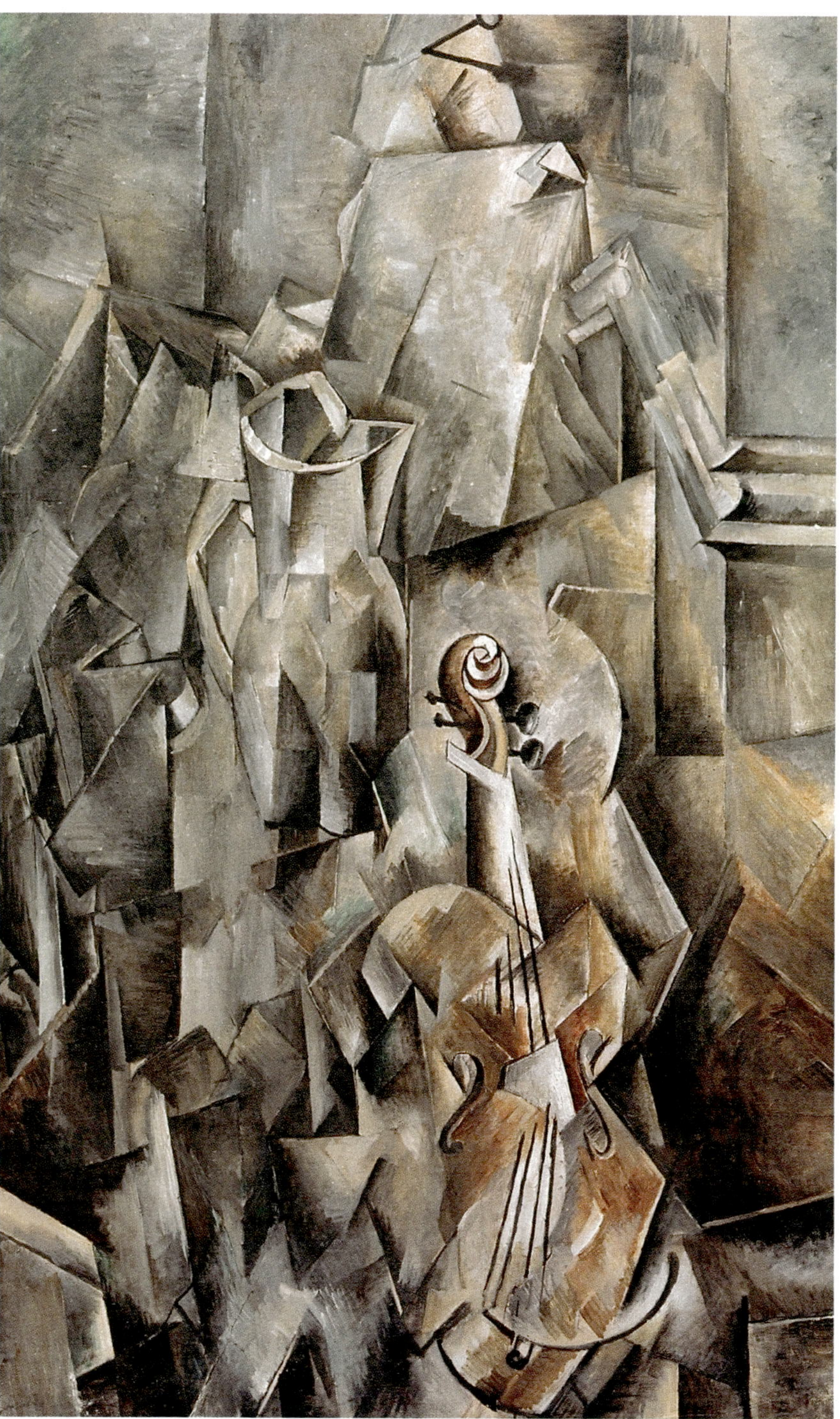

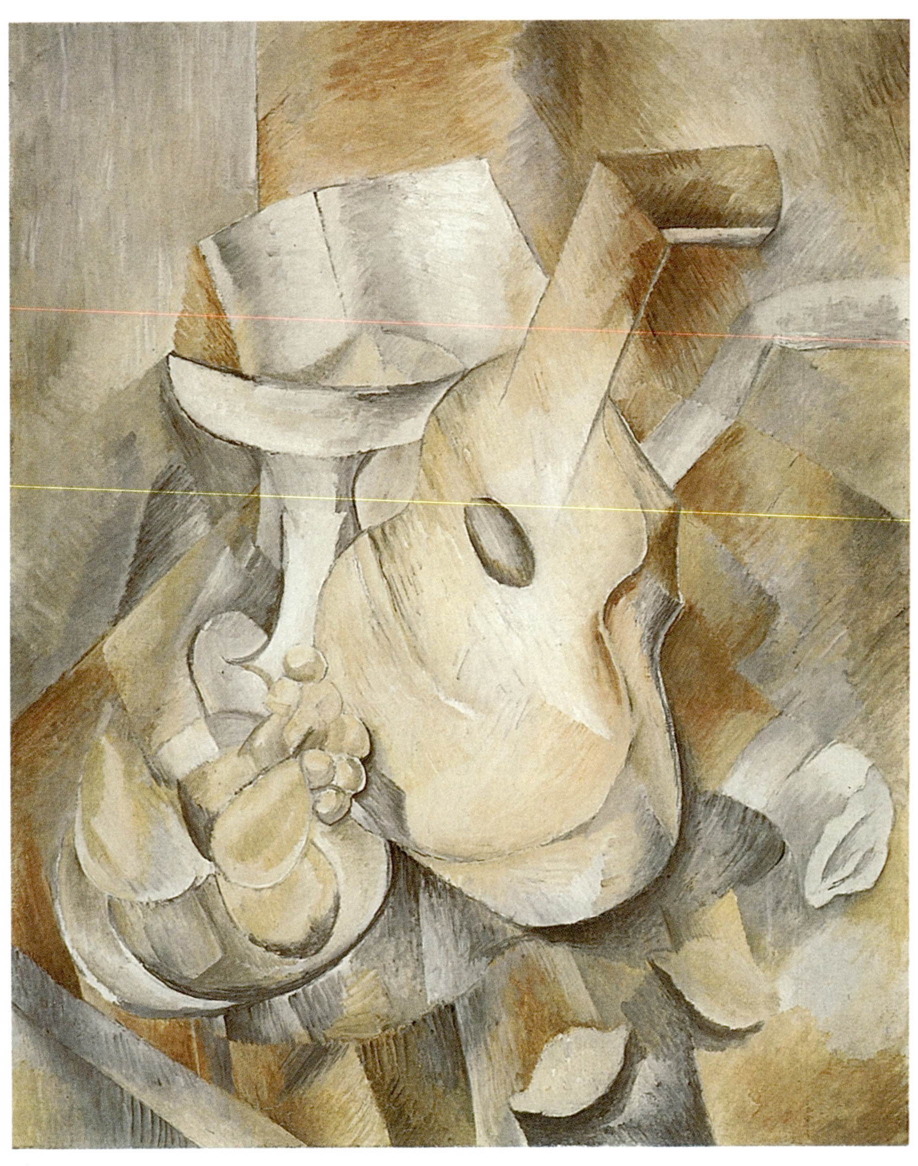

Guitare et compotier, hiver – printemps 1909
Huile sur toile
72 × 60 cm
Signé au verso : *Braque*
Berne, Kunstmuseum
Hermann und Margrit Rupf-Stiftung
Ge 007

Guitar and Fruit Dish, winter–spring 1909
Oil on canvas
28.34 × 23.62 in
Signed on reverse: *Braque*
Bern, Kunstmuseum
Hermann und Margrit Rupf Stiftung
Ge 007

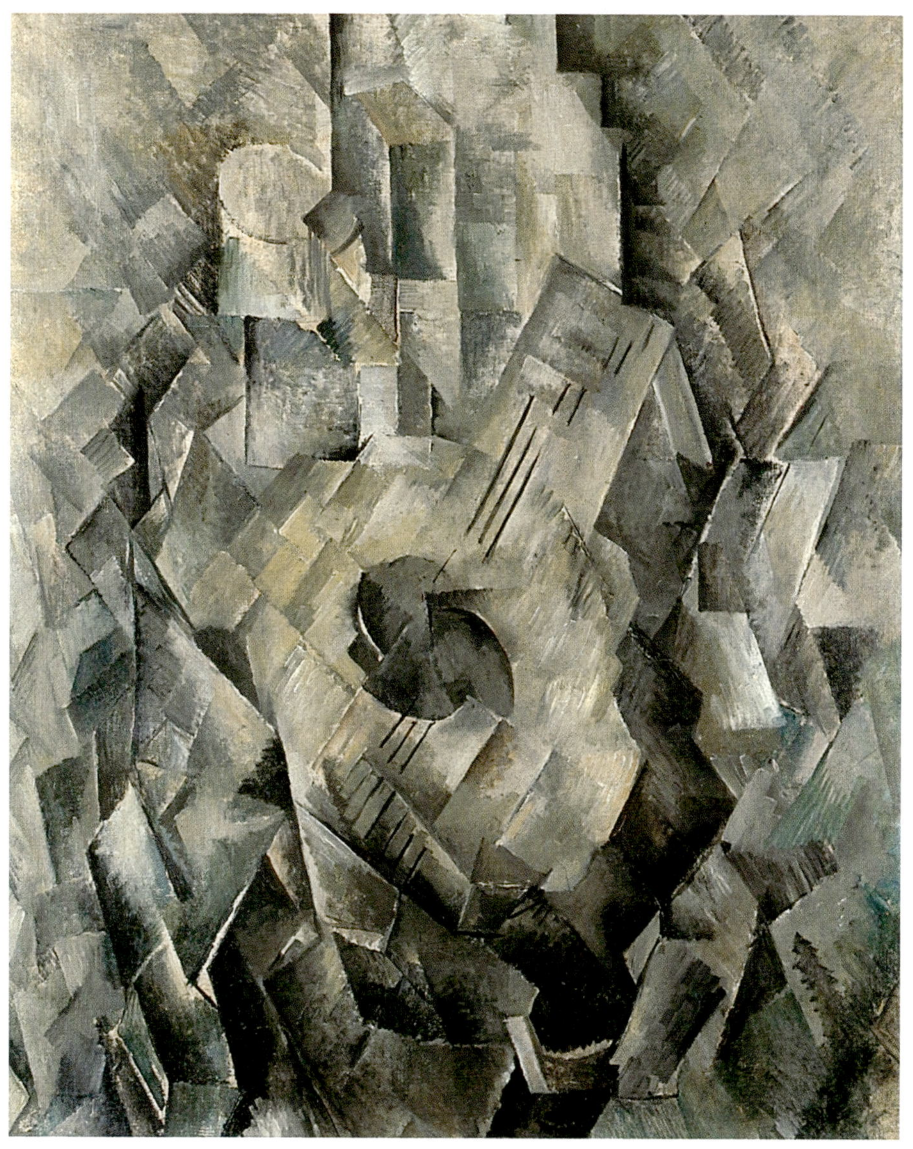

La Mandore, [hiver] 1909-1910	*Mandora*, [winter] 1909–1910
Huile sur toile	Oil on canvas
71,1 × 55,9 cm	27.99 × 22.00 in
Signé au verso : *Braque*	Signed on reverse: *Braque*
Londres, Tate	London, Tate
Purchased, 1966	Purchased, 1966
T00833	T00833

Nature morte à la mandore et au métronome, [automne 1909]
Huile sur toile
81 × 54 cm
Signé au verso : *(G.) Braque*
The Leonard A. Lauder Cubist Trust

Still Life with Mandola and Metronome, [autumn 1909]
Oil on canvas
31.88 × 21.25 in
Signed on reverse: *(G.) Braque*
The Leonard A. Lauder Cubist Trust

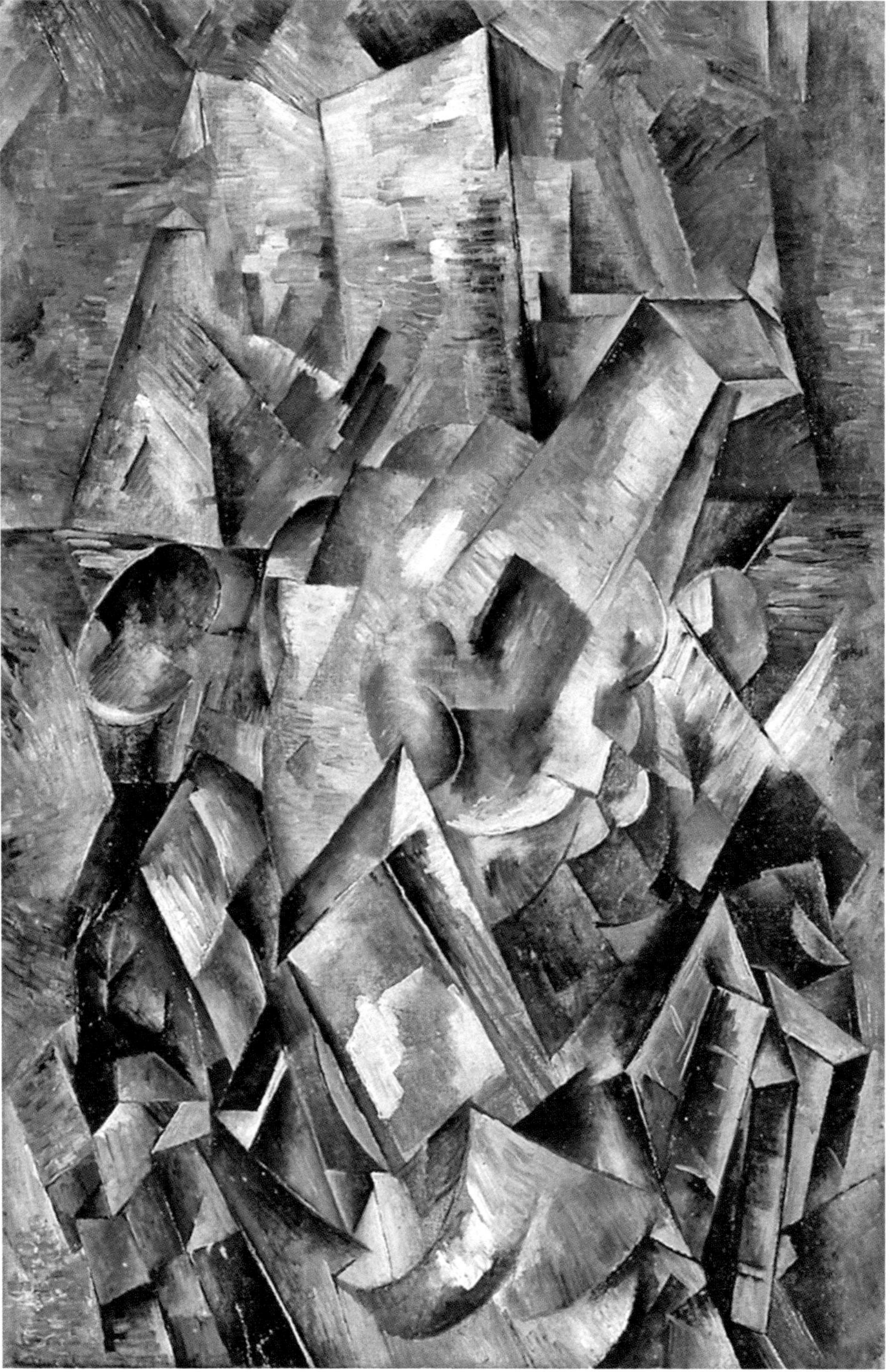

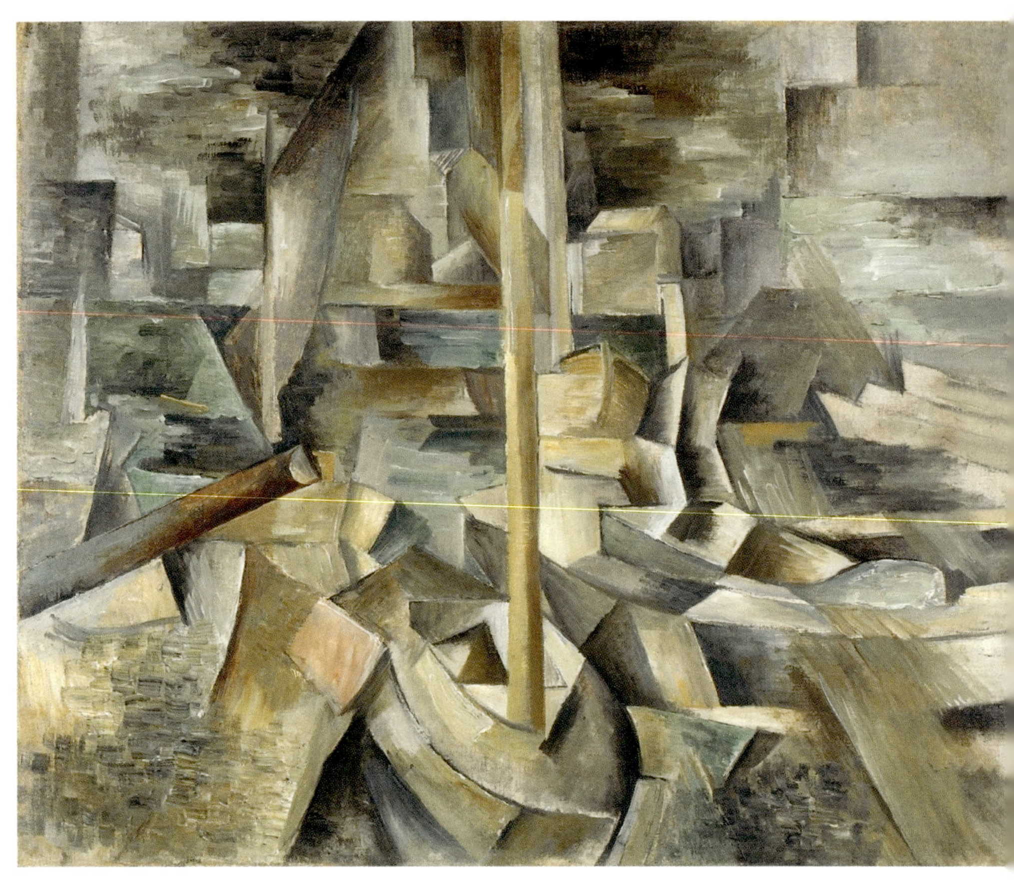

Le Port, hiver – printemps 1909
Huile sur toile
40,6 × 48,2 cm
Signé en bas à droite : *G. Braque*
Washington, National Gallery of Art
Gift of Victoria Nebecker Coberly
in memory of her son, John W. Mudd
1992.3.1

The Harbour, winter–spring 1909
Oil on canvas
15.98 × 18.97 in
Signed lower right: *G. Braque*
Washington, National Gallery of Art
Gift of Victoria Nebecker Coberly
in memory of her son, John W. Mudd
1992.3.1

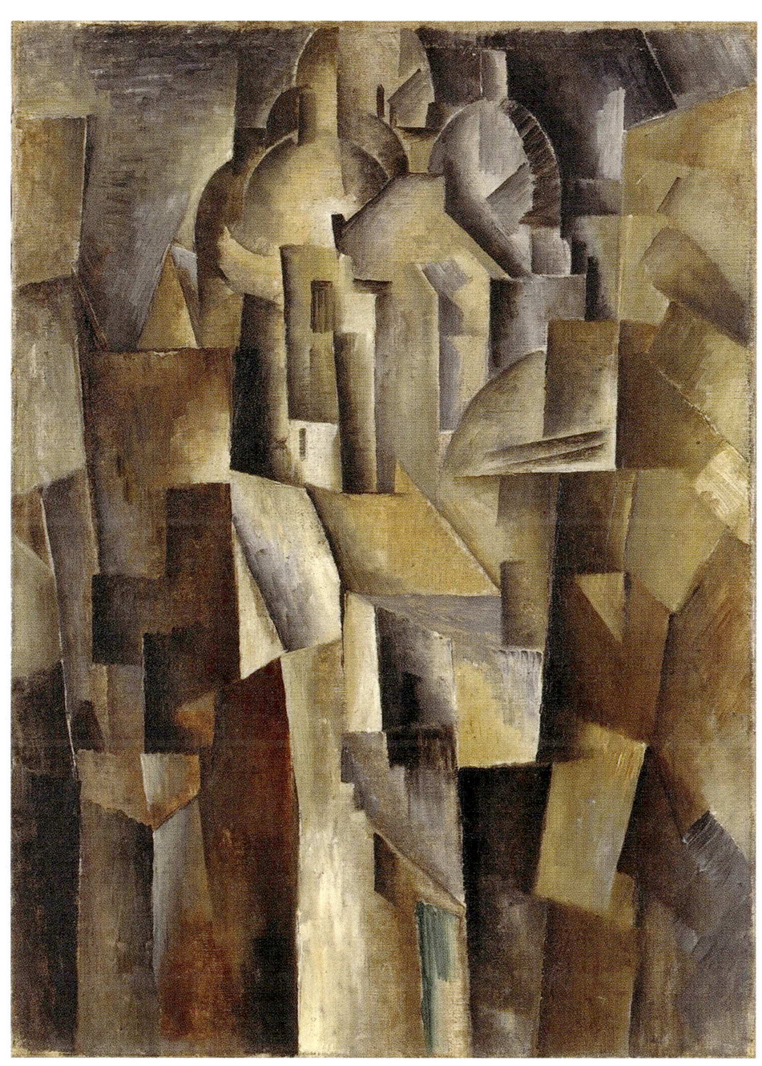

Le Sacré-Cœur, hiver 1909-1910
Huile sur toile
55 × 40,5 cm
Signé, daté au verso : *Braque / 10*
Villeneuve-d'Ascq, LaM Lille métropole musée d'Art moderne, d'Art contemporain et d'Art brut
Donation de Geneviève et Jean Masurel, 1979
979.4.18

The Sacré-Cœur, winter 1909–1910
Oil on canvas
21.65 × 15.94 in
Signed and dated on reverse: *Braque/10*
Villeneuve-d'Ascq, LaM Lille métropole musée d'Art moderne, d'Art contemporain et d'Art brut
Gift of Geneviève and Jean Masurel, 1979
979.4.18

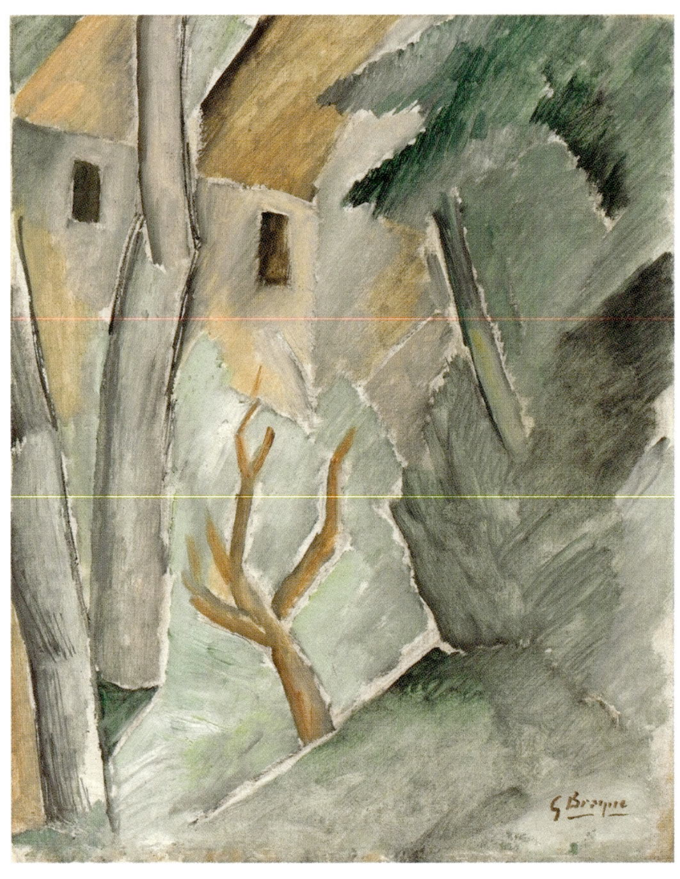

Paysage de Carrières-Saint-Denis, octobre 1909
Huile sur toile
41 × 33 cm
Signé en bas à droite : *G. Braque*.
Signé, dédicacé au verso : *Pour / Maud / G. Braque*
Paris, Centre Pompidou, Musée national d'art moderne
Legs de Mme Marguerite Savary, 1969
AM 4492 P

Landscape at Carrières-Saint-Denis, October 1909
Oil on canvas
16.14 × 12.99 in
Signed lower right: *G. Braque*. Signed and dedicated on reverse: *Pour/Maud/* [For Maud] *G. Braque*
Paris, Centre Pompidou, Musée national d'art moderne
Bequeathed by Marguerite Savary, 1969
AM 4492 P

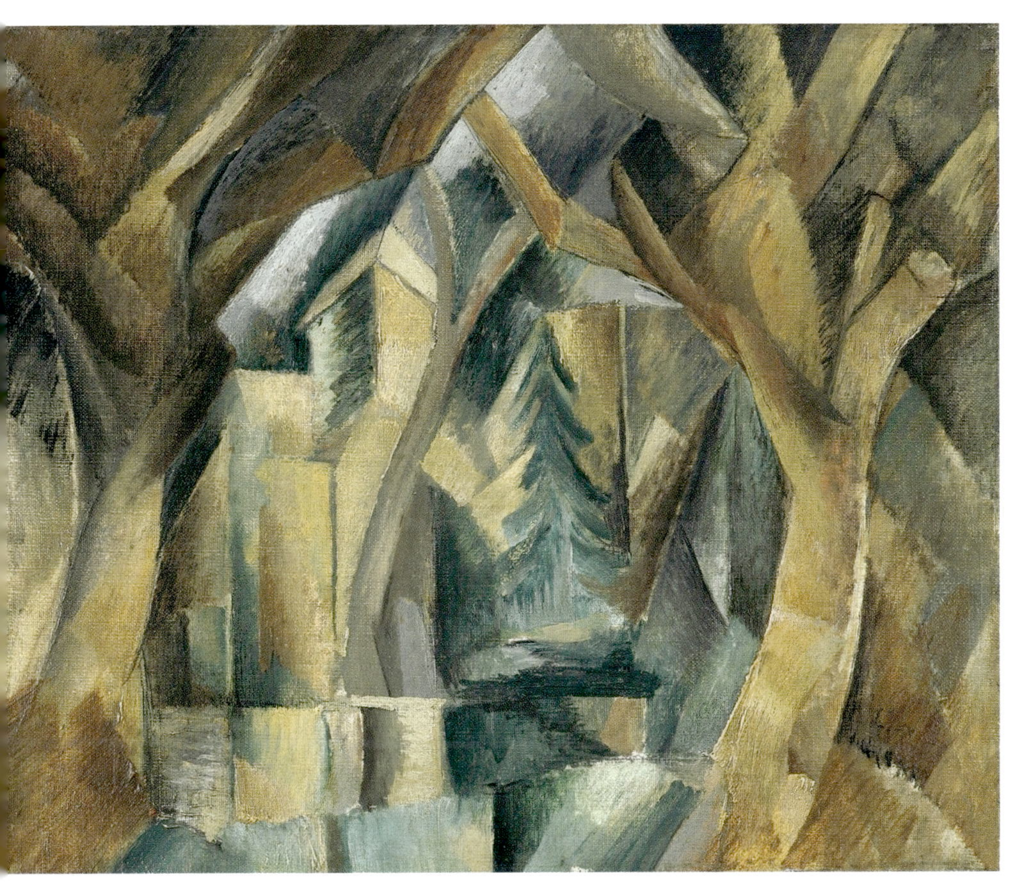

Le Parc de Carrières-Saint-Denis, 1909-1910
Huile sur toile
38,5 × 46,5 cm
Madrid, Museo Thyssen-Bornemisza
1978.63 (479)

The Park at Carrières-Saint-Denis, 1909–1910
Oil on canvas
15.15 × 18.30 in
Madrid, Museo Thyssen-Bornemisza
1978.63 (479)

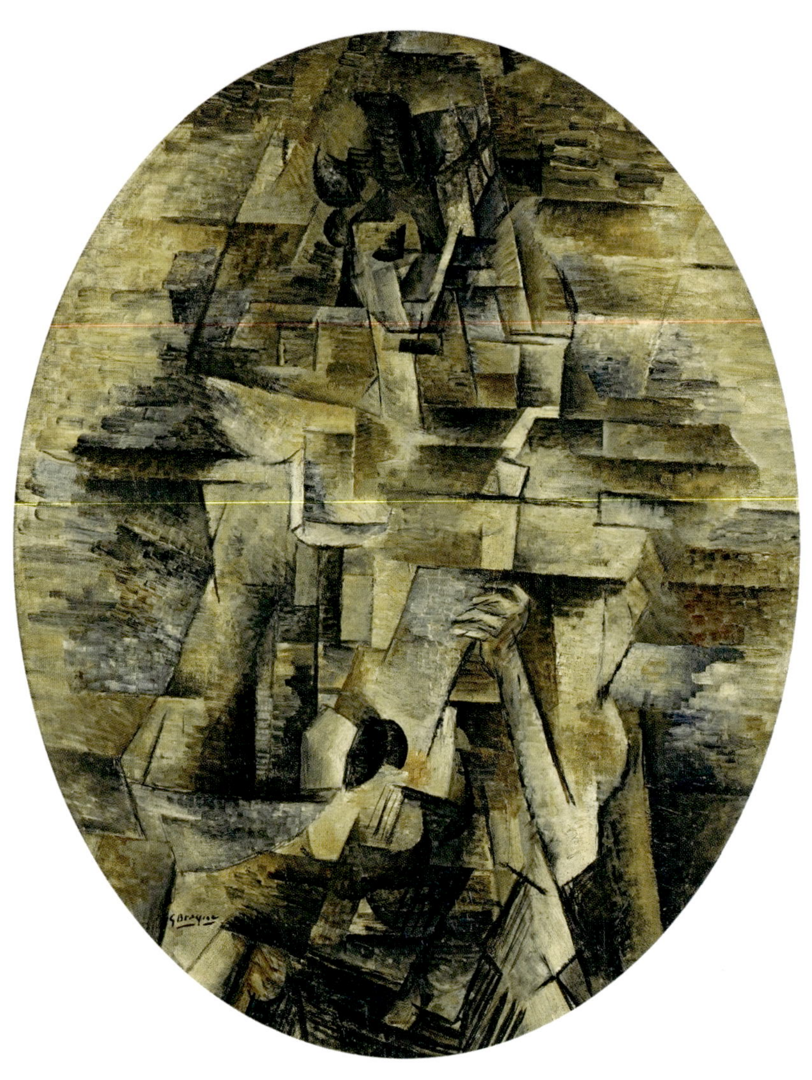

Femme à la mandoline, 1910	*Woman with Mandolin*, 1910
Huile sur toile	Oil on canvas
91,5 × 72,5 cm	36.02 × 28.54 in
Signé en bas à gauche : *G. Braque.*	Signed lower left: *G. Braque.*
Signé au verso : *(G.) Braque*	Signed on reverse: *(G.) Braque*
Munich, Bayerische Staatsgemäldesammlungen, Pinakothek der Moderne	Munich, Bayerische Staatsgemäldesammlungen, Pinakothek der Moderne
13824	13824

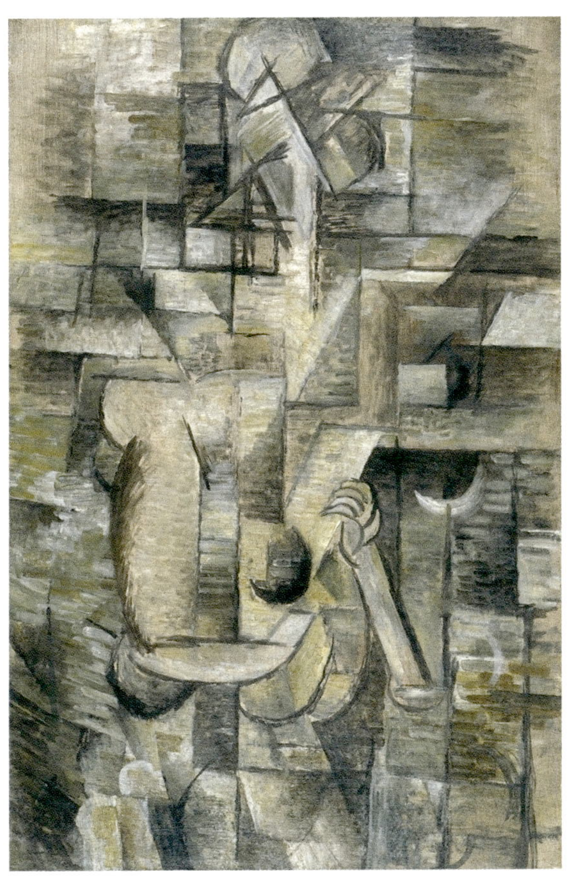

Femme à la mandoline, printemps 1910
Huile sur toile
80,5 × 54 cm
Signé au verso : *(G.) Braque*
Madrid, Museo Thyssen-Bornemisza
1976.24 (478)

Woman with Mandolin, spring 1910
Oil on canvas
31.69 × 21.25 in
Signed on reverse: *(G.) Braque*
Madrid, Museo Thyssen-Bornemisza
1976.24 (478)

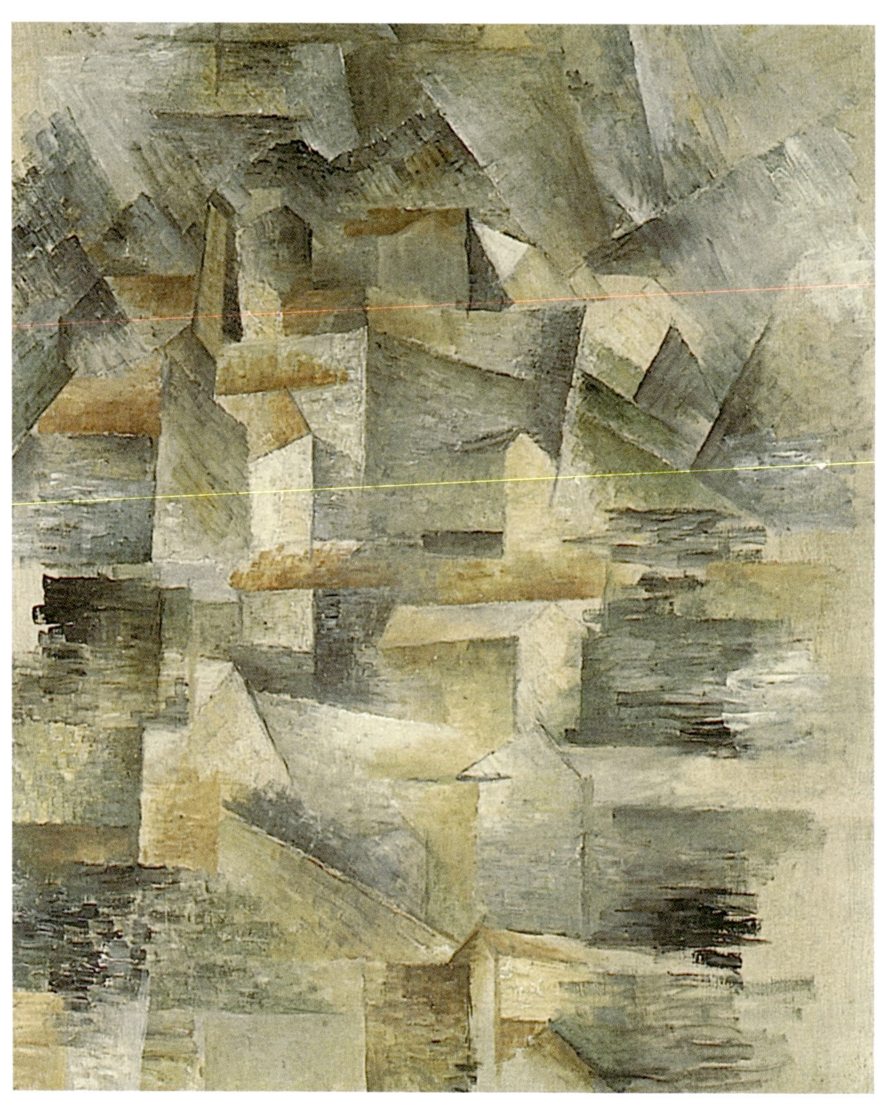

Les Usines du Rio Tinto à L'Estaque, automne 1910
Huile sur toile
65 × 54 cm
Signé au verso : *G. Braque*
Paris, Centre Pompidou,
Musée national d'art moderne
Donation de M. et Mme André Lefèvre, 1952
AM 3973 P

The Rio Tinto Factory at L'Estaque, autumn 1910
Oil on canvas
25.59 × 21.25 in
Signed on reverse: *G. Braque*
Paris, Centre Pompidou,
Musée national d'art moderne
Gift of M. and Mme André Lefèvre, 1952
AM 3973 P

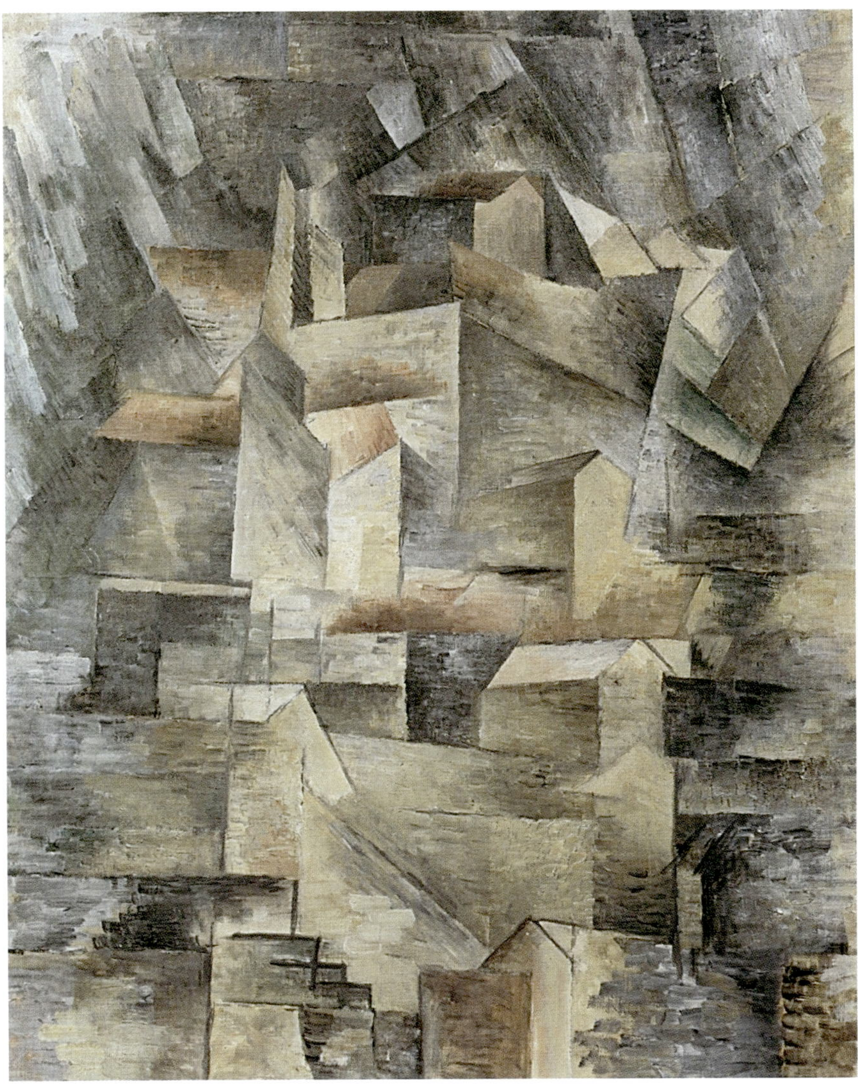

Les Usines du Rio Tinto à L'Estaque, automne 1910
Huile sur toile
73 × 60 cm
Signé au verso : *Braque*
Villeneuve-d'Ascq, LaM Lille métropole musée d'Art moderne, d'Art contemporain et d'Art brut
Donation de Geneviève et Jean Masurel, 1979
979.4.19

The Rio Tinto Factory at L'Estaque, autumn 1910
Oil on canvas
28.74 × 23.62 in
Signed on reverse: *Braque*
Villeneuve-d'Ascq, LaM Lille métropole musée d'Art moderne, d'Art contemporain et d'Art brut
Gift of Geneviève and Jean Masurel, 1979
979.4.19

Le cubisme analytique
Analytic Cubism

1911 – 1912

Les Toits à Céret, été 1911	*The Roof-tops at Céret*, summer 1911
Huile sur toile	Oil on canvas
88,2 × 64,8 cm	34.72 × 25.51 in
Signé au verso : *Braque*	Signed on reverse: *Braque*
Collection particulière	Private collection

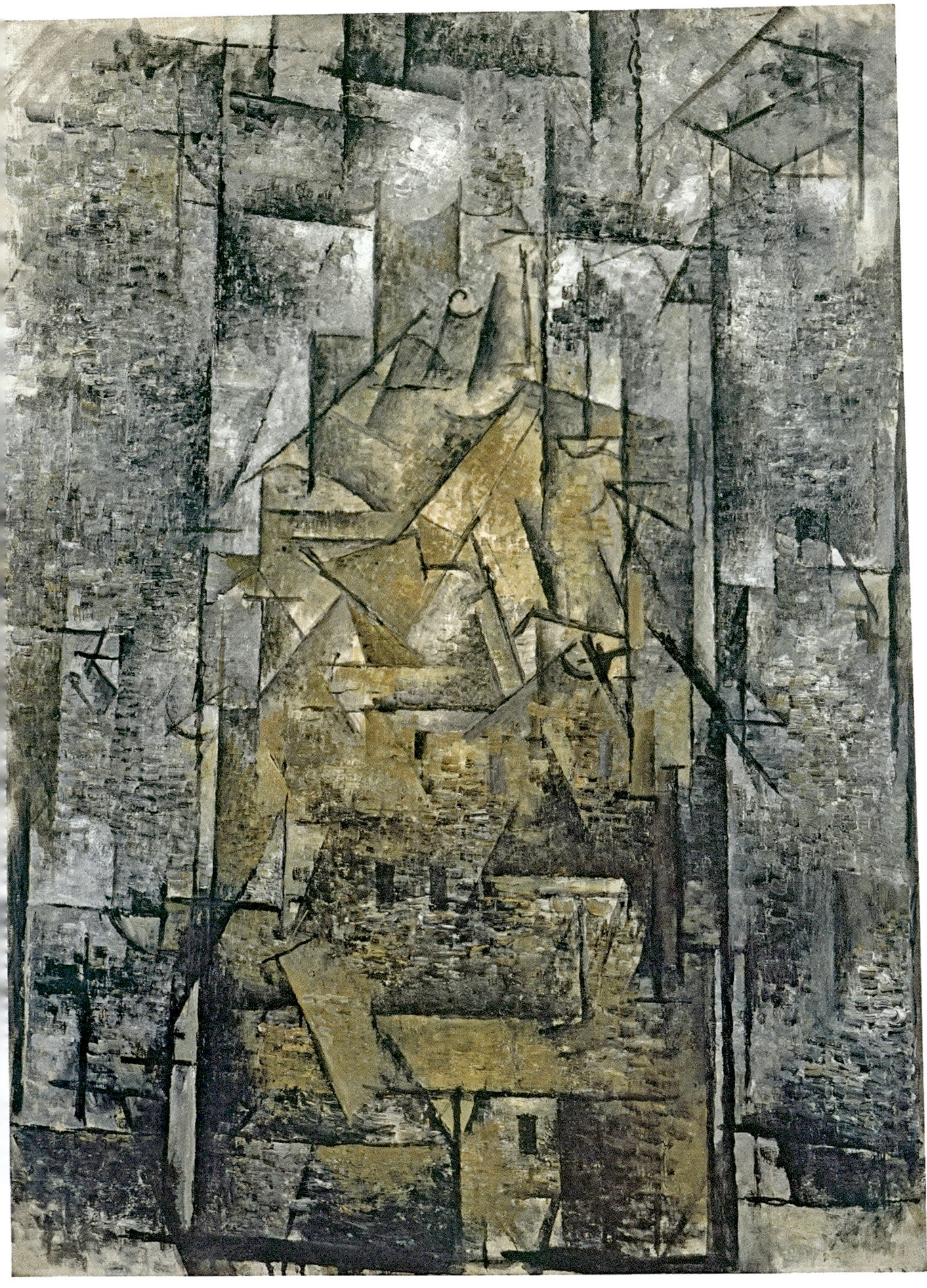

Femme lisant, 1911	*Woman Reading*, 1911
Huile sur toile	Oil on canvas
130 × 81 cm	51.18 × 31.88 in
Signé en haut à gauche au verso : *G. Braque*	Signed upper left on reverse: *G. Braque*
Riehen/Bâle, Fondation Beyeler	Riehen/Basle, Beyeler Foundation
86.2	86.2

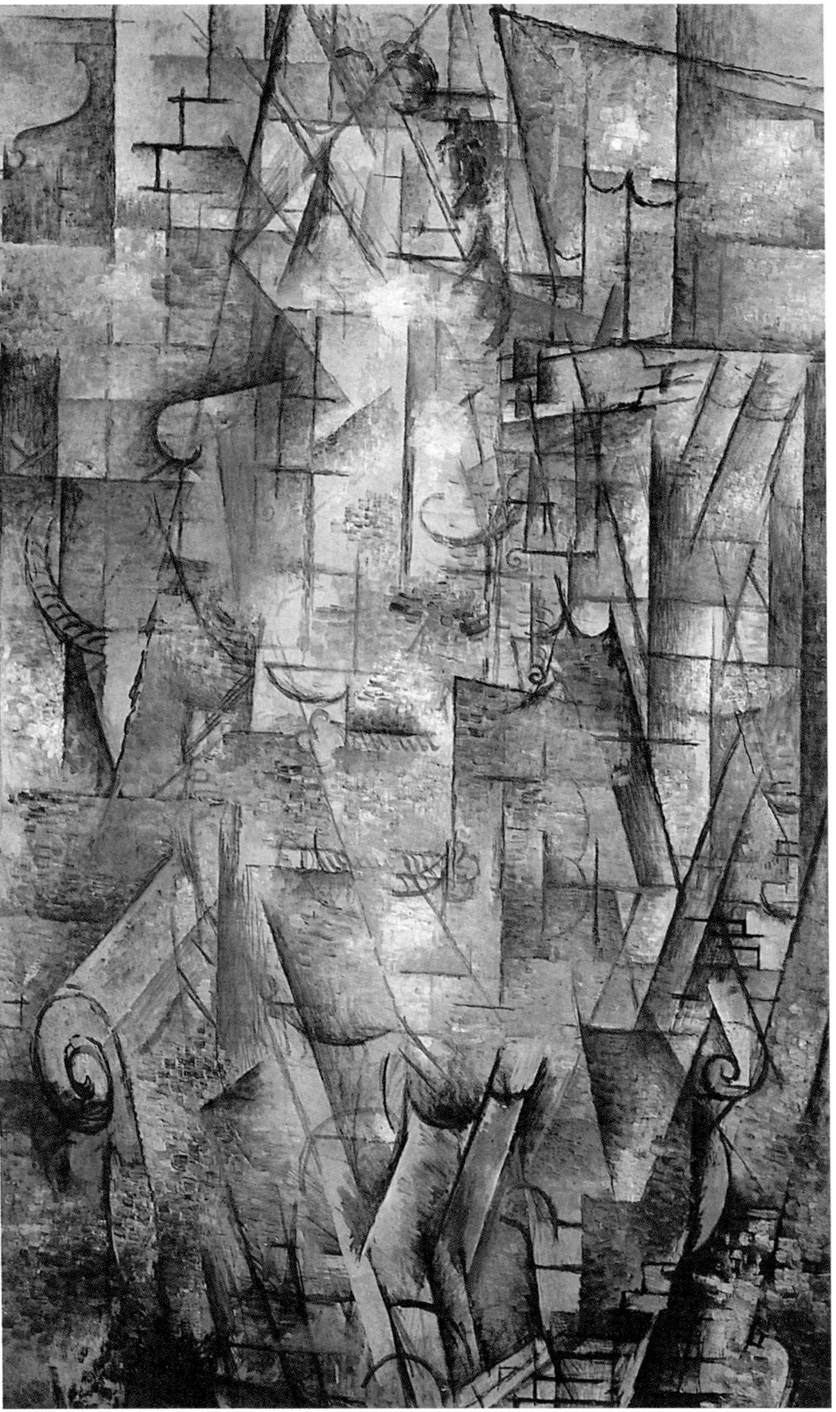

L'Homme à la guitare, Céret, été 1911 – début 1912
Huile sur toile
116,2 × 80,9 cm
New York, The Museum of Modern Art
Acquired through the Lillie P. Bliss Bequest, 1945
175.1945

Man with a Guitar, Céret, summer 1911 – early 1912
Oil on canvas
45.74 × 31.85 in
New York, The Museum of Modern Art
Acquired through the Lillie P. Bliss Bequest, 1945
175.1945

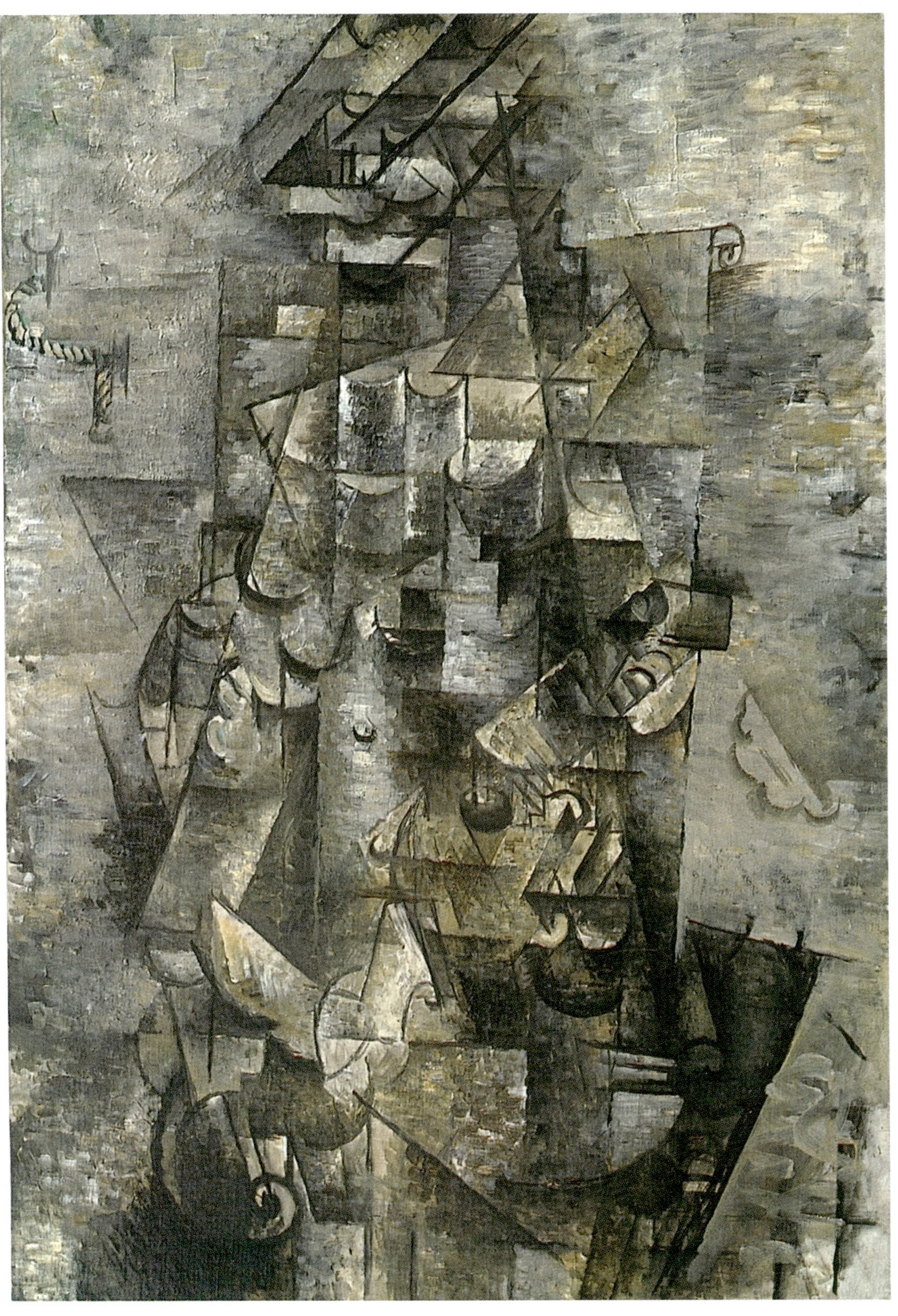

Le Violon, printemps 1911	*The Violin*, spring 1911
Huile sur toile	Oil on canvas
72 × 60 cm	28.34 × 23.62 in
Signé au verso : *Braque*	Signed on reverse: *Braque*
Inscription sur le châssis : *M Laroche*	Inscribed on frame: *M Laroche*
Lyon, musée des Beaux-Arts	Lyon, Musée des Beaux-Arts
Don Dr h. c. Raoul La Roche, 1954	Gift of Dr. h.c. Raoul La Roche, 1954
1955-3	1955-3

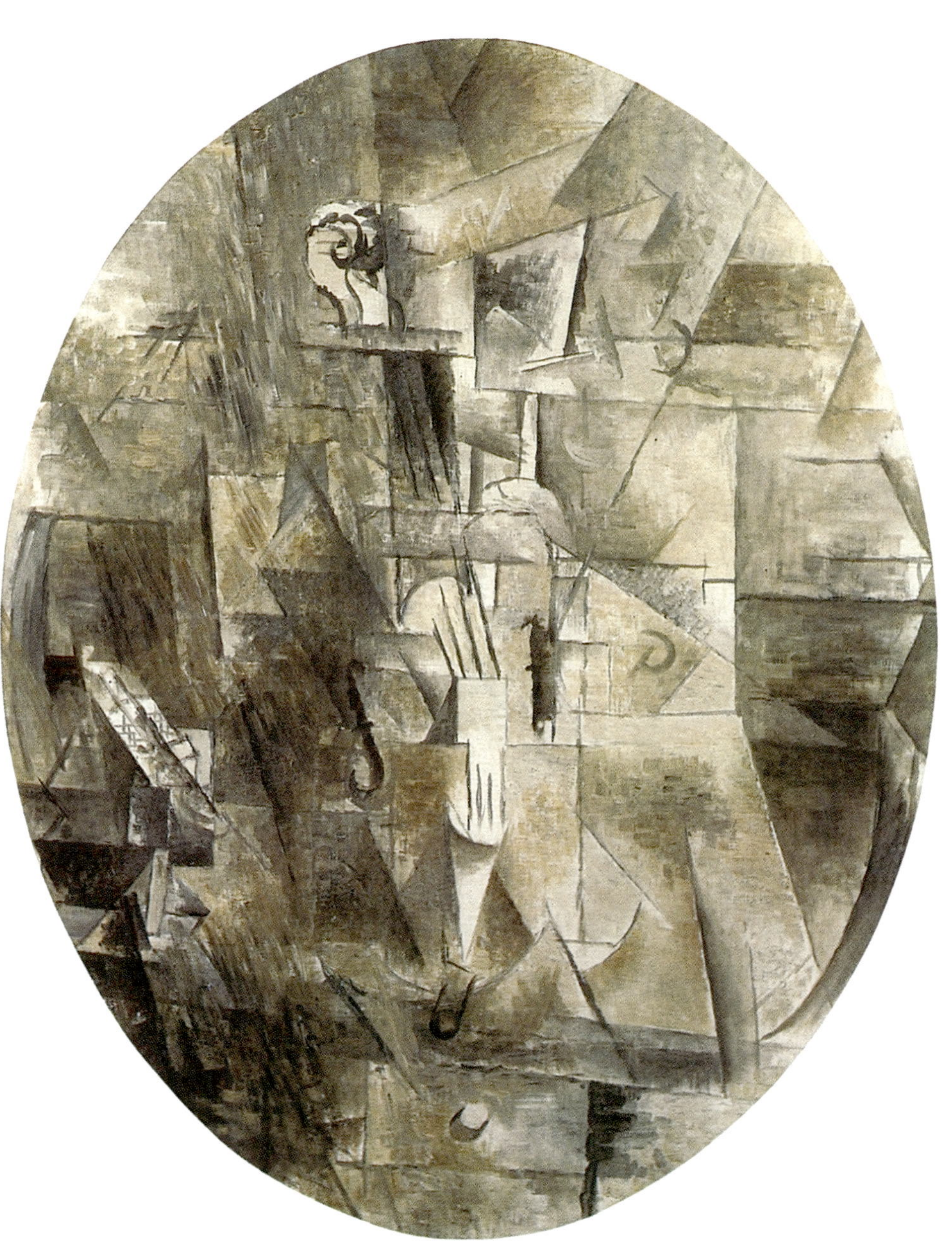

Le Guéridon, Céret, automne 1911
Huile sur toile
116,5 × 81,5 cm
Signé en haut à gauche au verso : *Braque*
Paris, Centre Pompidou, Musée national d'art moderne
Don Dr h. c. Raoul La Roche, 1952
AM 3168 P

The Pedestal Table, Céret, autumn 1911
Oil on canvas
45.86 × 32.08 in
Signed upper left on reverse: *Braque*
Paris, Centre Pompidou, Musée national d'art moderne
Gift of Dr. h.c. Raoul La Roche, 1952
AM 3168 P

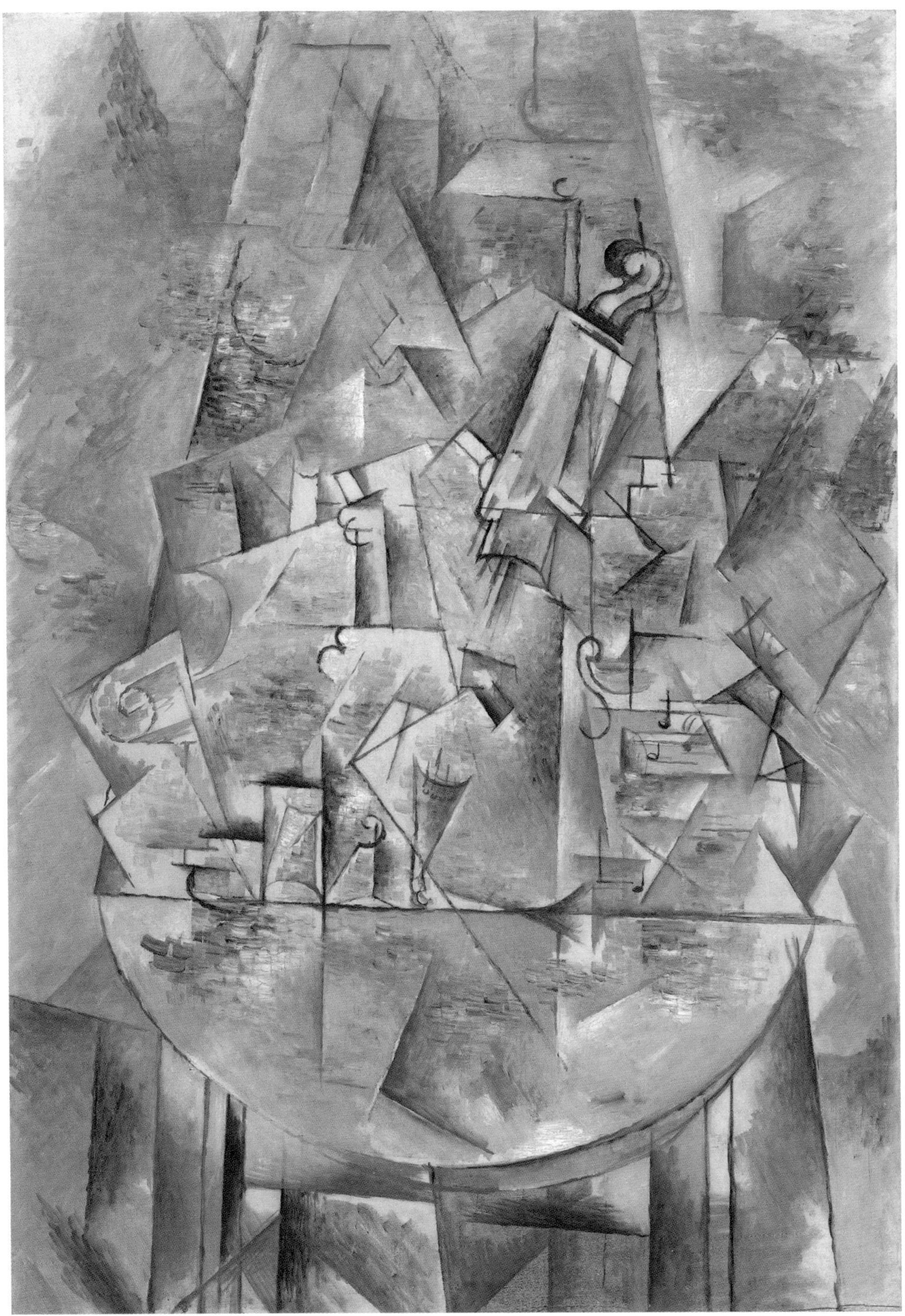

Nature morte au violon, Céret, novembre 1911
Huile sur toile
130 × 89 cm
Paris, Centre Pompidou, Musée national d'art moderne
Donation de Mme Georges Braque, 1965
AM 4299 P

Still Life with Violin, Céret, November 1911
Oil on canvas
51.18 × 35.03 in
Paris, Centre Pompidou, Musée national d'art moderne
Gift of the artist's wife, 1965
AM 4299 P

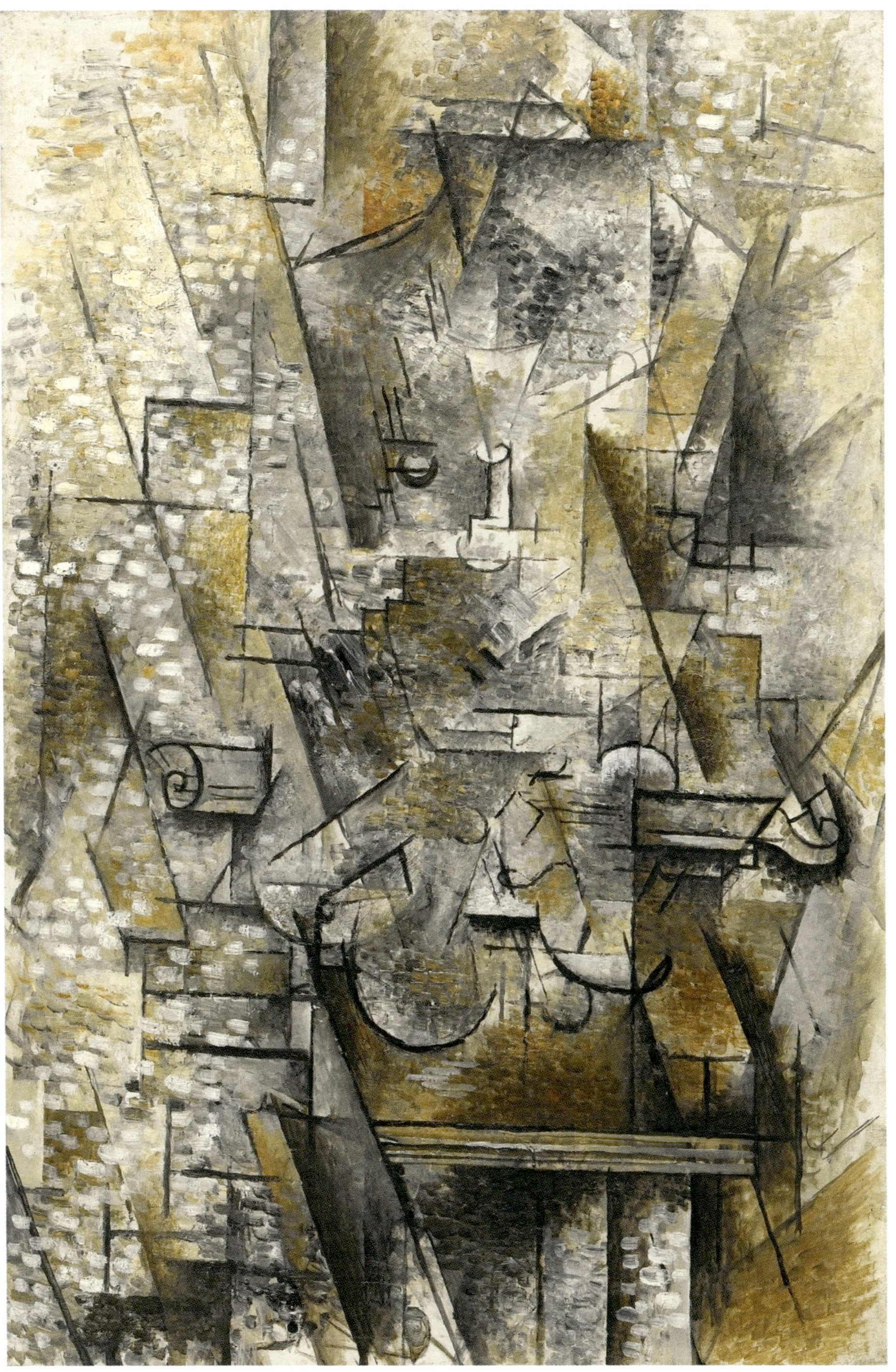

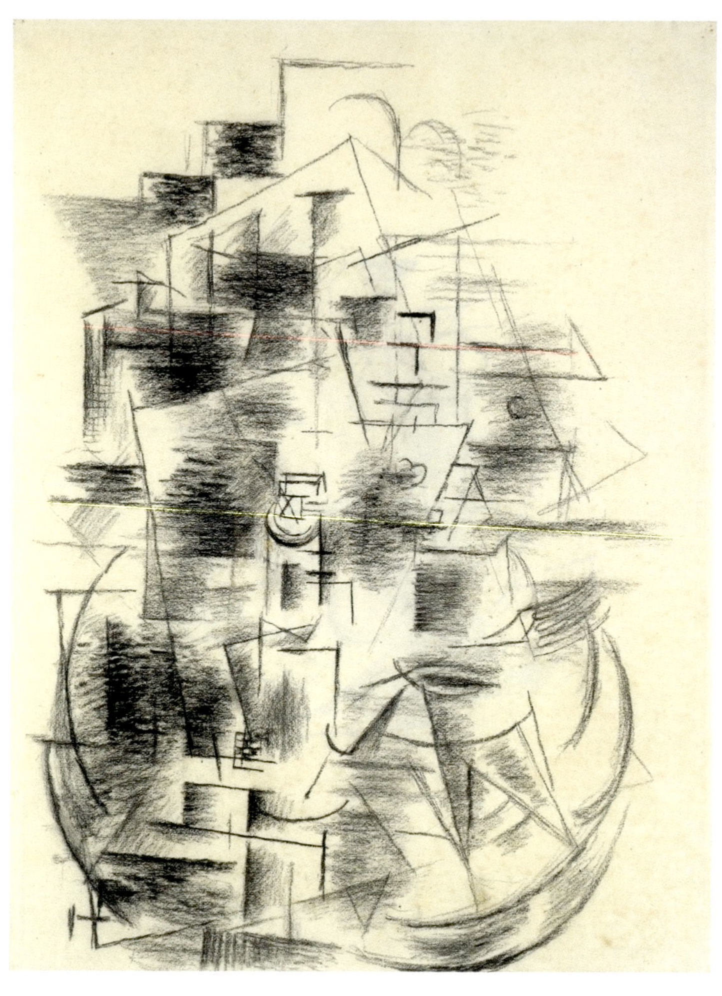

La Table, 1911	*The Table*, 1911
Fusain sur papier	Charcoal on paper
62,9 × 48 cm	24.76 × 18.89 in
Bâle, Kunstmuseum Basel, Kupferstichkabinett	Basle, Kunstmuseum Basel, Kupferstichkabinett
Don Dr h. c. Raoul La Roche	Gift of Dr. h.c. Raoul La Roche
1963-19	1963-19

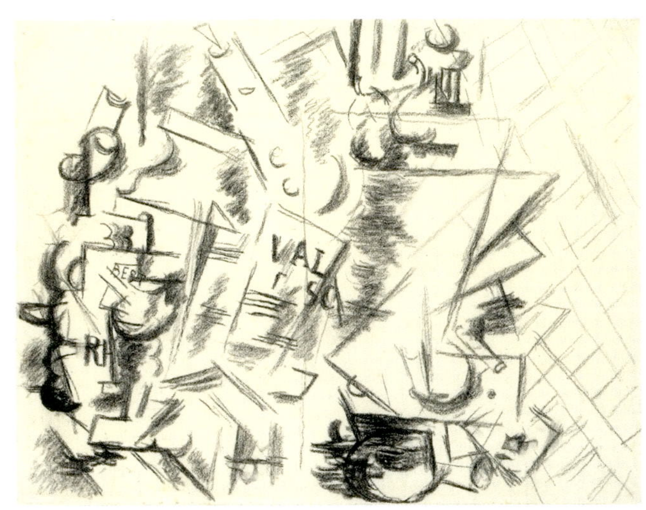

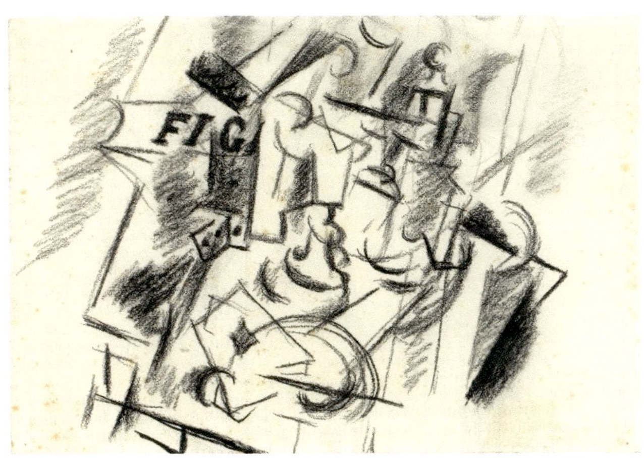

Nature morte (VAL), 1912
Fusain sur papier
47,8 × 63,2 cm
Bâle, Kunstmuseum Basel, Kupferstichkabinett
Don Dr h. c. Raoul La Roche
1963.20

Still Life (VAL), 1912
Charcoal on paper
18.81 × 24.88 in
Basle, Kunstmuseum Basel, Kupferstichkabinett
Gift of Dr. h.c. Raoul La Roche
1963.20

Le Figaro, printemps 1912
Fusain sur papier
32 × 47 cm
Paris, Centre Pompidou,
Musée national d'art moderne
Donation de Louise et Michel Leiris, 1984
AM 1984-501

Le Figaro, spring 1912
Charcoal on paper
12.59 × 18.50 in
Paris, Centre Pompidou,
Musée national d'art moderne
Gift of Louise and Michel Leiris, 1984
AM 1984-501

Bouteille et verre, 1911
Huile sur toile
72,5 × 54 cm
Cambridge, by kind permission of the Provost
and Scholars of King's College
on loan to the Fitzwilliam Museum

Bottle and Glass, 1911
Oil on canvas
28.54 × 21.25 in
Cambridge, by kind permission of the Provost
and Scholars of King's College
on loan to the Fitzwilliam Museum

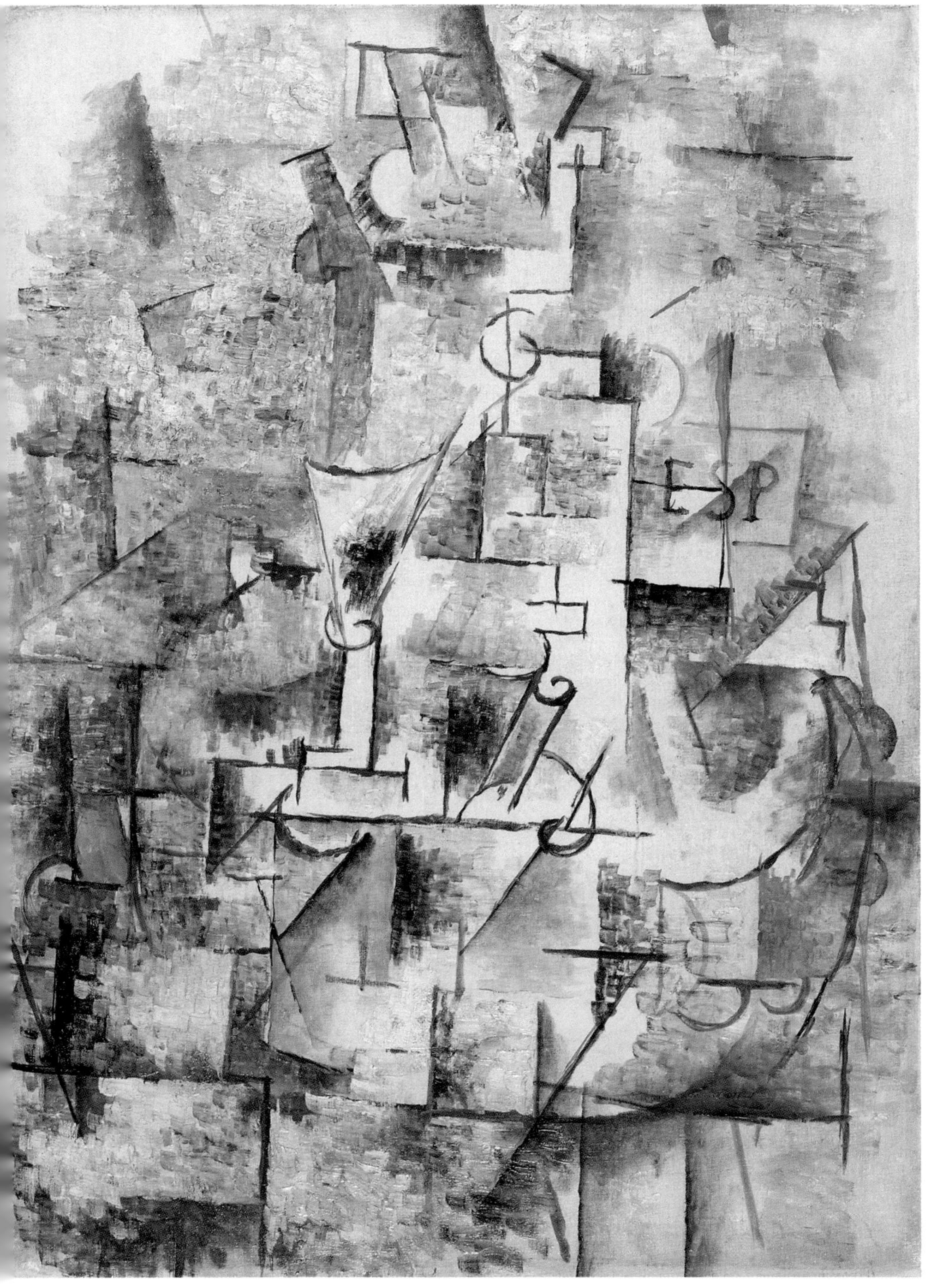
ESP

Nature morte aux banderilles, 1911
Huile, fusain et sable sur toile
65,4 × 54,9 cm
New York, The Metropolitan Museum of Art
Jacques and Natasha Gelman Collection, 1998
1999.363.11

Still Life with Banderillas, 1911
Oil, charcoal, and sand on canvas
25.74 × 21.61 in
New York, The Metropolitan Museum of Art
Jacques and Natasha Gelman Collection, 1998
1999.363.11

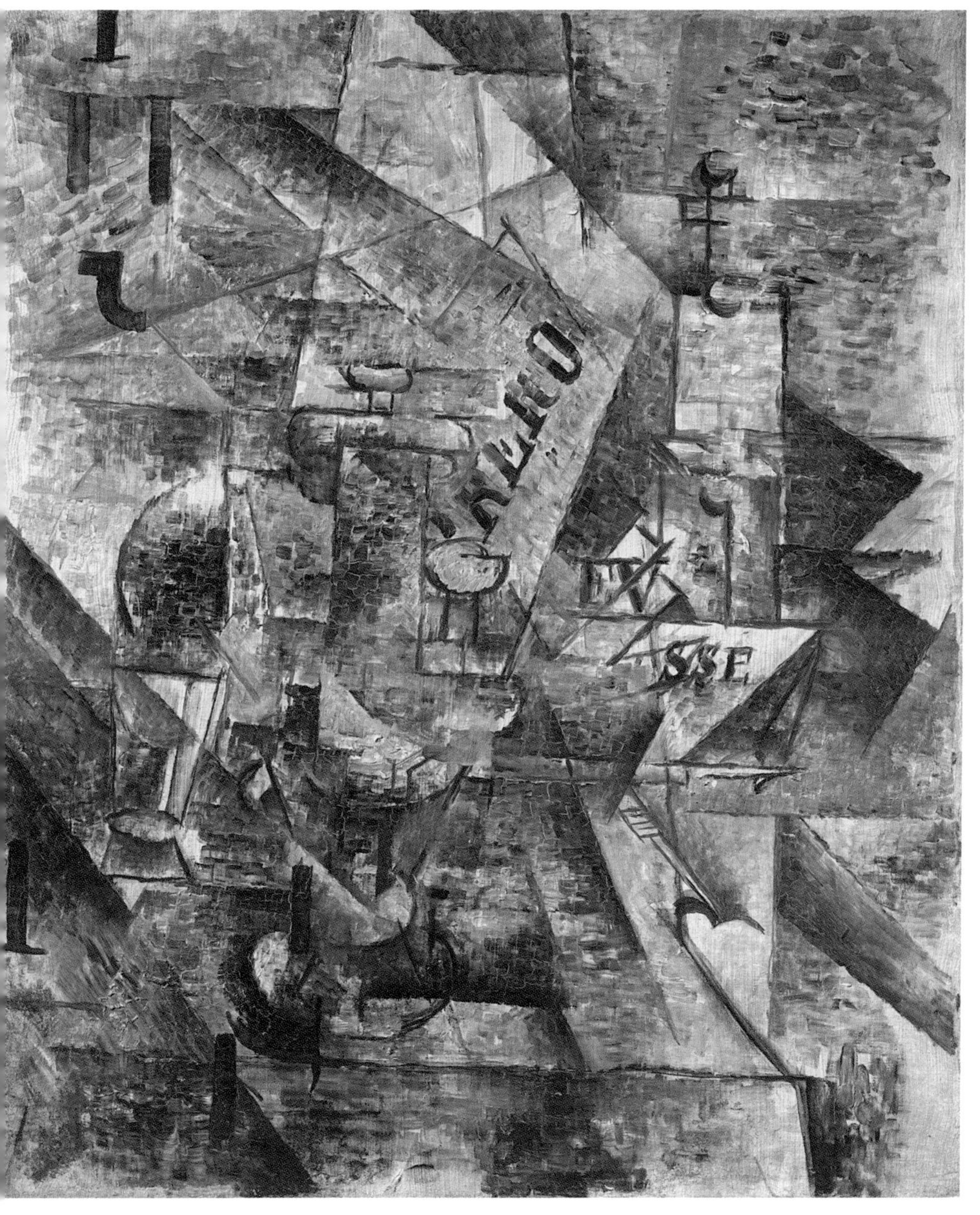
SSE

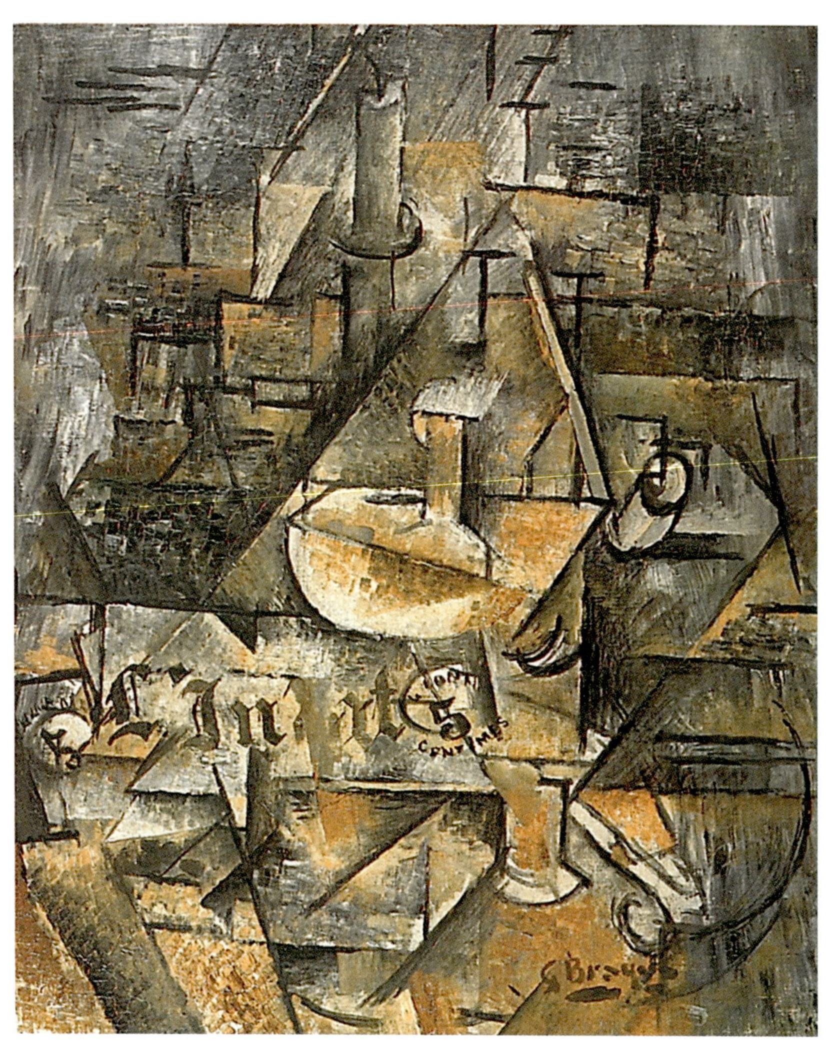

Le Bougeoir, Céret, été 1911
Huile sur toile
46,2 × 38,2 cm
Signé en bas à droite : *G. Braque*
Édimbourg, Scottish National Gallery of Modern Art
Purchased, 1976
GMA-1561

The Candlestick, Céret, summer 1911
Oil on canvas
18.18 × 15.03 in
Signed lower right: *G. Braque*
Edinburgh, Scottish National Gallery of Modern Art
Purchased, 1976
GMA-1561

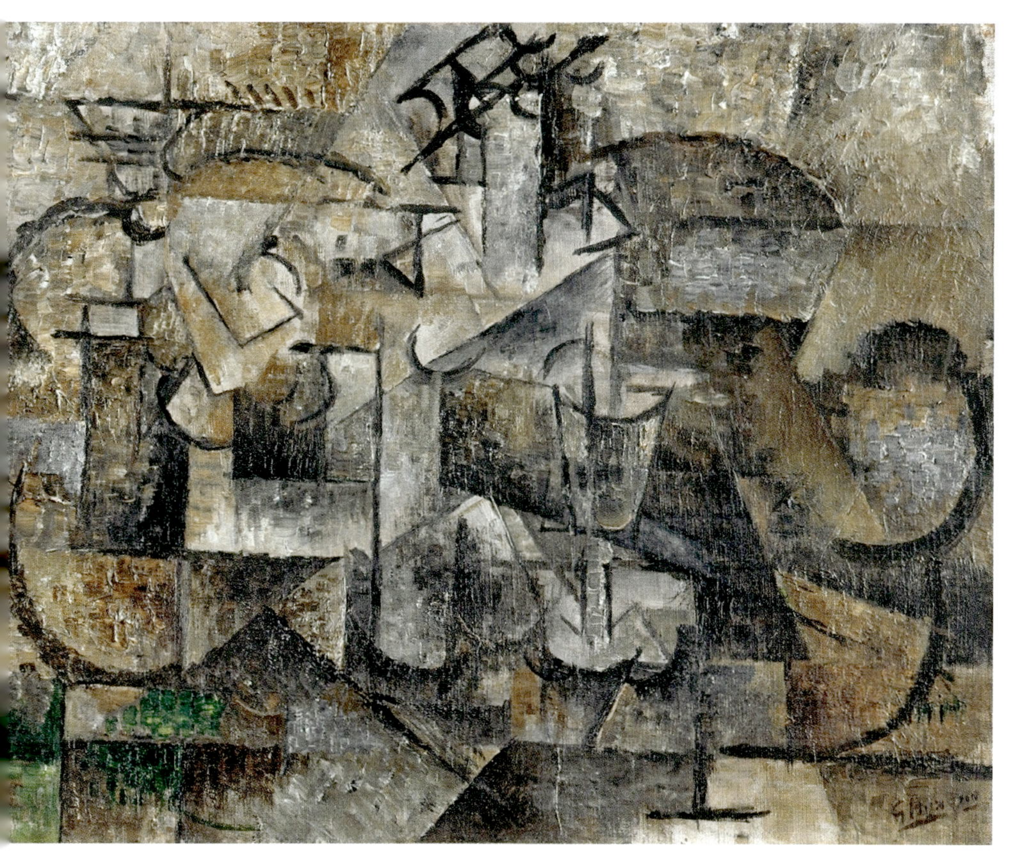

Bouteille et verre, 1911	*Bottle and Glass*, 1911
Huile sur toile	Oil on canvas
33 × 41 cm	12.99 × 16.14 in
Signé en bas à droite : *G. Braque*	Signed lower right: *G. Braque*
Strasbourg, musée d'Art moderne et contemporain de la ville de Strasbourg	Strasbourg, Musée d'Art moderne et contemporain de la ville de Strasbourg
Achat, 1923	Purchased, 1923
55.974.0.720	55.974.0.720

Compotier, bouteille et verre,
Sorgues, août-septembre 1912
Huile et sable sur toile
60 × 73 cm
Paris, Centre Pompidou, Musée national d'art moderne
Donation de Louise et Michel Leiris, 1984
AM 1984-499

Fruit Dish, Bottle, and Glass,
Sorgues, August–September 1912
Oil and sand on canvas
23.62 × 28.74 in
Paris, Centre Pompidou, Musée national d'art moderne
Gift of Louise and Michel Leiris, 1984
AM 1984-499

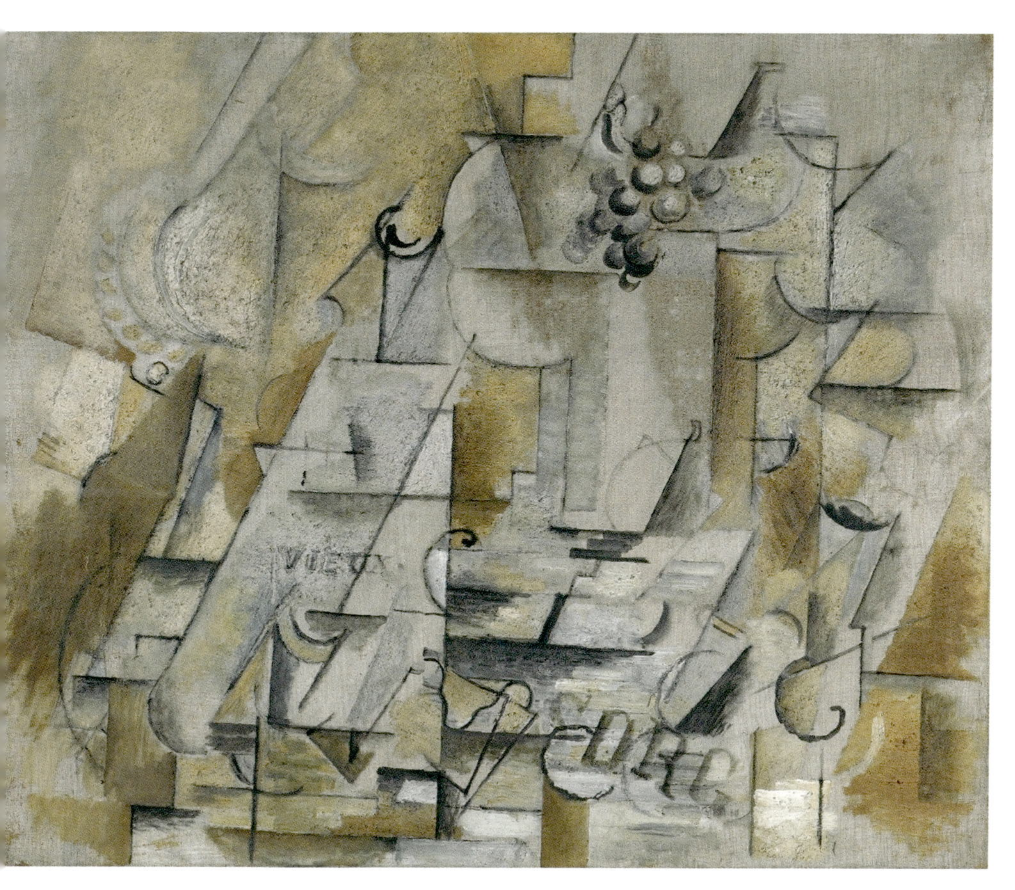

Soda, printemps 1912
Huile sur toile
Diam. 36,2 cm
Signé au verso : *(G). Braque*
New York, The Museum of Modern Art
Acquired through the Lillie P. Bliss Bequest, 1942
8.1942

Soda, spring 1912
Oil on canvas
Diam., 14.25 in
Signed on reverse: *(G). Braque*
New York, The Museum of Modern Art
Acquired through the Lillie P. Bliss Bequest, 1942
8.1942

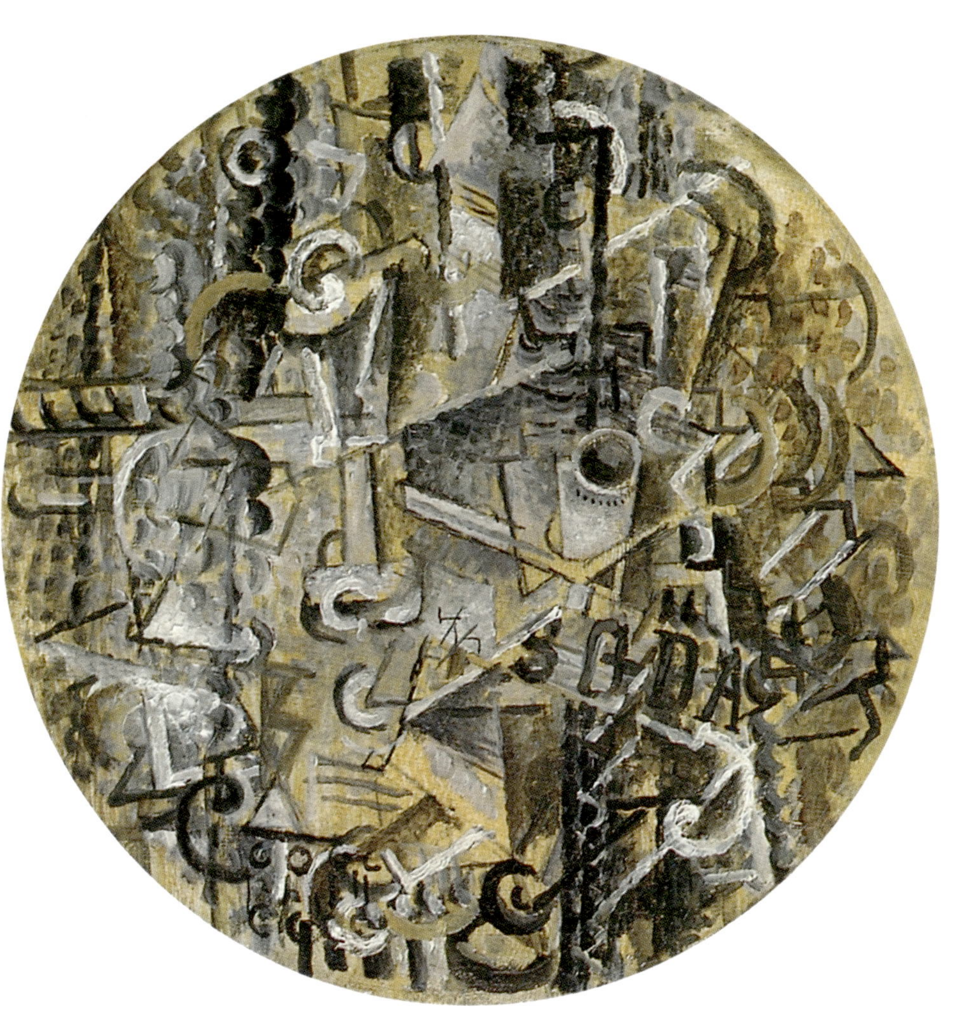
SODA

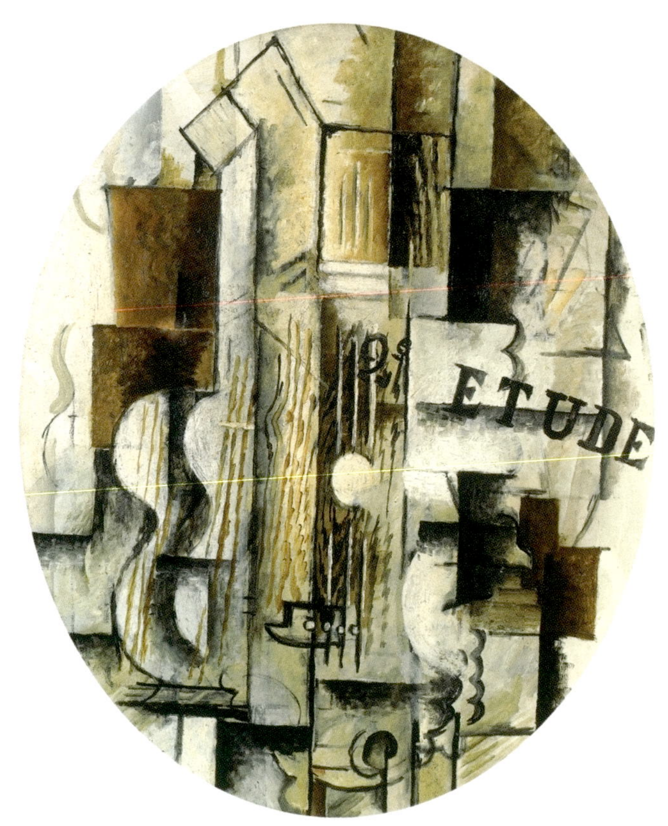

La Guitare, 1912
Huile sur toile
73,6 × 61 cm
Signé au verso : *G. Braque*
Collection particulière

The Guitar, 1912
Oil on canvas
28.97 × 24.01 in
Signed on reverse: *G. Braque*
Private collection

Bouteille et journal, 1911-1912
Huile sur toile
72,5 × 59,5 cm
Signé au verso : *G. Braque*
Essen, Museum Folkwang
G 329

Bottle and Newspaper, 1911–1912
Oil on canvas
28.54 × 23.42 in
Signed on reverse: *G. Braque*
Essen, Museum Folkwang
G 329

Guitare, 1912
Huile sur toile
24 × 34,5 cm
Signé en haut à gauche au verso : *G. Braque*
Grenoble, musée de Grenoble
Don de Marius de Zayas, 1941
MG 2919

Guitar, 1912
Oil on canvas
9.44 × 13.58 in
Signed upper left on reverse: *G. Braque*
Grenoble, Musée de Grenoble
Gift of Marius de Zayas, 1941
MG 2919

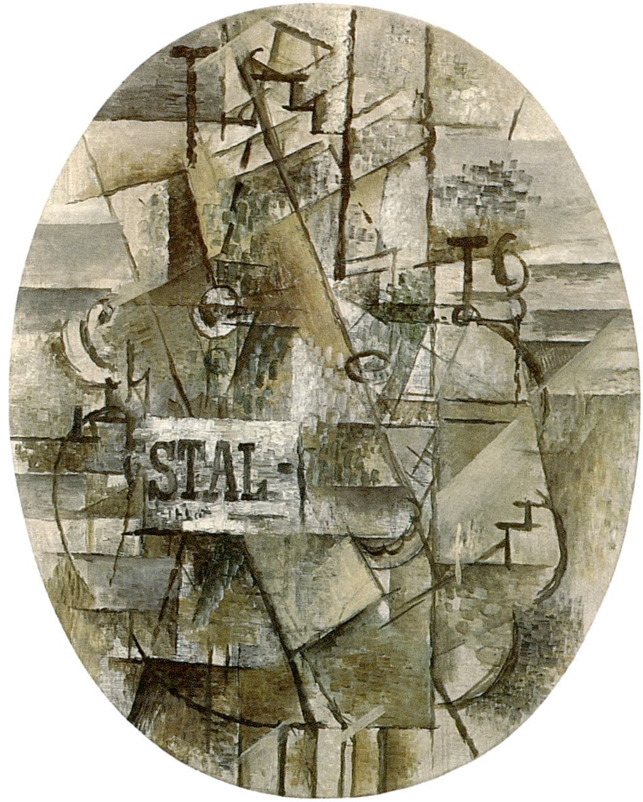

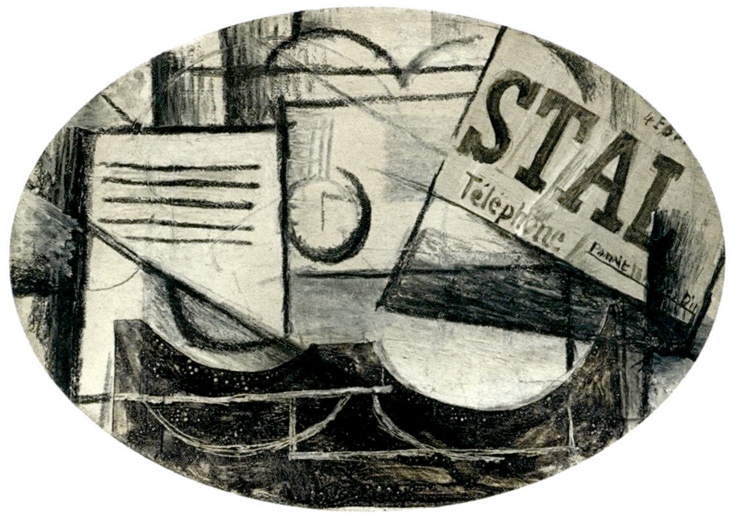
STAL
Téléphone

Les gravures cubistes
The Cubist prints
1911 – 1912

Étude de nu, 1907-1908
Eau-forte originale en noir
27,5 × 19,5 cm
Tiré sur papier Auvergne
49 × 33 cm
Signé en bas à droite : *G. Braque*
Éditions Maeght, 1953
Saint-Paul, Fondation Marguerite et Aimé Maeght
Inv. 0427

Study of a Nude, 1907–1908
Original etching in black
10.82 × 7.67 in
On Auvergne paper
19.29 × 12.99 in
Signed lower right: *G. Braque*
Éditions Maeght, 1953
Saint-Paul, Fondation Marguerite et Aimé Maeght
Inv. 0427

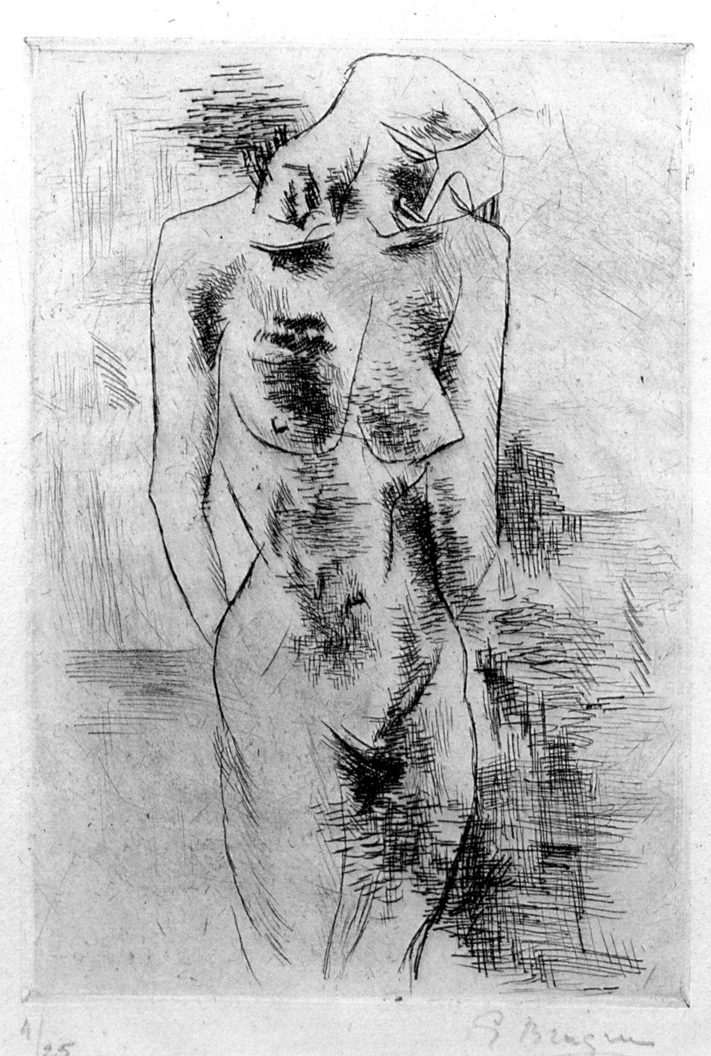
1/25

Petite guitare cubiste
(Guitare sur une table), 1909-1910
Eau-forte en noir
25,5 × 32,5 cm
Signé en bas à droite : *G. Braque*
Éditions Maeght, 1954
Saint-Paul, Fondation Marguerite et Aimé Maeght
Inv. 0428

Small Cubist Guitar
(Guitar on a Table), 1909–1910
Etching in black
8.85 × 12.79 in
Signed lower right: *G. Braque*
Éditions Maeght, 1954
Saint-Paul, Fondation Marguerite et Aimé Maeght
Inv. 0428

Paris (Paris 1910 ou *Nature morte sur une table)*, 1910-1911
Eau-forte en noir
35,7 × 56 cm
Signé en bas à droite : *G. Braque*
Éditions Maeght, 1953
Saint-Paul, Fondation Marguerite et Aimé Maeght
Inv. 0429

Paris (Paris 1910 or *Still Life on a Table)*, 1910–1911
Etching in black
14.05 × 22.04 in
Signed lower right: *G. Braque*
Éditions Maeght, 1953
Saint-Paul, Fondation Marguerite et Aimé Maeght
Inv. 0429

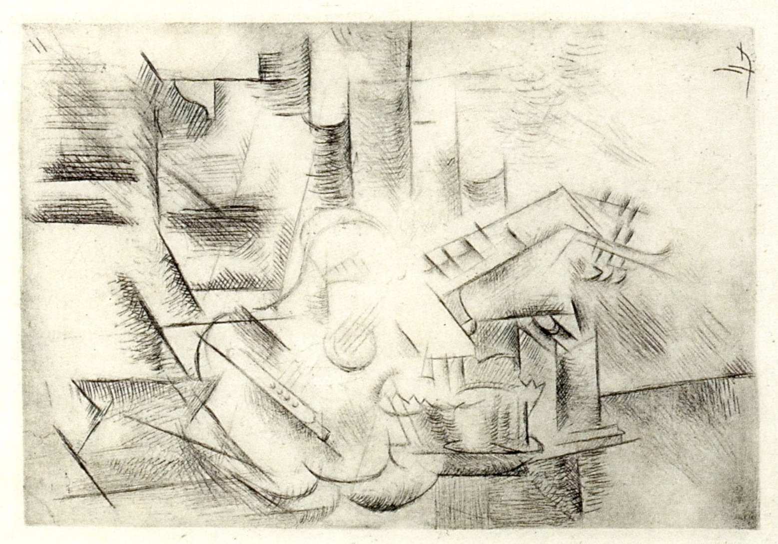

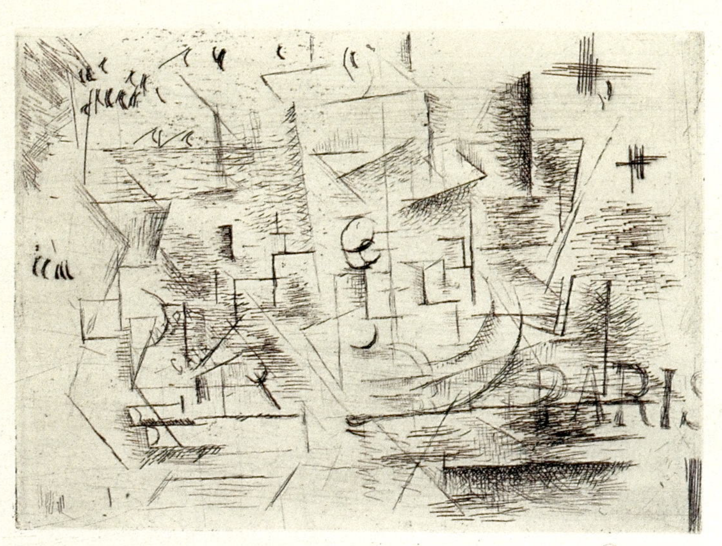
PARIS

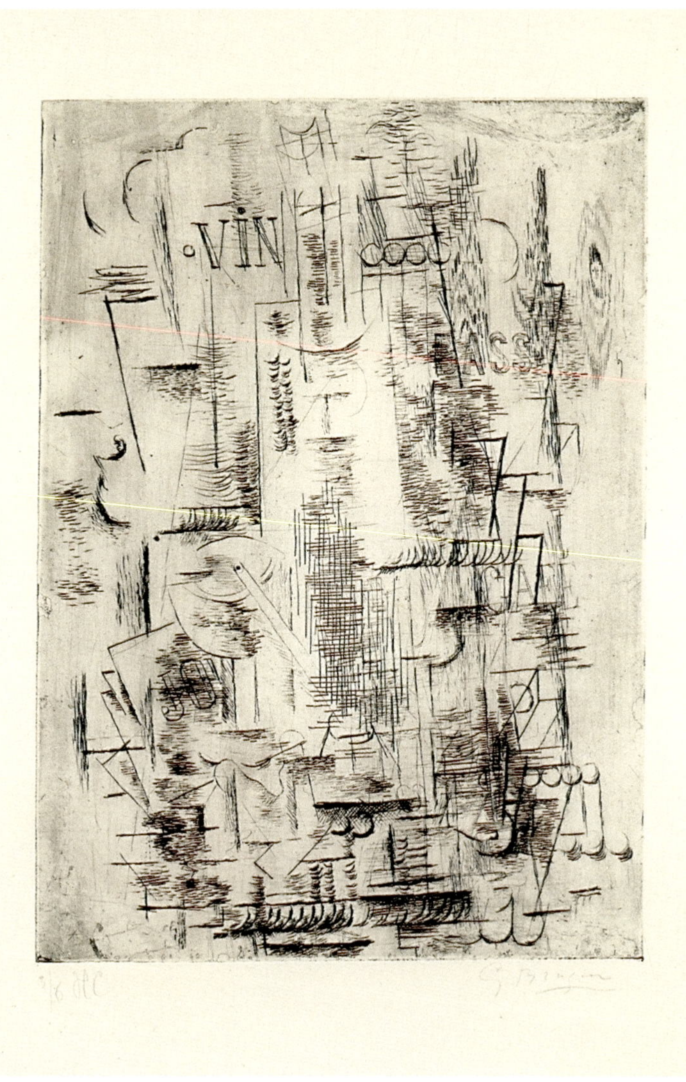

Bass, 1911	*Bass*, 1911
Eau-forte en noir	Etching in black
65 × 50 cm	25.59 × 19.68 in
Signé en bas à droite : *G. Braque*	Signed lower right: *G. Braque*
Éditions Maeght, 1950	Éditions Maeght, 1950
Saint-Paul, Fondation Marguerite et Aimé Maeght	Saint-Paul, Fondation Marguerite et Aimé Maeght
Inv. 0430	Inv. 0430

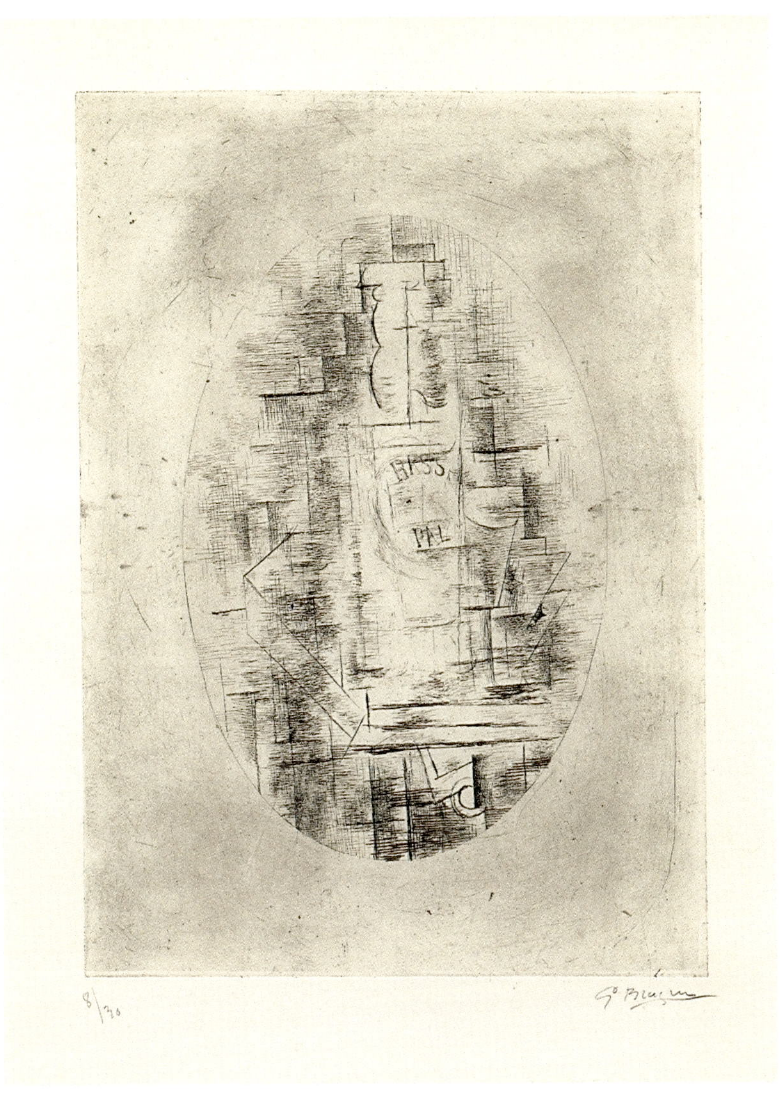

Pal (Bouteille de Bass et verre sur une table), 1911	*Pal (Bottle of Bass and Glass on a Table)*, 1911
Eau-forte en noir	Etching in black
57 × 44 cm	22.44 × 17.32 in
Signé en bas à droite : *G. Braque*	Signed lower right: *G. Braque*
Épreuve H. C.	Hors commerce proof
Éditions Maeght, 1954	Éditions Maeght, 1954
Saint-Paul, Fondation Marguerite et Aimé Maeght	Saint-Paul, Fondation Marguerite et Aimé Maeght
Inv. 0431	Inv. 0431

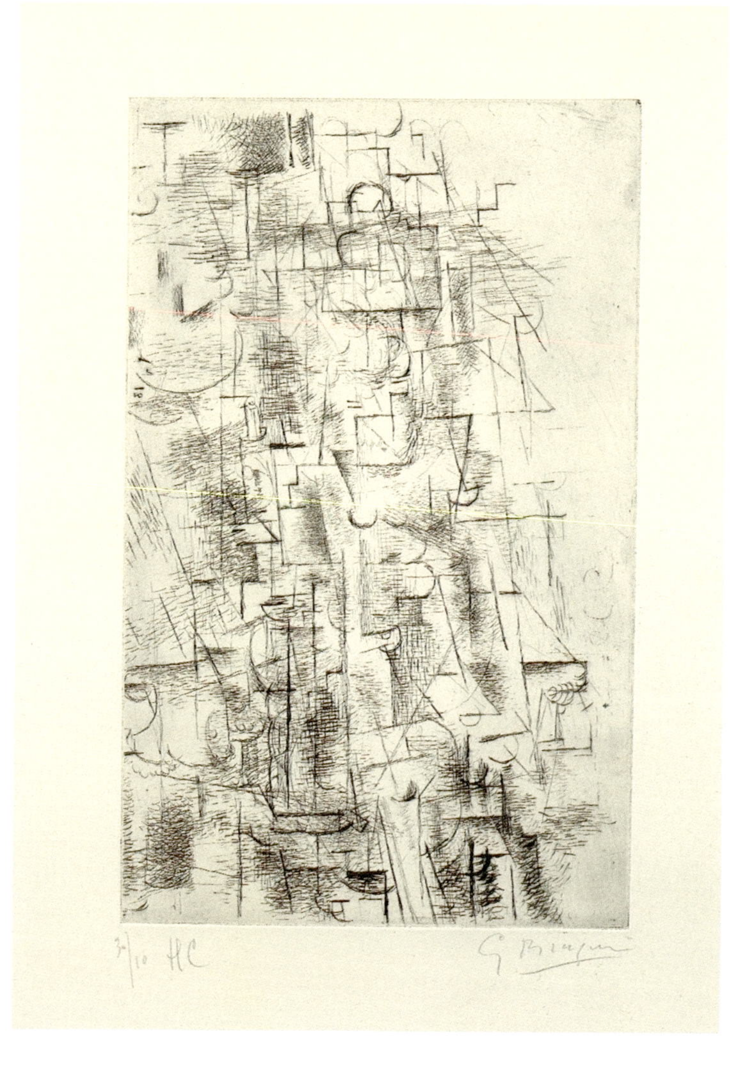

Composition (Nature morte I), 1911
Eau-forte en noir
35 × 21,5 cm
Signé en bas à droite : *G. Braque*
Éditions Maeght
Saint-Paul, Fondation Marguerite et Aimé Maeght
Inv. 0432

Composition (Still Life I), 1911
Etching in black
13.77 × 8.46 in
Signed lower right: *G. Braque*
Éditions Maeght
Saint-Paul, Fondation Marguerite et Aimé Maeght
Inv. 0432

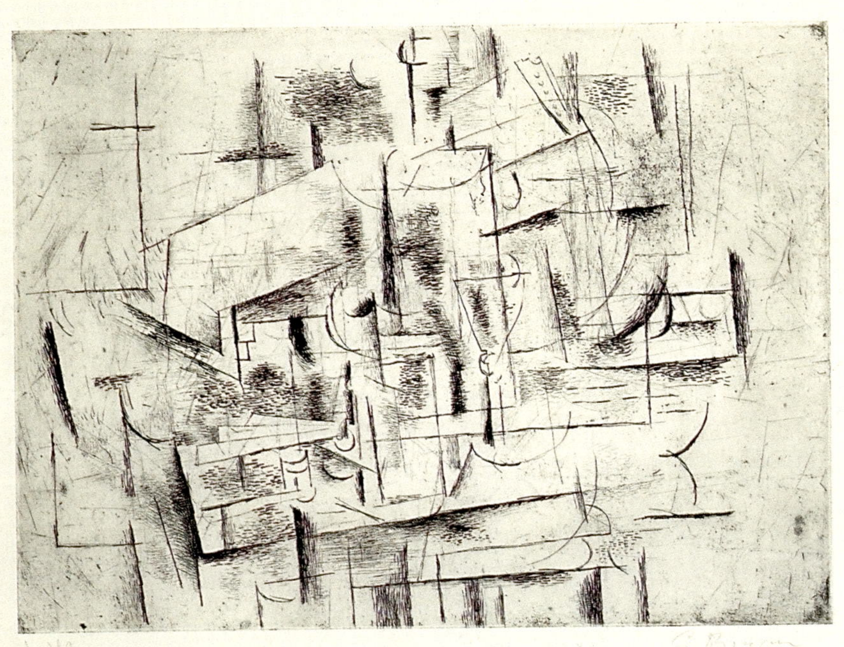

Nature morte II, 1912
Eau-forte en noir
32,6 × 45,5 cm
Signé en bas à droite : *G. Braque*
Éditions Maeght, 1953
Saint-Paul, Fondation Marguerite et Aimé Maeght
Inv. 0433

Still Life II, 1912
Etching in black
12.83 × 17.91 in
Signed lower right: *G. Braque*
Éditions Maeght, 1935
Saint-Paul, Fondation Marguerite et Aimé Maeght
Inv. 0433

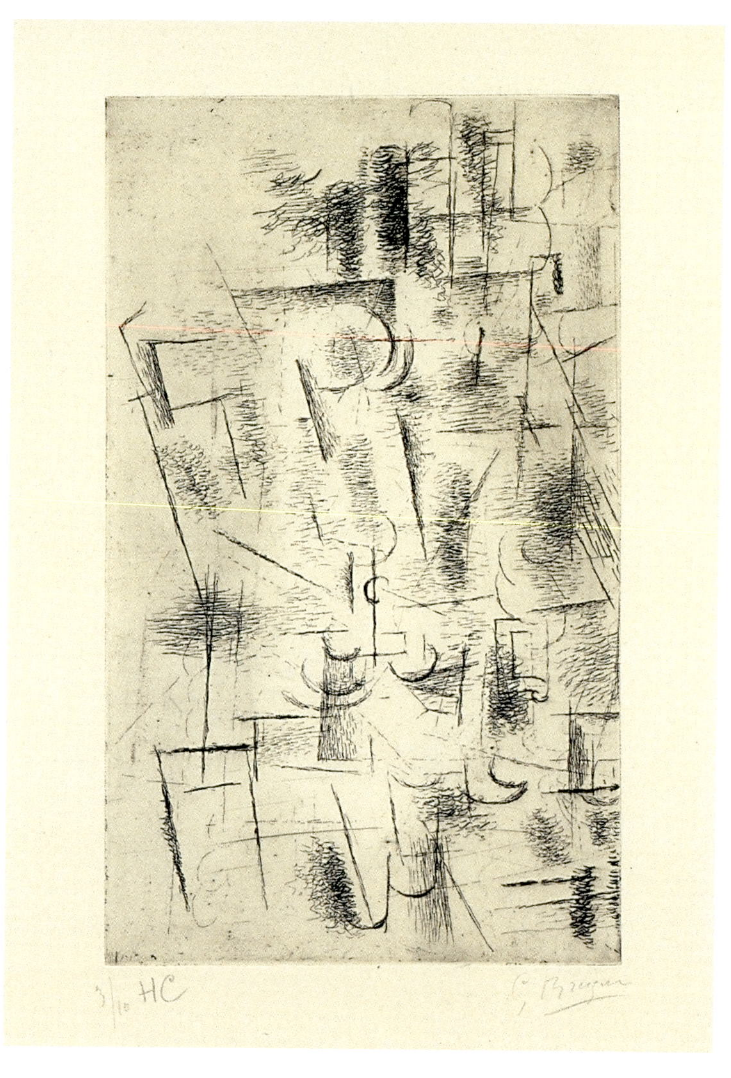

Composition (Nature morte aux verres), 1912
Eau-forte en noir
34,5 × 21 cm
Signé en bas à droite : *G. Braque*
Éditions Maeght, 1950
Saint-Paul, Fondation Marguerite et Aimé Maeght
Inv. 0434

Composition (Still Life with Glasses), 1912
Etching in black
13.58 × 8.26 in
Signed lower right: *G. Braque*
Éditions Maeght, 1950
Saint-Paul, Fondation Marguerite et Aimé Maeght
Inv. 0434

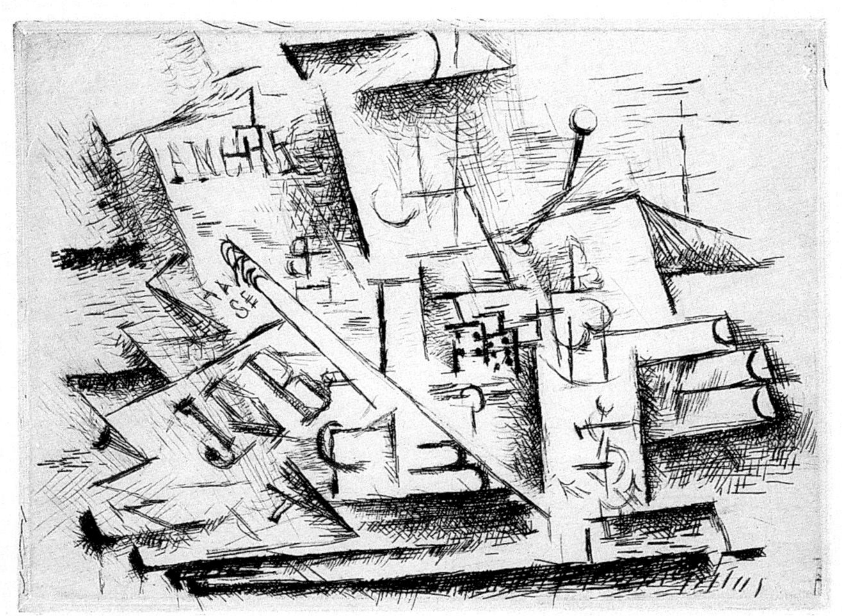

Job, 1911	*Job*, 1911
Pointe-sèche en noir	Dry-point in black
43,5 × 60 cm	17.12 × 23.62 in
Signé en bas à droite : *G. Braque*	Signed lower right: *G. Braque*
Épreuve d'artiste	Artist's proof
Éditions Kahnweiler, 1912	Éditions Kahnweiler, 1912,
Collection particulière	Private collection

Fox, 1911	*Fox*, 1911
Pointe-sèche en noir	Black dry-point
65,5 × 50 cm	25.78 × 19.68 in
Éditions Kahnweiler, 1912	Éditions Kahnweiler, 1912,
Collection particulière	Private collection

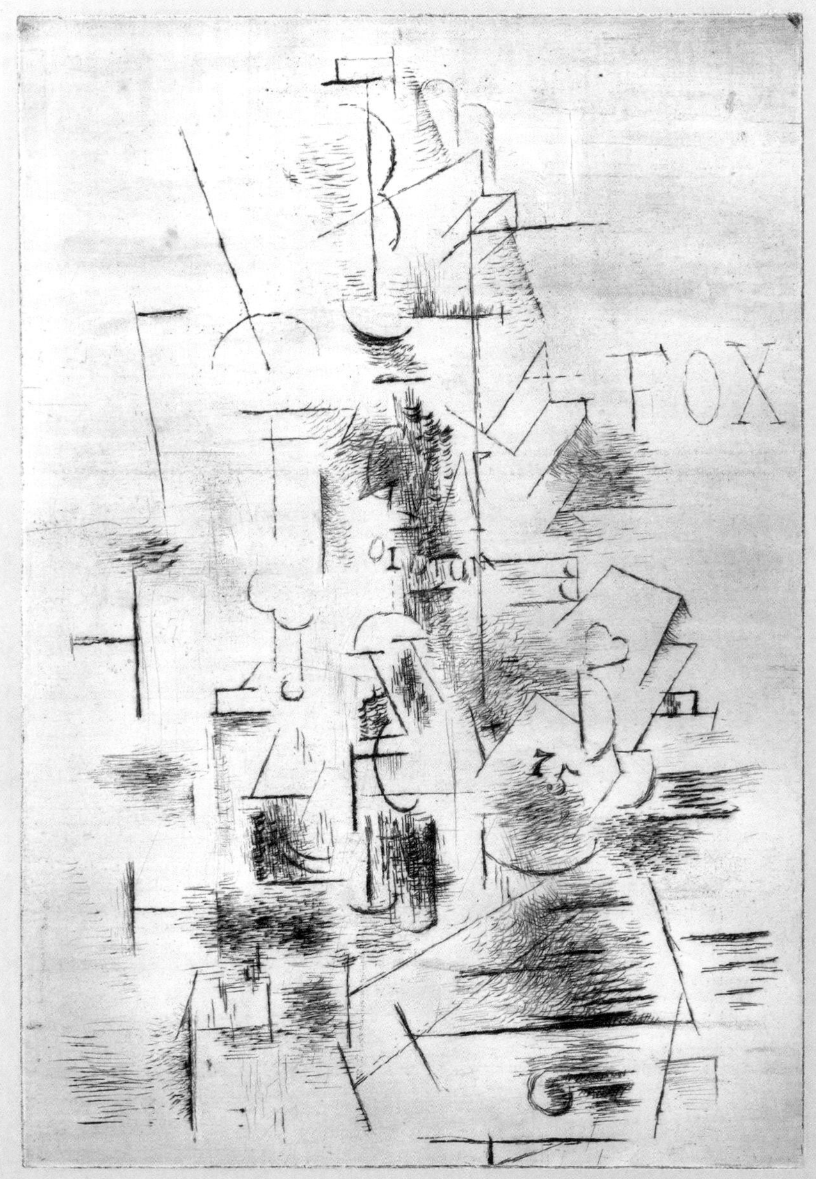
FOX

Les papiers collés
The *papiers collés*
1912 – 1914

Compotier et verre, 1912
Fusain, papier faux bois collé sur papier
62,8 × 45,7 cm
Signé en bas à droite : *G. Braque*
The Leonard A. Lauder Cubist Trust

Fruit Dish and Glass, 1912
Charcoal, wood-grain paper glued to paper
24.72 × 17.99 in
Signed lower right: *G. Braque*
The Leonard A. Lauder Cubist Trust

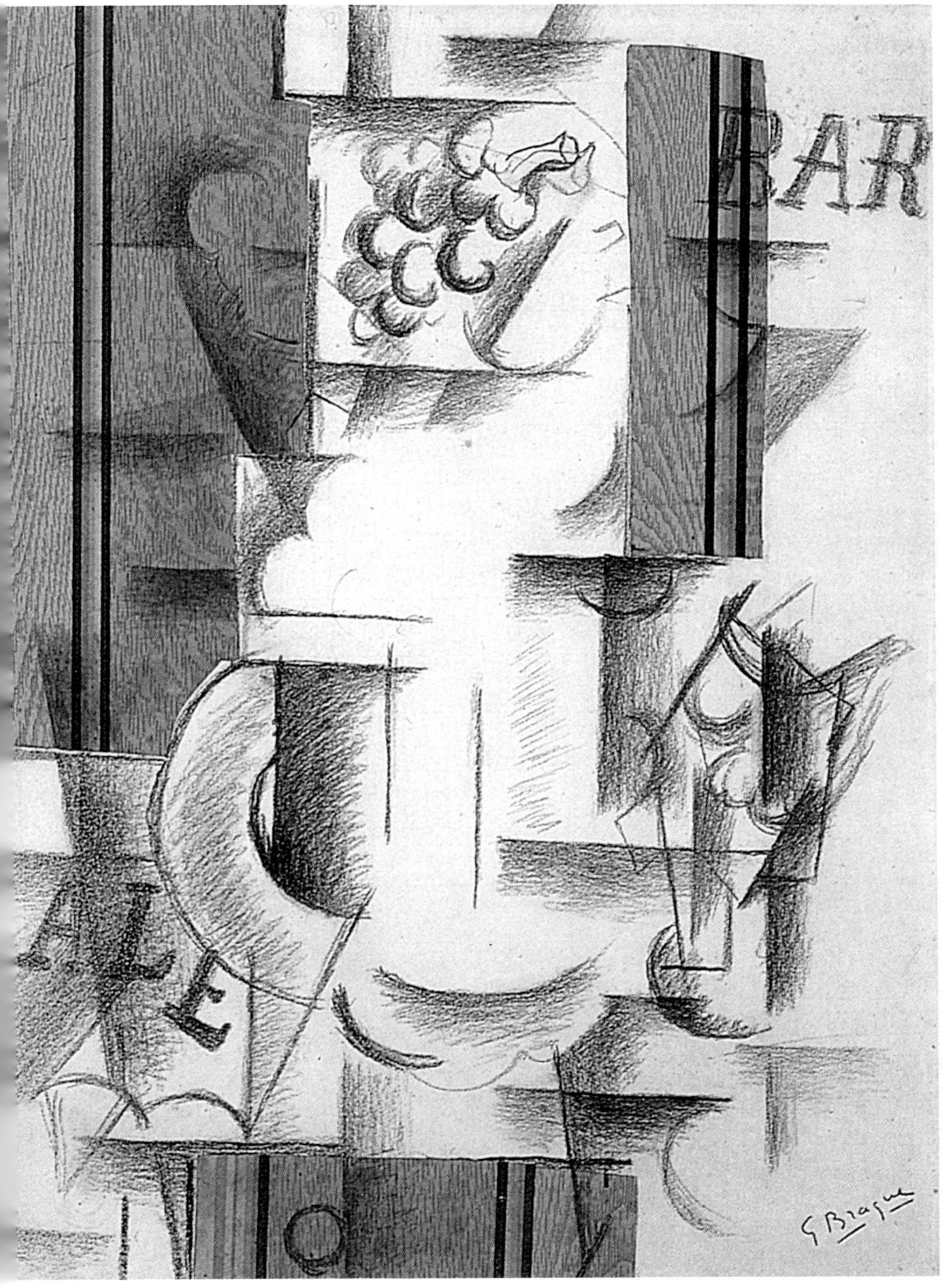
BAR
G Braque

Verre, bouteille et journal, 1912
Fusain, papier en faux bois sur papier Ingres
48 × 62 cm
Signé au verso : *(G) Braque*
Riehen/Bâle, Fondation Beyeler
64.1

Glass, Bottle and Newspaper, 1912
Charcoal, wood-grain paper on Ingres paper
18.89 × 24.40 in
Signed on reverse: *(G) Braque*
Riehen/Basle, Beyeler Foundation
64.1

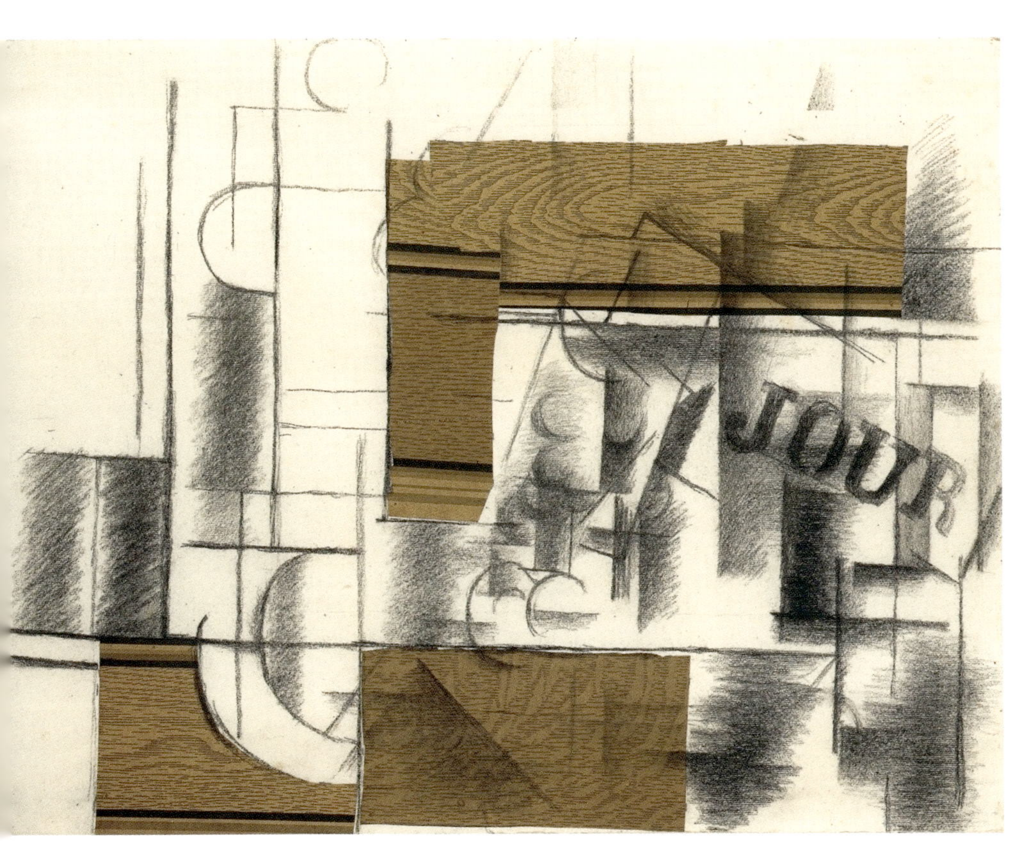
JOUR

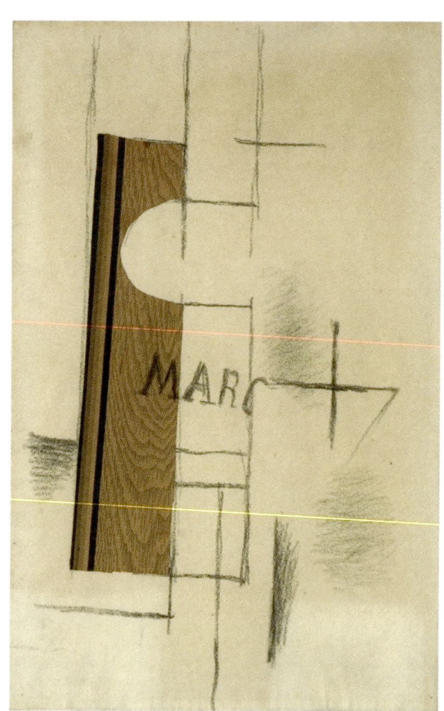

Bouteille de marc, 1912-1913 Fusain, papier faux bois collé sur papier 48 × 30,7 cm Signé au verso : *(G) Braque* Collection particulière	*Bottle of Marc*, 1912–1913 Charcoal, wood-grain paper glued to paper 18.89 × 12.08 in Signed on reverse: *(G) Braque* Private collection
La Guitare, 1912 Fusain, papier faux bois collé sur papier 70,2 × 60,5 cm Collection particulière	*The Guitar*, 1912 Charcoal, wood-grain paper glued to paper 27.63 × 23.81 in Private collection
Rhum, 1912-1913 Fusain, papier faux bois collé sur papier 70 × 63 cm Collection particulière	*Rum*, 1912–1913 Charcoal, wood-grain paper glued to paper 27.55 × 24.80 in Private collection

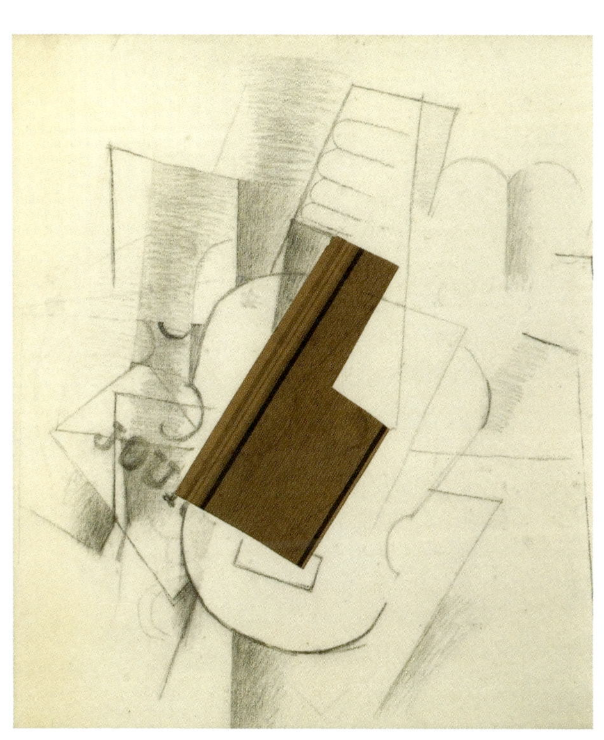
JOU

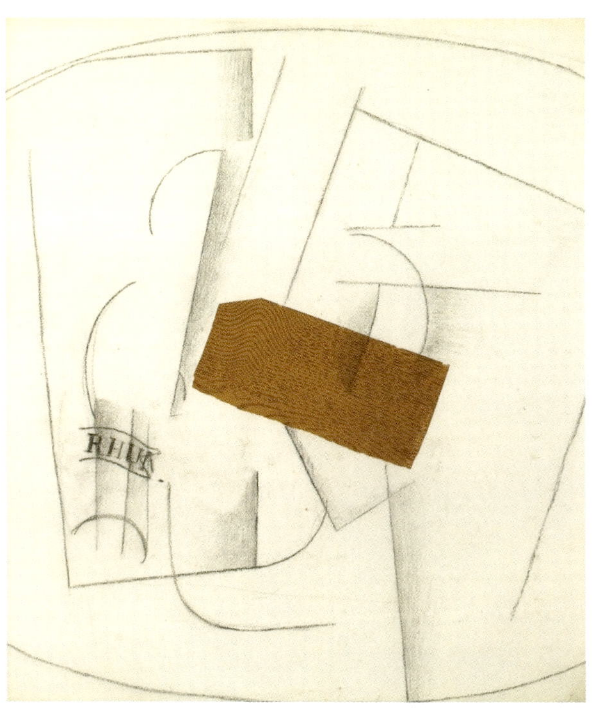
RHUM

Guitare (Le Petit Éclaireur), 1913
Fusain, papier journal, papier faux bois,
papier bleu et papier noir collés sur toile
91 × 59,5 cm
Signé au verso : *Braque*
Villeneuve-d'Ascq, LaM Lille métropole
musée d'Art moderne, d'Art contemporain et d'Art brut
Donation de Geneviève et Jean Masurel, 1979
979.4.143

Guitar (Le Petit Éclaireur), 1913
Charcoal, newspaper, wood-grain paper,
blue paper, and black paper glued to canvas
35.82 × 23.42 in
Signed on reverse: *Braque*
Villeneuve-d'Ascq, LaM Lille métropole
musée d'Art moderne, d'Art contemporain et d'Art brut
Gift of Geneviève and Jean Masurel, 1979
979.4.143

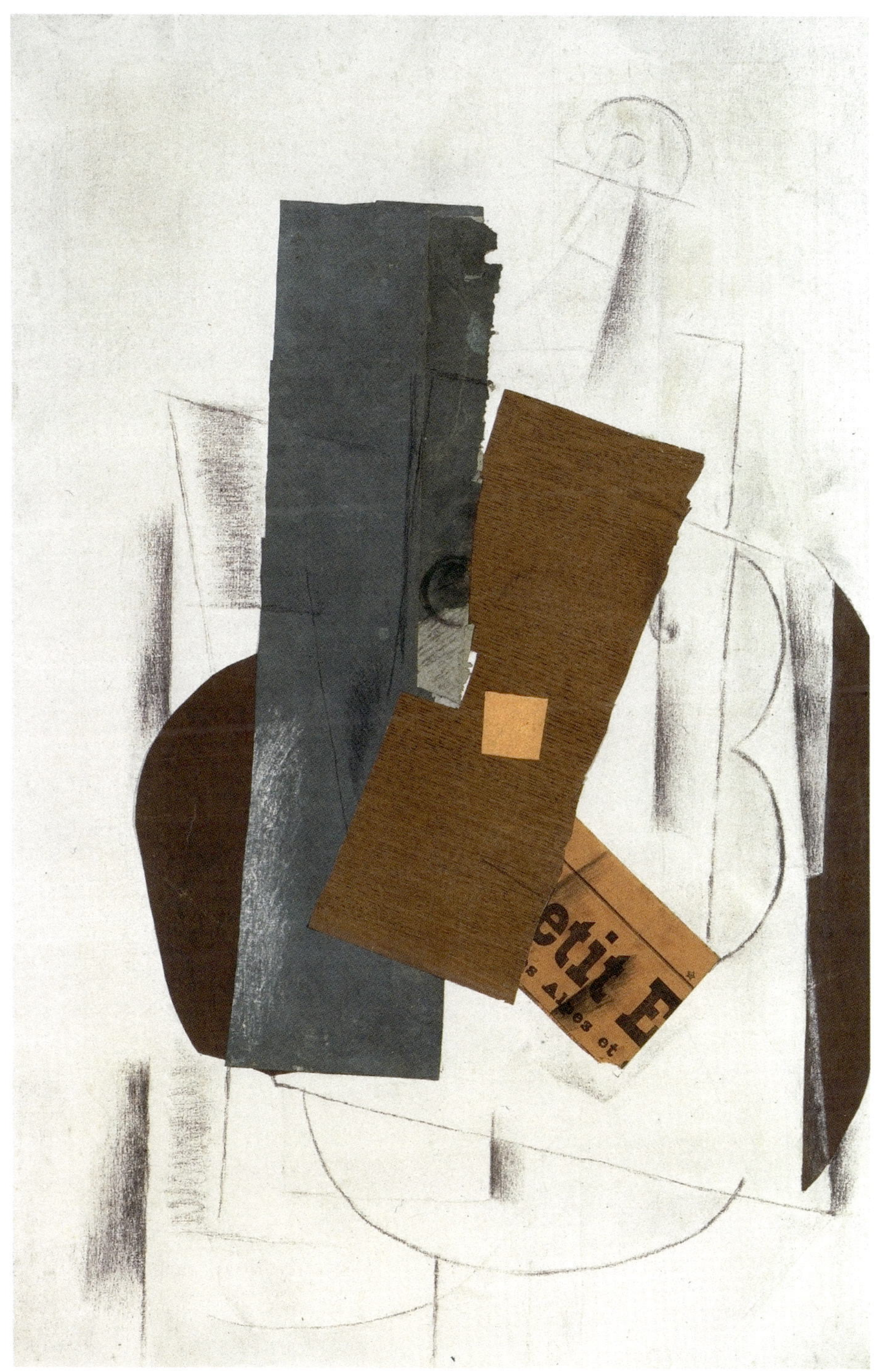
etit E
s Alpes et

Nature morte à la tenora, été ou automne 1913
Papier imprimé et papier peint découpés et collés, fusain, craie et crayon sur toile préparée au *gesso*
95,2 × 120,3 cm
Signé au verso au crayon bleu : *Braque*
New York, The Museum of Modern Art
Nelson A. Rockefeller Bequest, 1979
947.1979

Still Life with Tenora, spring or summer 1913
Cut-and-pasted printed paper and wallpaper, charcoal, chalk, and pencil on gessoed canvas
27.48 × 27.36 in
Signed on reverse in blue pencil: *Braque*
New York, Museum of Modern Art
Nelson A. Rockefeller Bequest, 1979
947.1979

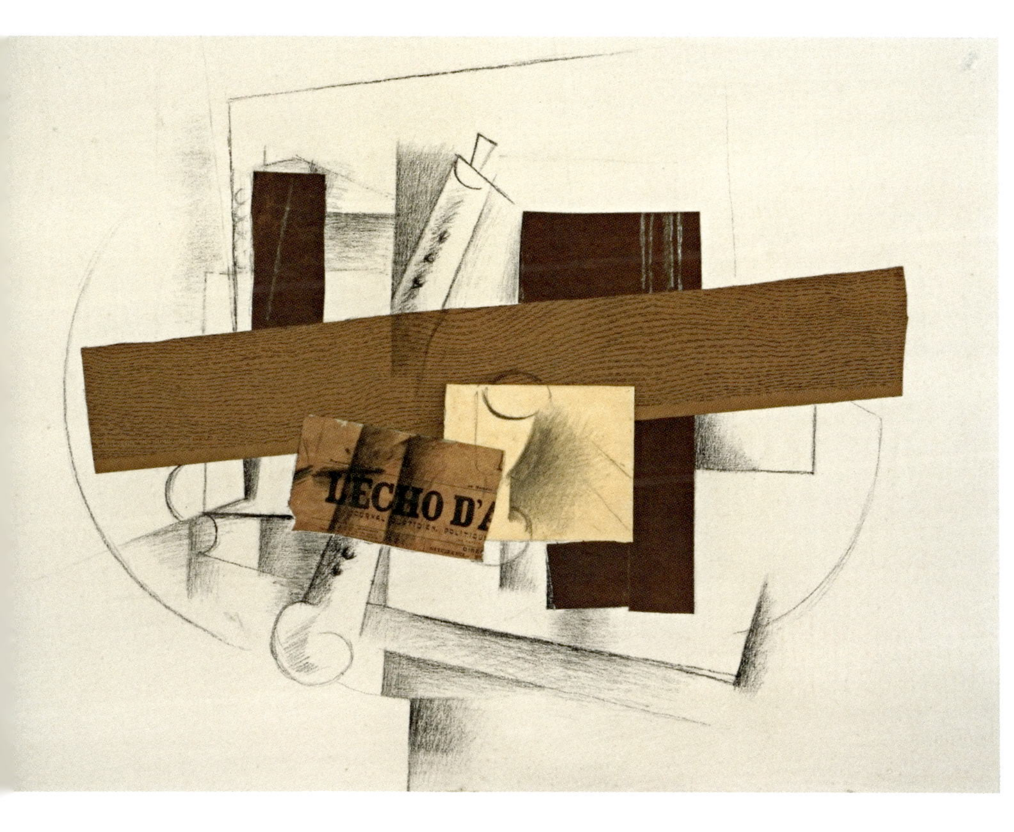
L'ECHO D'A

Le Damier, 1913
Fusain, craie, papiers bruns collés sur toile peinte à l'huile
45 x 81 cm
Signé au verso au crayon bleu : *G. Braque*
Paris, Centre Pompidou, Musée national d'art moderne
Donation de Louise et Michel Leiris, 1984
AM 1984-500

The Draughtboard, 1913
Charcoal, brown paper glued to oil-painted canvas
17.71 × 31.88 in
Signed on reverse in blue pencil: *G. Braque*
Paris, Centre Pompidou, Musée national d'art moderne
Gift of Louise and Michel Leiris, 1984
AM 1984-500

Nature morte sur la table, 1914
Fusain, gouache et papiers collés sur papier
48 × 62 cm
Paris, Centre Pompidou, Musée national d'art moderne
Dation, 1984
AM 1984-354

Still Life on a Table, 1914
Charcoal, gouache, and pasted paper on paper
18.89 × 24.40 in
Paris, Centre Pompidou, Musée national d'art moderne
Accepted in lieu of inheritance tax, 1984
AM 1984-354

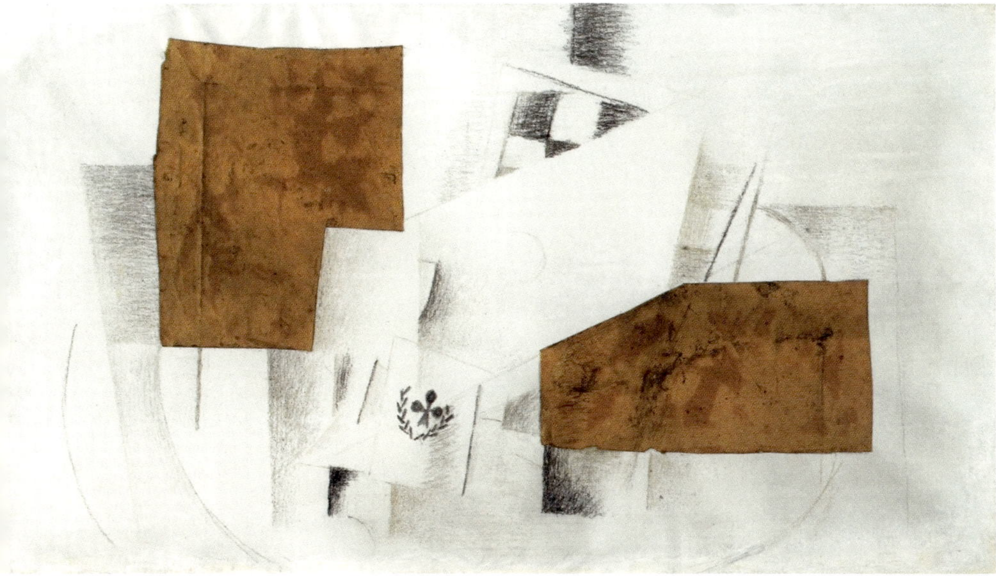

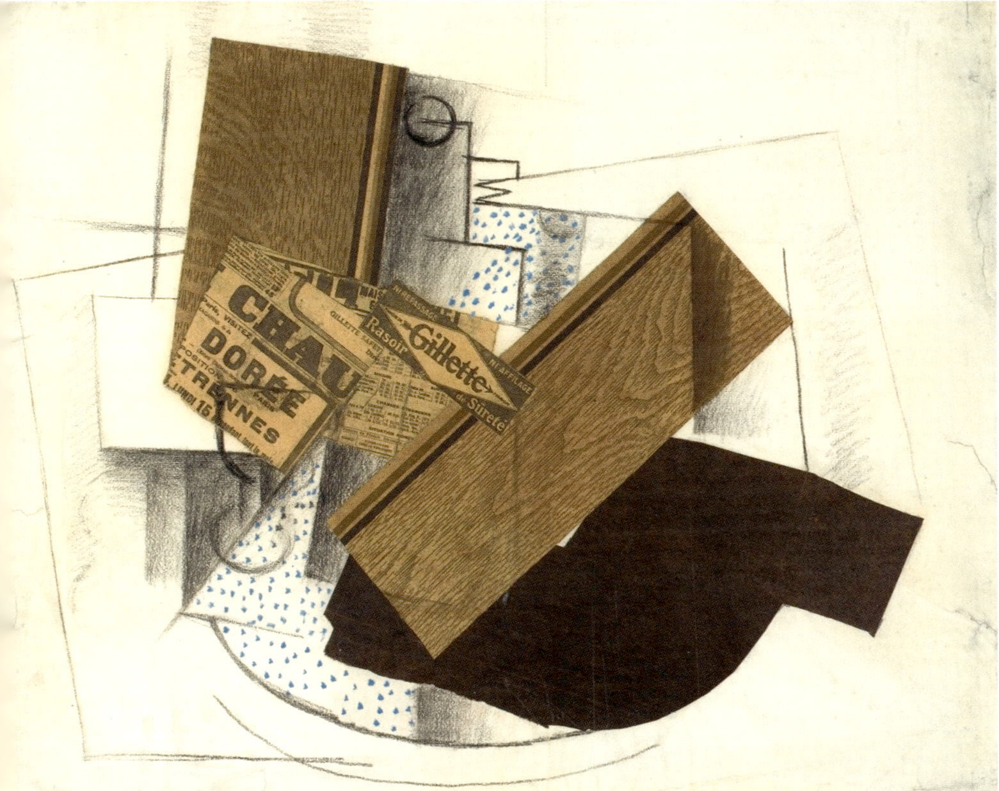

CHAU
DORÉE
Rasoir
Gillette
de Sûreté

Violon et pipe, hiver 1913-1914
Fusain, mine graphite, craie et papiers collés sur papier collé sur carton
74 x 106 cm
Signé au verso au crayon : *(G.) Braque*
Paris, Centre Pompidou, Musée national d'art moderne
Achat, 1965
AM 3405 D

Violin and Pipe, winter 1913–1914
Charcoal, lead pencil, chalk, and pasted paper on paper glued to cardboard
29.13 × 41.73 in
Signed on reverse: *(G.) Braque*
Paris, Centre Pompidou, Musée national d'art moderne
Purchased, 1965
AM 3405 D

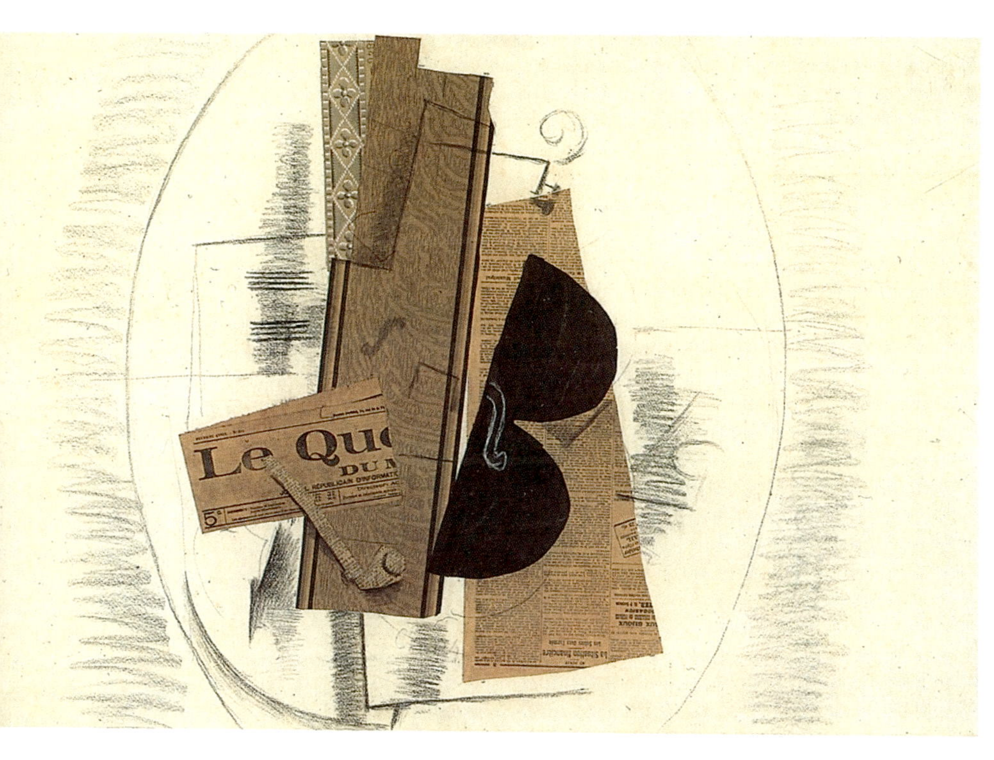
Le Qu
DU M

La Mandoline, 1914
Aquarelle, gouache, crayon,
papier collé faux bois et carton ondulé
48,3 × 31,8 cm
Ulm, Ulmer Museum
Prêt permanent du Land Baden-Württemberg
B.W. 1966.55E

The Mandolin, 1914
Watercolour, gouache, pencil,
pasted wood-grain paper, and corrugated cardboard
19.01 × 12.51 in
Ulm, Ulmer Museum
On permanent loan from the state of Baden-Württemberg
B.W. 1966.55E

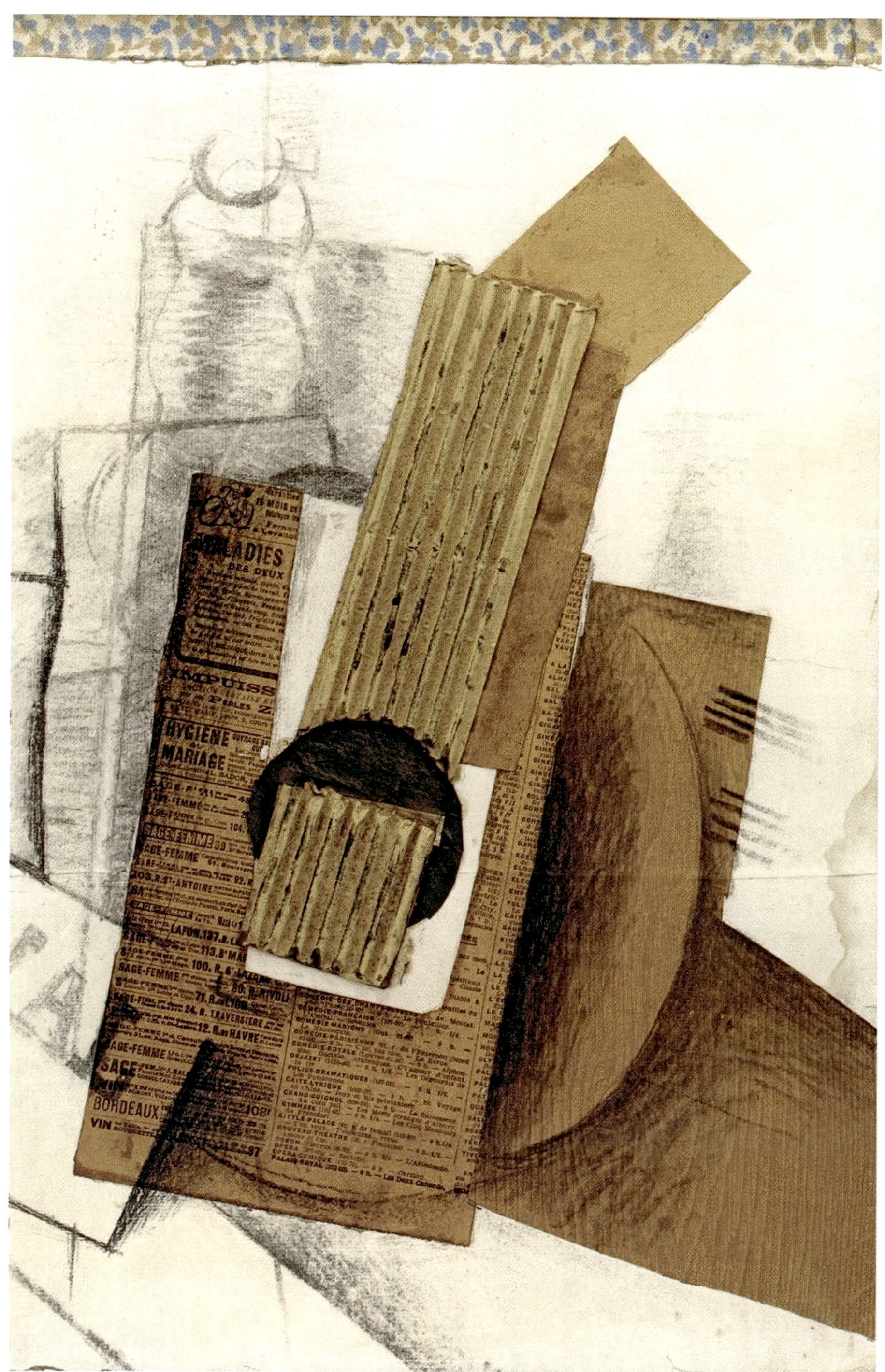

DES DEUX
HYGIENE
MARIAGE
SAGE-FEMME
203. R. St-ANTOINE
LAFON. 137. R.
SAGE-FEMME
24. R. TRAVERSIERE
12. R. du HAVRE
SAGE-FEMME
BORDEAUX
VIN

La Bouteille de rhum, 1914
Fusain, papier journal, papier beige, papier d'emballage, papier noir, rehaussés de gouache, découpés et collés sur carton
65,5 × 46,5 cm
Collection particulière

The Bottle of Rum, 1914
Charcoal, newspaper, brown paper, wrapping-paper, black paper, heightened with gouache, cut and pasted onto cardboard
25.78 × 18.30 in
Private collection

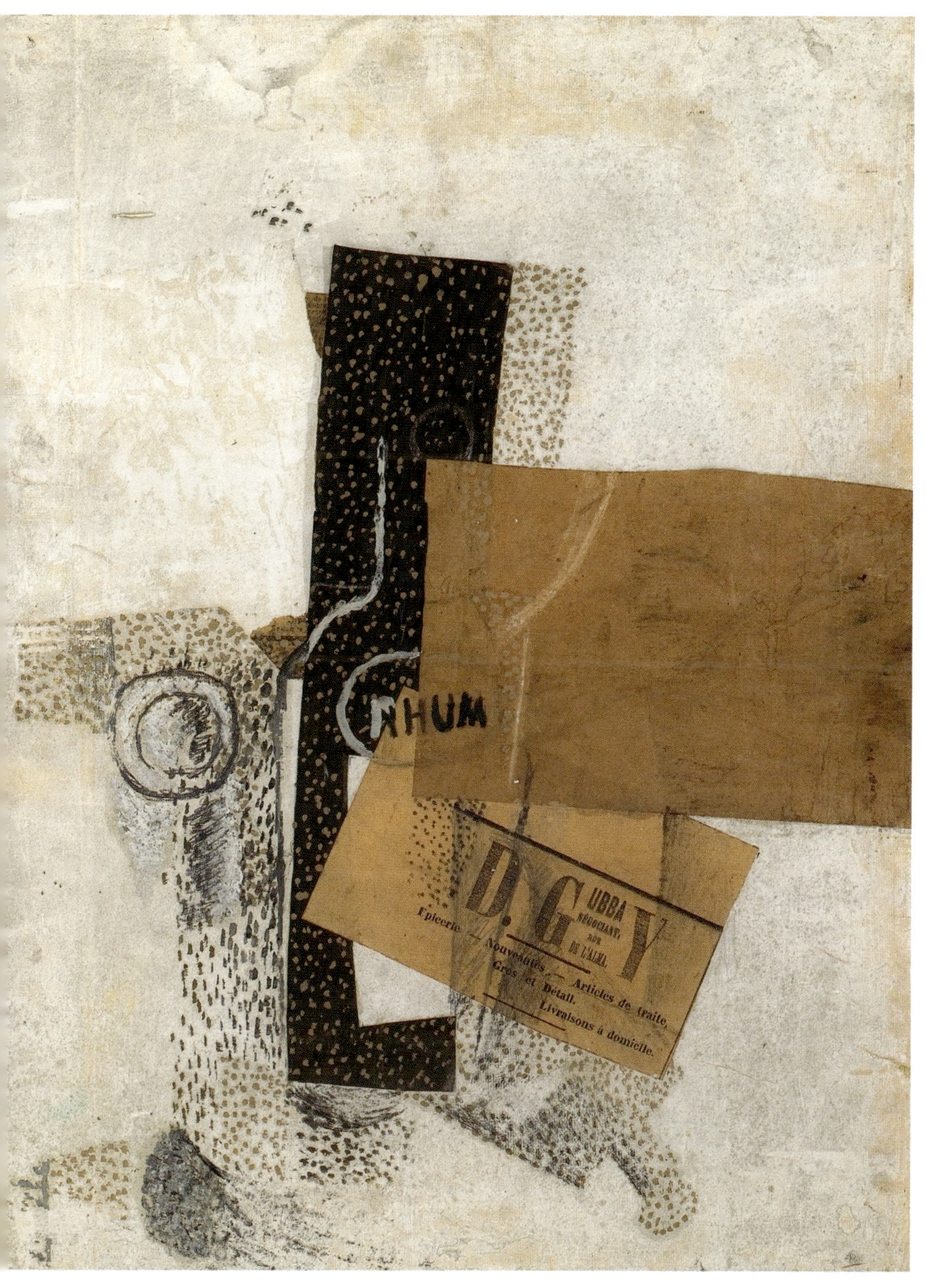
RHUM
D.G UBBA Y
NÉGOCIANT,
RUE
DE L'ALMA
Epicerie — Nouveautés — Articles de traite,
Gros et Détail.
Livraisons à domicile.

Le cubisme synthétique
Synthetic Cubism
1913 – 1917

Compotier et cartes, début 1913
Huile rehaussée au crayon et au fusain sur toile
81 × 60 cm
Signé en bas à gauche : *G. Braque*
Paris, Centre Pompidou, Musée national d'art moderne
Don de Paul Rosenberg, 1947
AM 2701 P

Fruit Dish and Cards, early 1913
Oil heightened with pencil and charcoal on canvas
31.88 × 23.62 in
Signed lower left: *G. Braque*
Paris, Centre Pompidou, Musée national d'art moderne
Gift of Paul Rosenberg, 1947
AM 2701 P

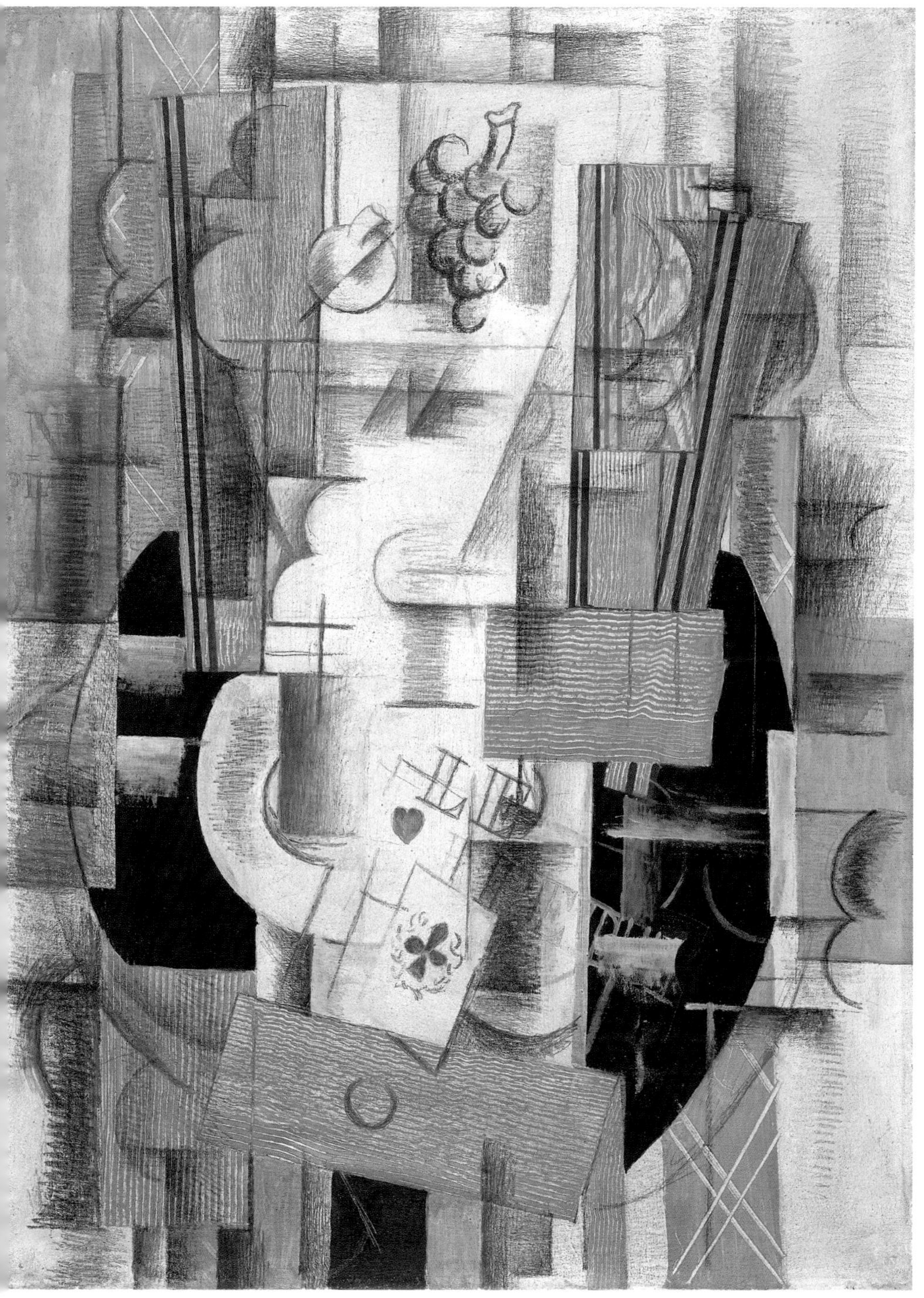
LE

Femme à la guitare, Sorgues, automne 1913
Huile et fusain sur toile
130 × 73 cm
Signé au verso : *(G) Braque*
Paris, Centre Pompidou, Musée national d'art moderne
Don Dr h. c. Raoul La Roche, 1957
AM 3487 P

Woman with Guitar, Sorgues, autumn 1913
Oil and charcoal on canvas
51.18 × 28.74 in
Signed on reverse: *(G) Braque*
Paris, Centre Pompidou, Musée national d'art moderne
Gift of Dr. h.c. Raoul La Roche, 1957
AM 3487 P

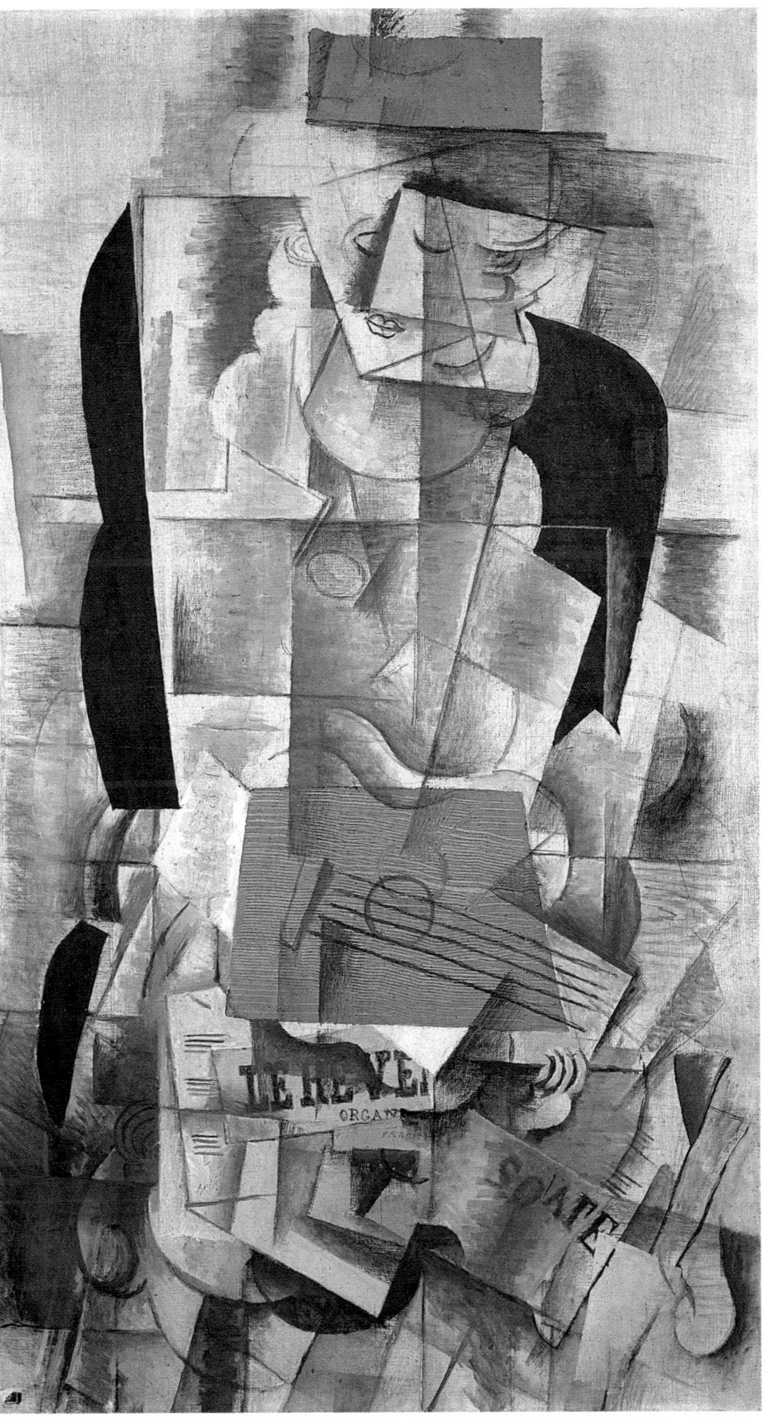
LE REVEI
ORGAN

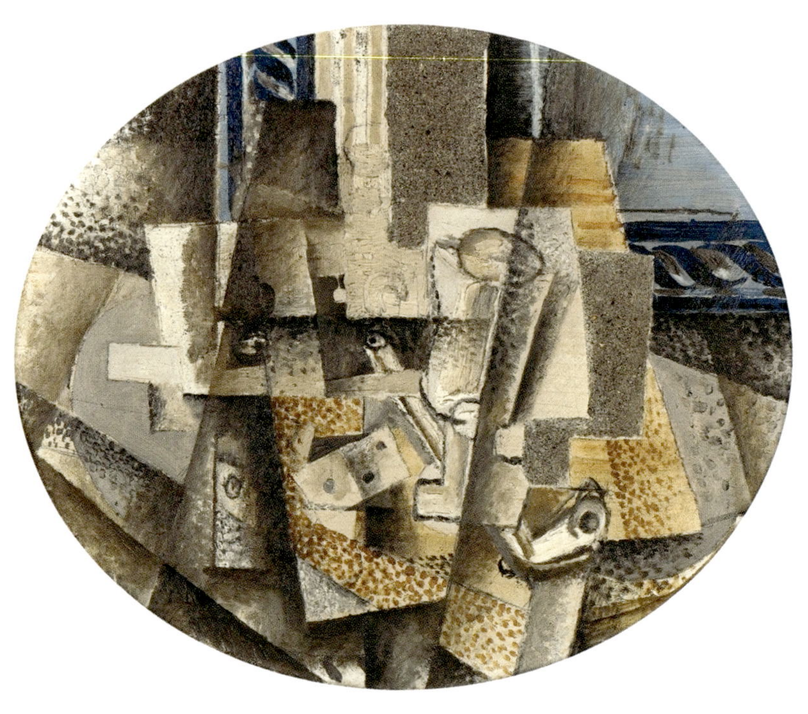

Nature morte à la pipe, 1914
Huile et sable sur toile
37,5 × 45,7 cm
Signé au verso : *G. Braque*
Paris, musée d'Art moderne de la ville de Paris
Legs Dr Maurice Girardin, 1953
AMVP 1128

Still Life with Pipe, 1914
Oil and sand on canvas
14.76 × 17.99 in
Signed on reverse: *G. Braque*
Paris, Musée d'Art moderne de la ville de Paris
Bequeathed by Dr Maurice Girardin, 1953
AMVP 1128

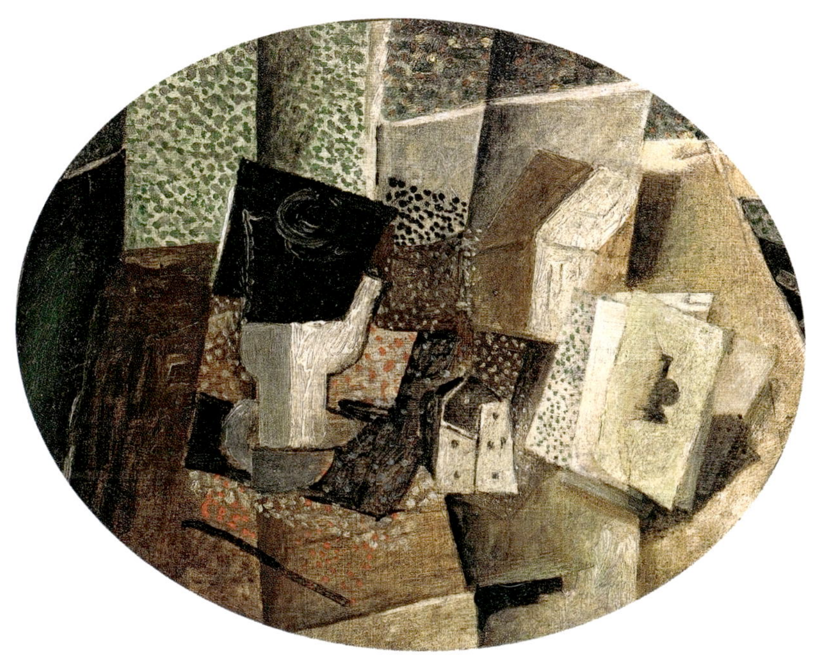

Cartes et dé, 1914
Huile sur toile
35,5 × 44 cm
Madrid, Museo Nacional Centro de Arte Reina Sofía
DE01839

Cards and Die, 1914
Oil on canvas
13.97 × 17.32 in
Madrid, Museo Nacional, Centro de Arte Reina Sofía
DE01839

L'Homme à la guitare, Paris, printemps 1914
Huile et sciure de bois sur toile
130 × 72,5 cm
Signé au verso : *(G) Braque*
Paris, Centre Pompidou, Musée national d'art moderne
Achat avec un crédit spécial de l'État
et la participation de la Scaler Foundation, 1981
AM 1981-540

Man with a Guitar, spring 1914
Oil and sawdust on canvas
51.18 × 28.54 in
Signed on reverse: *(G) Braque*
Paris, Centre Pompidou, Musée national d'art moderne
Purchased with a special government grant
and assistance from the Scaler Foundation, 1981
AM 1981-540

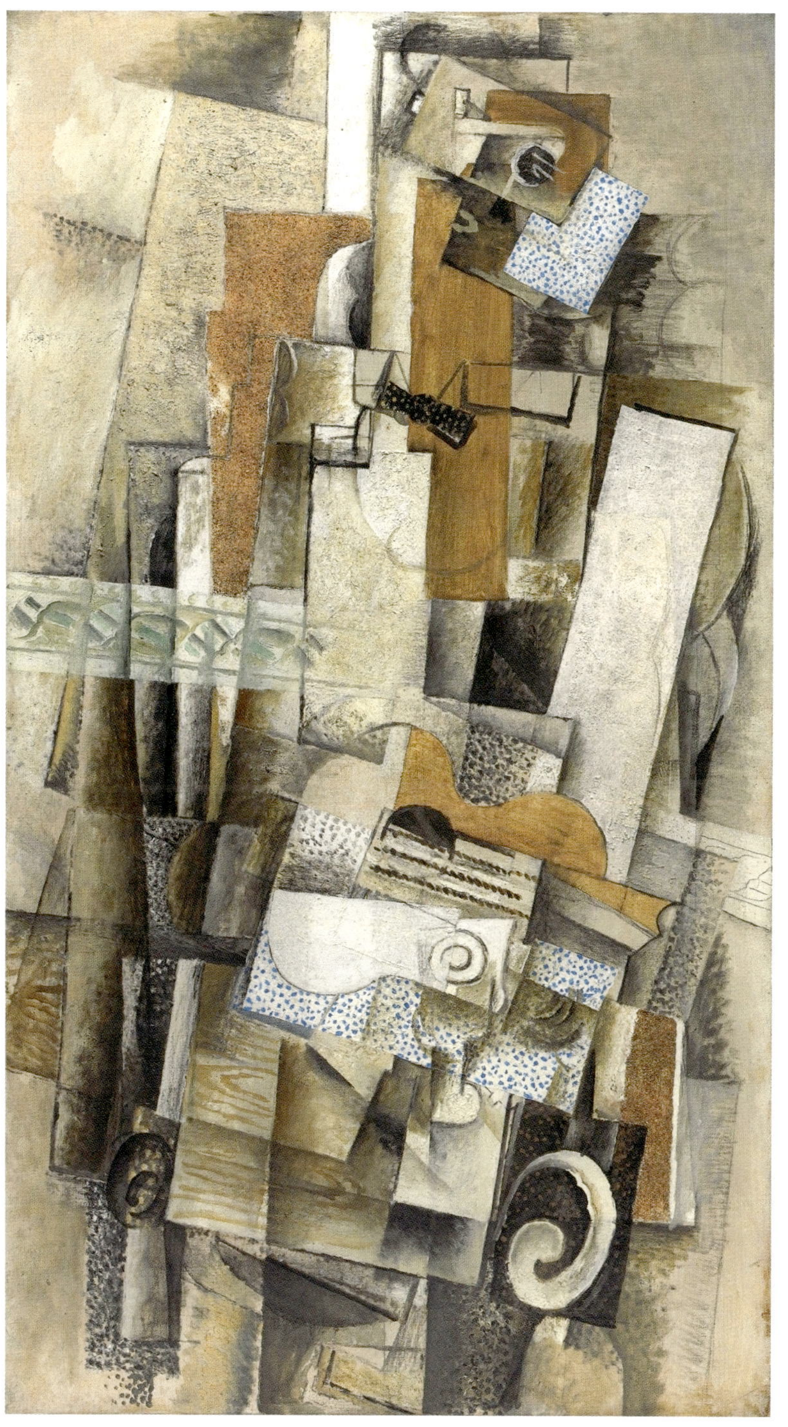

La Joueuse de mandoline, 1917
Huile sur toile
92 × 65 cm
Signé, daté au verso : *G. Braque / 1917*
Villeneuve-d'Ascq, LaM Lille métropole
musée d'Art moderne, d'Art contemporain et d'Art brut
Donation de Geneviève et Jean Masurel, 1979
979.4.20

The Mandolin Player, 1917
Oil on canvas
36.22 × 25.59 in
Signed and dated on reverse: *G. Braque/1917*
Villeneuve-d'Ascq, LaM Lille métropole
musée d'Art moderne, d'Art contemporain et d'Art brut
Gift of Geneviève and Jean Masurel, 1979
979.4.20

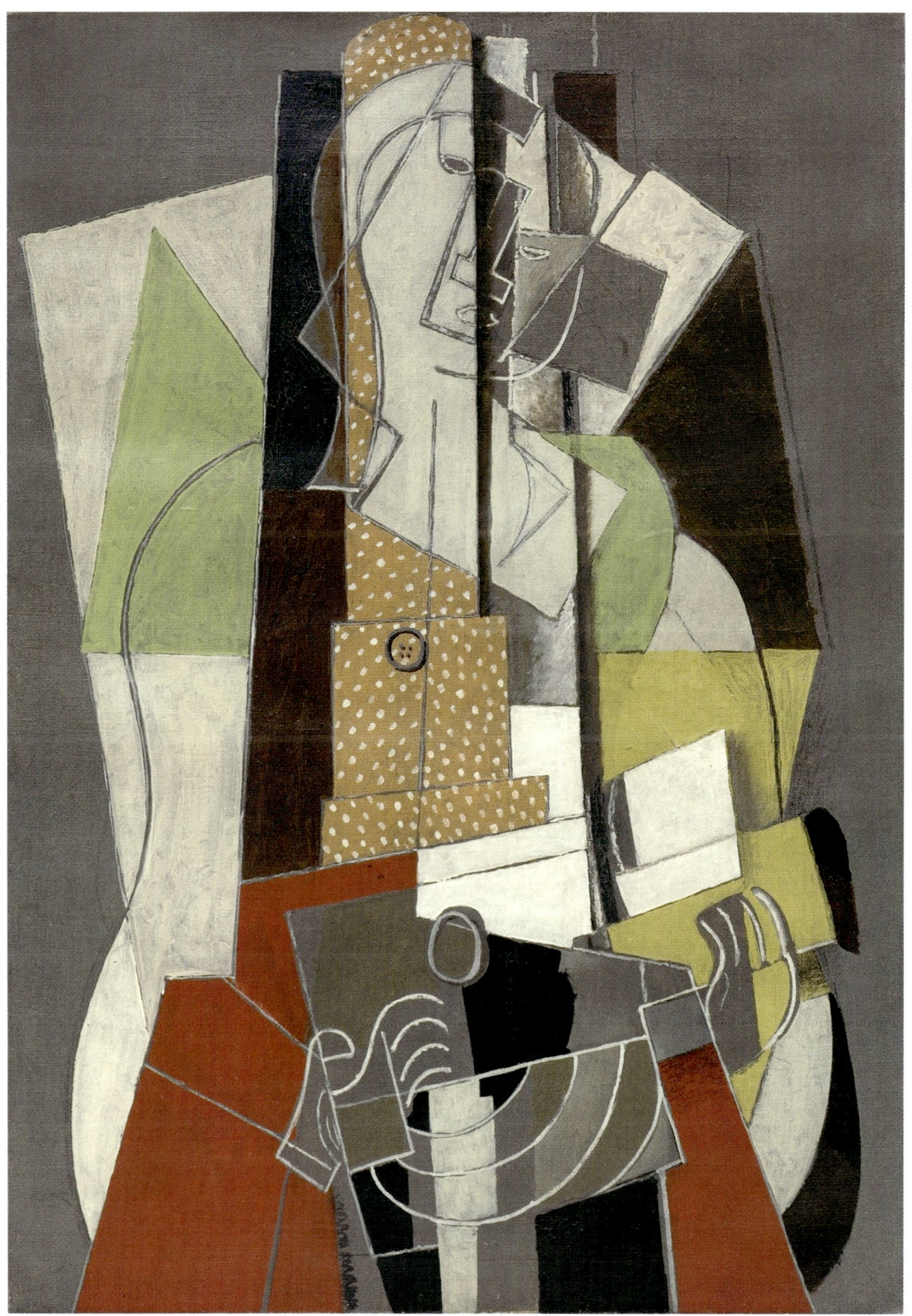

La Musicienne, 1917-1918
Huile sur toile
221,4 × 112,8 cm
Signé à gauche au verso : *G. Braque*
Bâle, Kunstmuseum Basel
Don Dr h. c. Raoul La Roche, 1952
Inv. Nr. 2289

The Musician Woman, 1917–1918
Oil on canvas
87.16 × 44.40 in
Signed left on reverse: *G. Braque*
Basle, Kunstmuseum Basel
Gift of Dr. h.c. Raoul La Roche, 1952
Inv. Nr. 2289

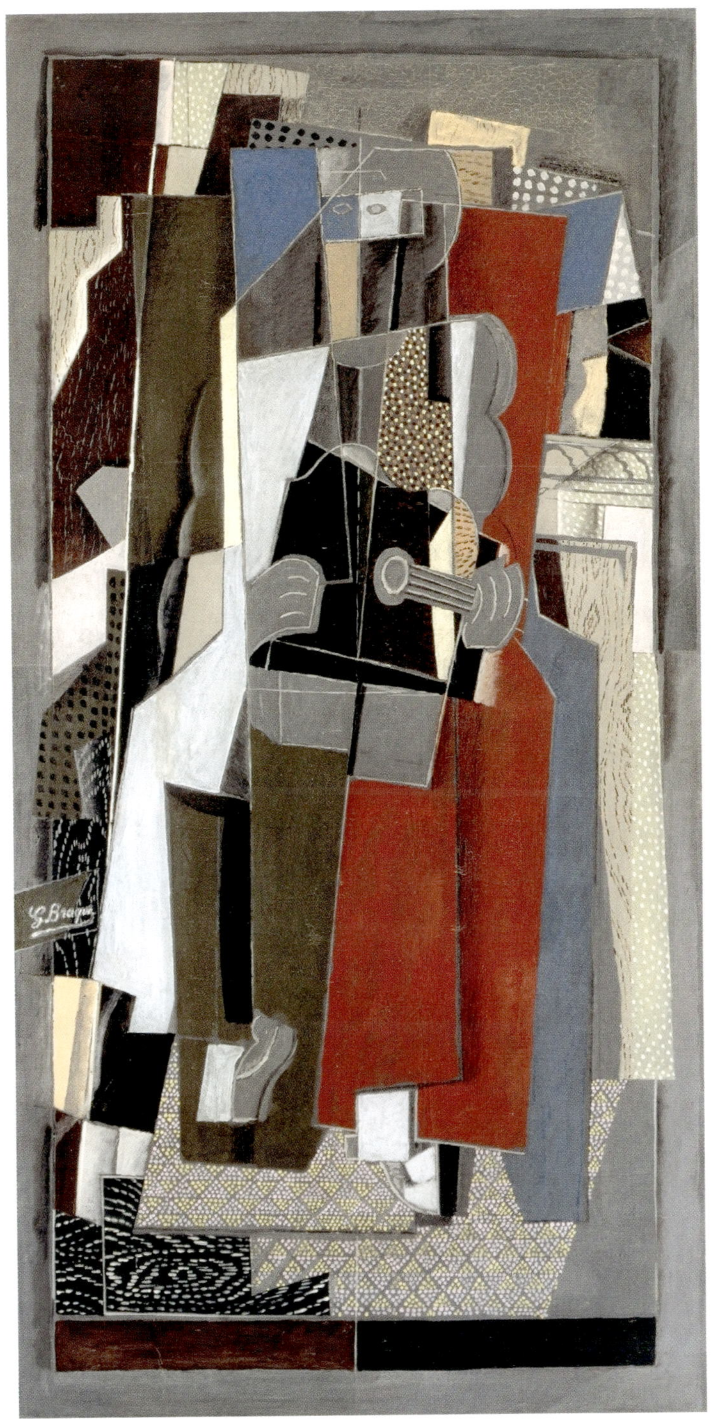
G.Braque

Le Paquet de tabac, 1917
Crayon, aquarelle sur papier
20,4 × 26,6 cm
Signé, daté en bas à droite : *G. Braque / 17*
Dijon, musée des Beaux-Arts
Donation de Pierre Granville, 1969
DG 47

The Packet of Tobacco, 1917
Pencil, watercolour on paper
8.03 × 10.47 in
Signed and dated lower right: *G. Braque/17*
Dijon, Musée des Beaux-Arts
Gift of Pierre Granville, 1969
DG 47

Sans titre (Mes meilleurs vœux), 1922
Aquarelle sur cartoline
13,4 × 16,7 cm
Signé en bas à droite :
Mes meilleurs vœux de Sorgues. G. Braque
Villeneuve-d'Ascq, LaM Lille métropole
musée d'Art moderne, d'Art contemporain et d'Art brut
Donation de Geneviève et Jean Masurel, 1979
979.4.209

Untitled (My Best Wishes), 1922
Watercolour on cartolina paper
5.27 × 6.57 in
Signed lower right: *Mes meilleurs vœux de Sorgues.*
[My best wishes from Sorgues] G. Braque
Villeneuve-d'Ascq, LaM Lille métropole
musée d'Art moderne, d'Art contemporain et d'Art brut
Gift of Geneviève and Jean Masurel, 1979
979.4.209

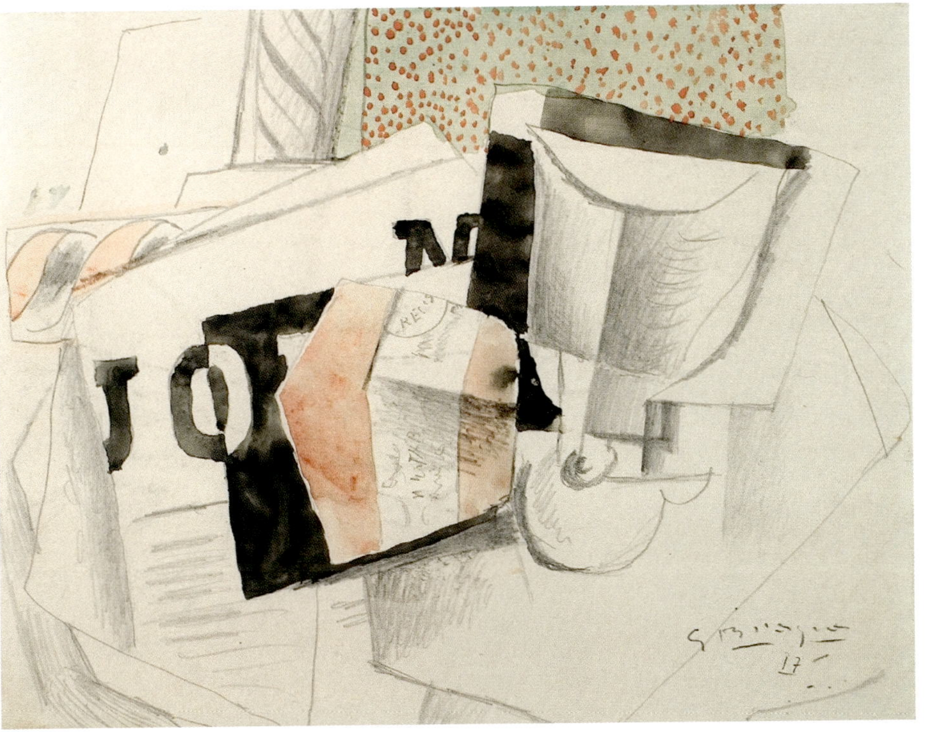

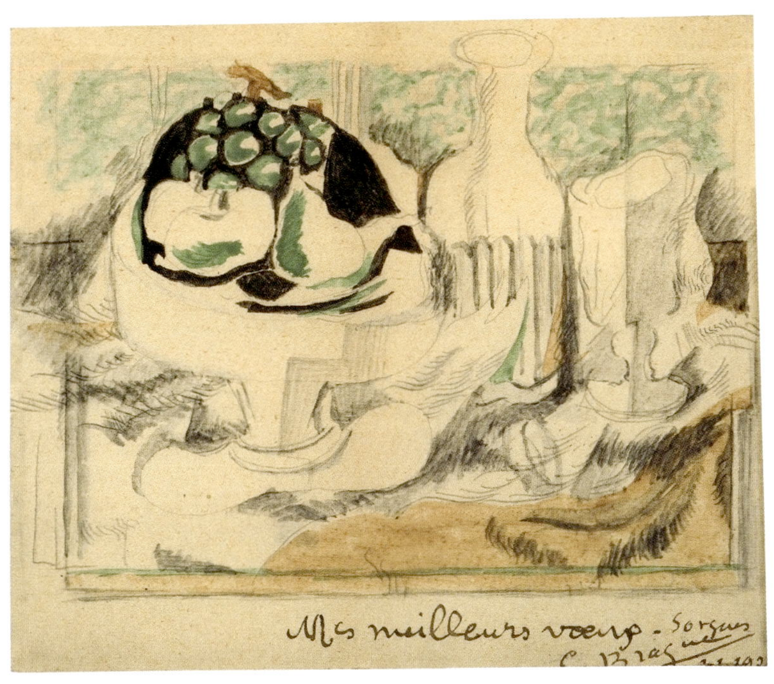
Mes meilleurs voeux - Sorgues

Guitare et verre, 1917	*Guitar and Glass*, 1917
Huile sur toile	Oil on canvas
60,1 × 91,5 cm	23.66 × 36.02 in
Signé, daté au verso : *G. Braque / 1917*	Signed and dated on reverse: *G. Braque/1917*
Otterlo, Kröller-Müller Museum	Otterlo, Kröller-Müller Museum
KM 109.172	KM 109.172

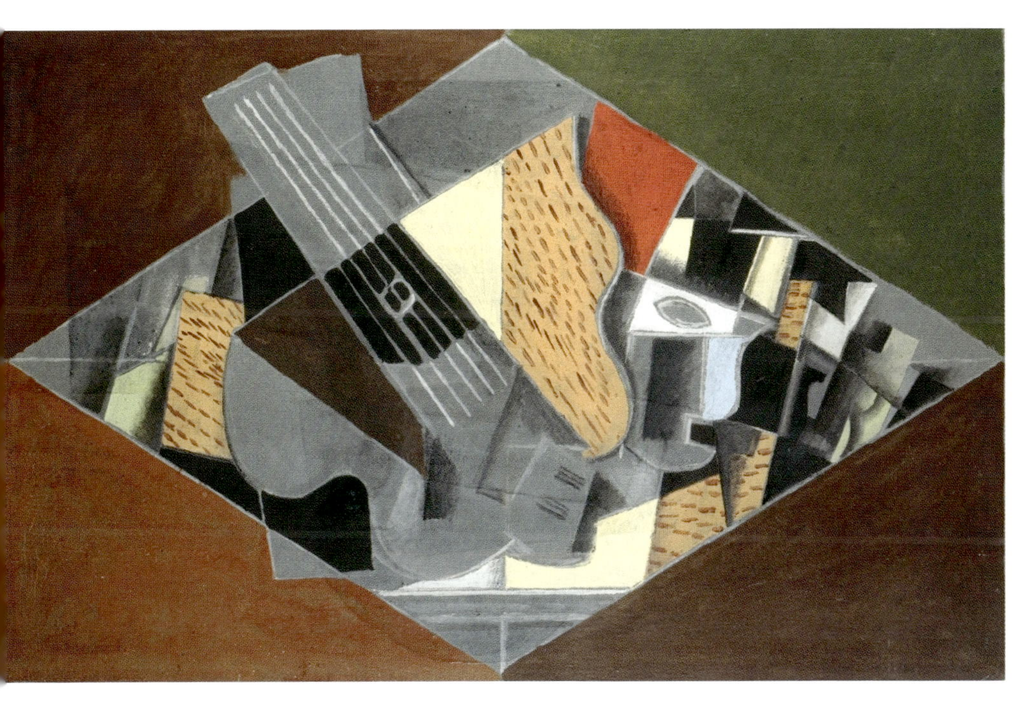

Rhum et guitare, 1918
Huile sur toile
60 × 73 cm
Signé, daté au verso : *G. Braque / 18*
Madrid, collection Abelló
P 69

Rum and Guitar, 1918
Oil on canvas
23.62 × 28.74 in
Signed and dated on reverse: *G. Braque/18*
Madrid, Abelló Collection
P 69

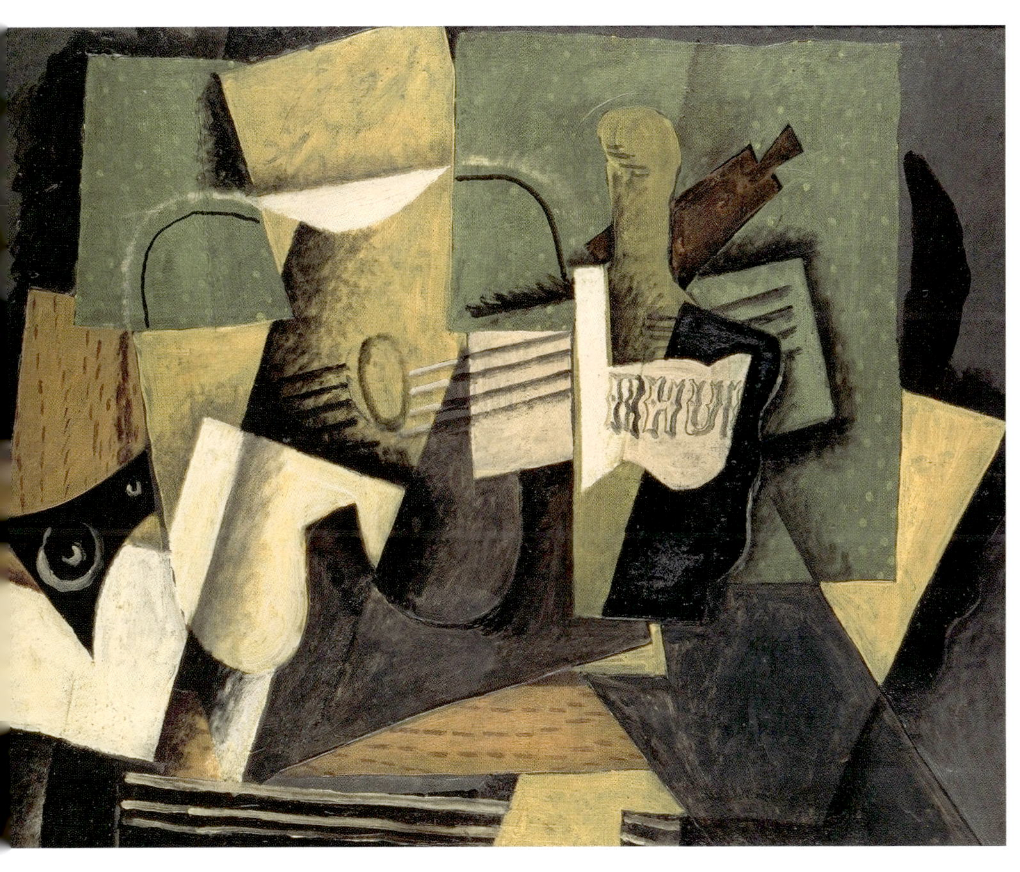

Natures mortes
Still lifes
1919 – 1929

Nature morte au guéridon, 1918
Huile sur toile
130 × 74,5 cm
Signé, daté au verso : *G. Braque / 18*
Eindhoven, Van Abbemuseum
52

Still Life with Pedestal Table, 1918
Oil on canvas
51.18 × 29.33 in
Signed and dated on reverse: *G. Braque/18*
Eindhoven, Van Abbemuseum
52

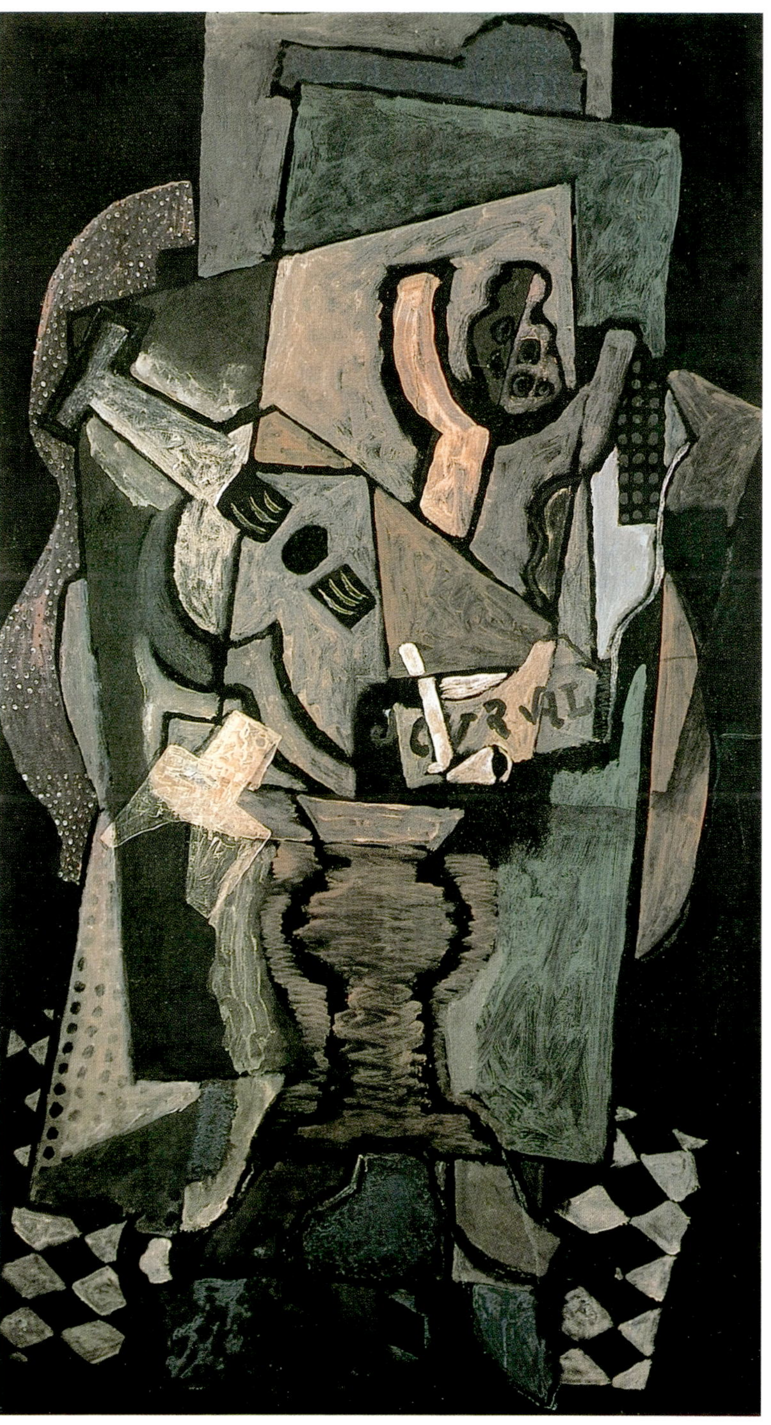

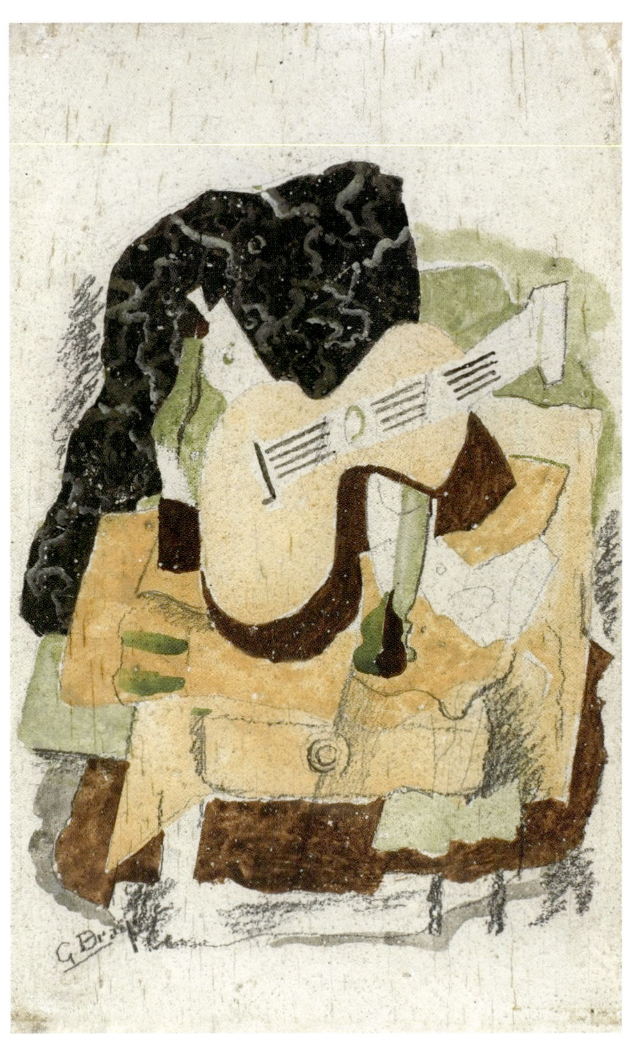

Nature morte à la guitare, 1919
Crayon et gouache sur carton
21,8 × 13,6 cm
Signé en bas à gauche : *G. Braque*
Paris, Centre Pompidou, Musée national d'art moderne
Legs de Mme Marguerite Savary, 1969
AM 3757 D

Still Life with Guitar, 1919
Pencil and gouache on cardboard
8.58 × 5.35 in
Signed lower left: *G. Braque*
Paris, Centre Pompidou, Musée national d'art moderne
Bequeathed by Marguerite Savary, 1969
AM 3757 D

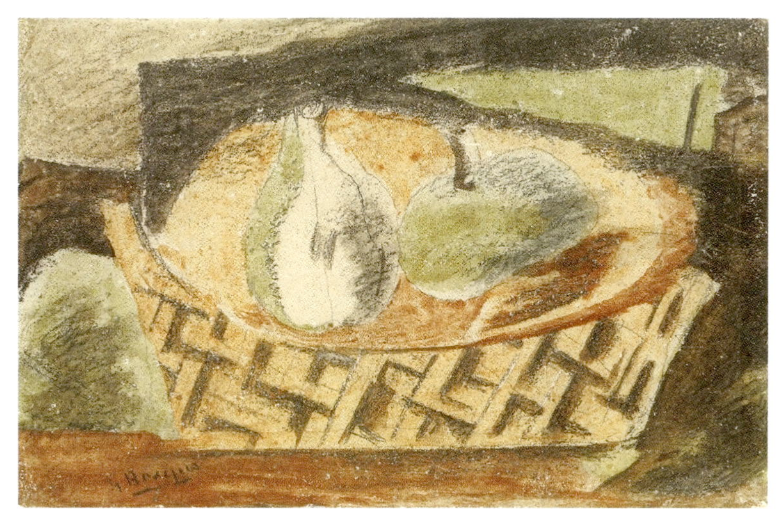

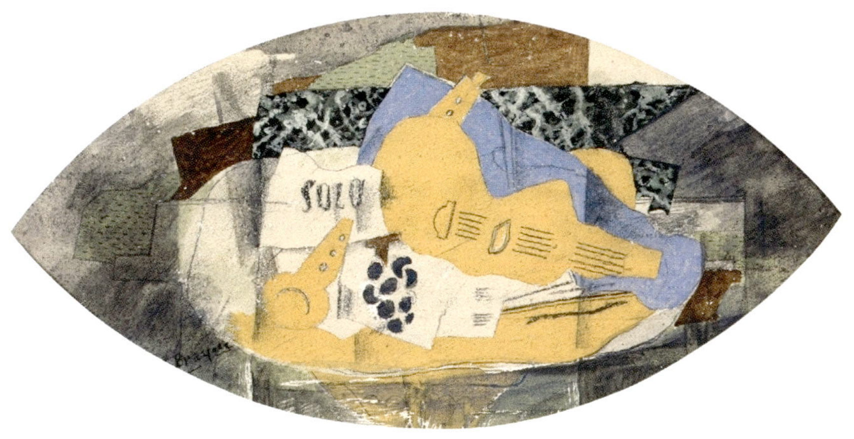

Corbeille de fruits, 1919-1920
Huile et crayon sur bois
16,5 × 26 cm
Signé en bas à gauche : *G. Braque*
Collection particulière

Basket of Fruit, 1919–1920
Oil and pencil on wood
6.49 × 10.23 in
Signed lower left: *G. Braque*
Private collection

Nature morte cubiste, 1921
Gouache sur papier
15 × 30 cm
Signé en bas à droite : *G. Braque*
Paris, collection Isabelle Maeght

Cubist Still Life, 1921
Gouache on paper
5.90 × 11.18 in
Signed lower right: *G. Braque*
Paris, Isabelle Maeght Collection

Guitare et compotier, 1919
Huile sur toile
73,5 × 130 cm
Signé, daté au verso : *G. Braque / 19*
Paris, Centre Pompidou, Musée national d'art moderne
Don Dr h. c. Raoul La Roche, 1952
AM 3167 P

Guitar and Fruit Dish, 1919
Oil on canvas
28.93 × 51.18 in
Signed and dated on reverse: *G. Braque/19*
Paris, Centre Pompidou, Musée national d'art moderne
Gift of Dr h. c. Raoul La Roche, 1952
AM 3167 P

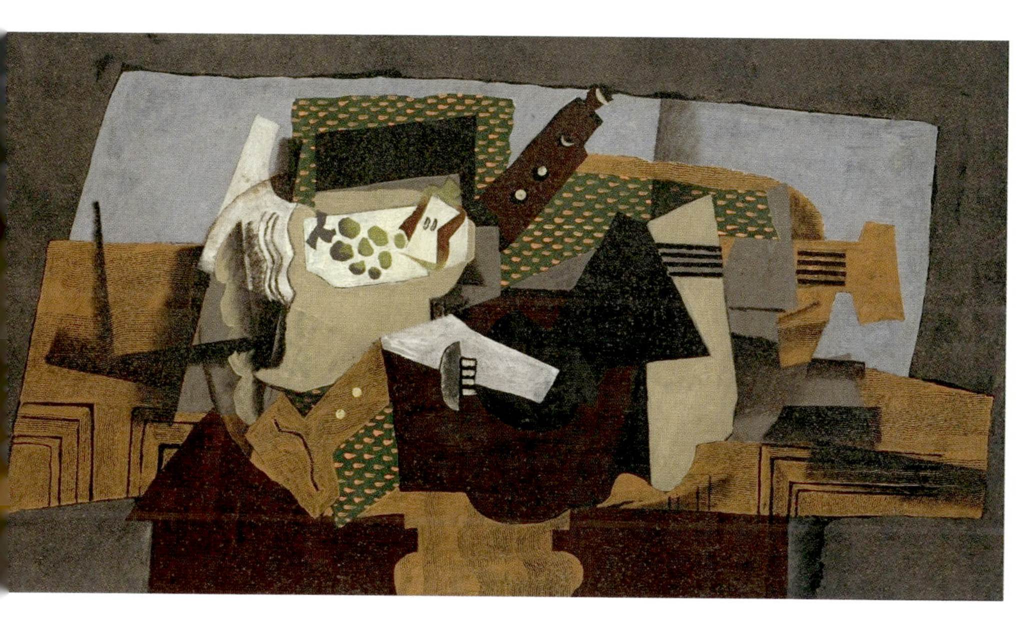

Guitare et partition, 1919	*Guitar and Sheet Music*, 1919
Huile sur toile	Oil on canvas
60 × 73 cm	23.62 × 28.74 in
Collection particulière	Private collection

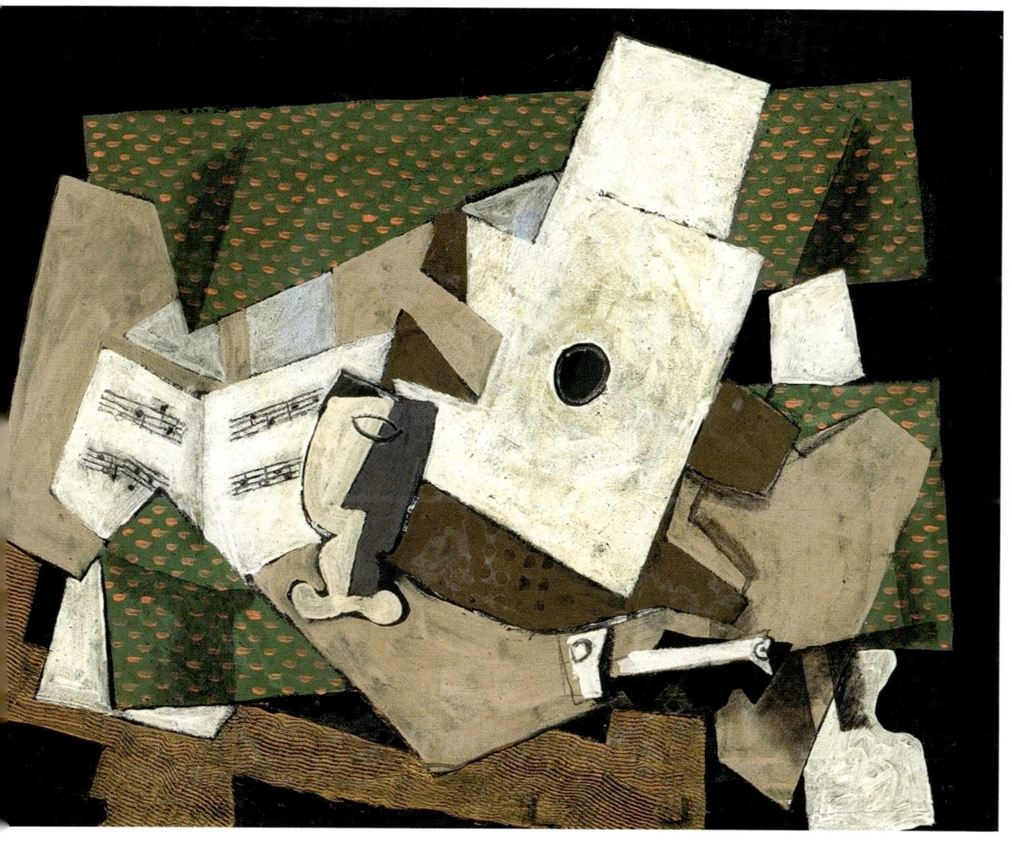

Nature morte à la sonate, 1919	*Still Life with Sonata*, 1919
Huile sur toile	Oil on canvas
35,5 × 65 cm	13.97 × 25.59 in
Signé au verso : *G. Braque*	Signed on reverse: *G. Braque*
Paris, musée d'Art moderne de la ville de Paris	Paris, Musée d'Art moderne de la ville de Paris
AMVP 1684	AMVP 1684

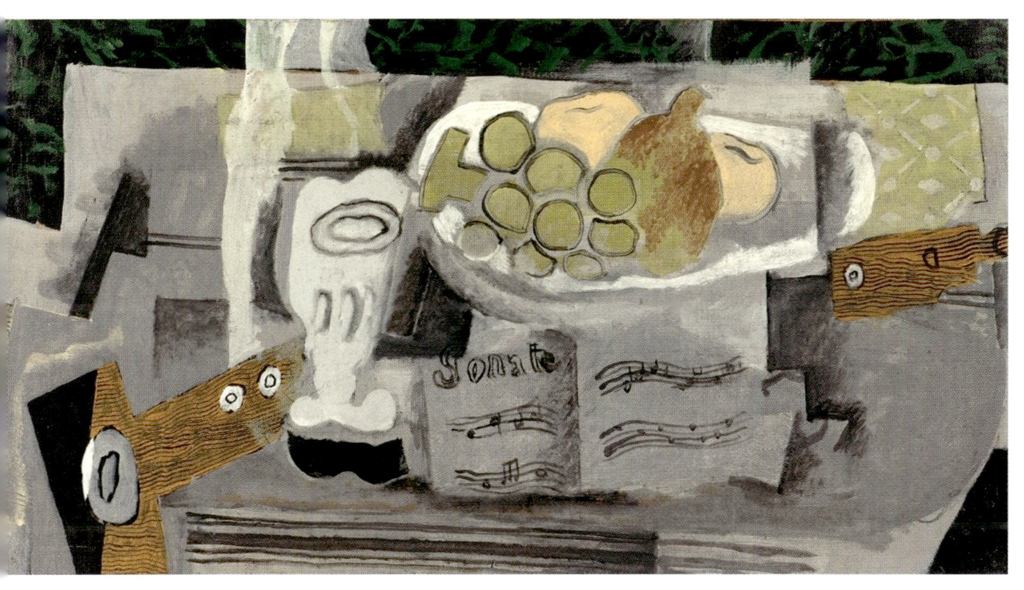

Guitare et pipe (Polka), 1920-1921
Huile et sable sur toile
43,2 × 92,4 cm
Philadelphie, Philadelphia Museum of Art
The Louise and Walter Arensberg Collection, 1950
1950-134-30

Guitar and Pipe (Polka), 1920–1921
Oil and sand on canvas
17.00 × 36.37 in
Philadelphia, Philadelphia Museum of Art
The Louise and Walter Arensberg Collection, 1950
1950-134-30

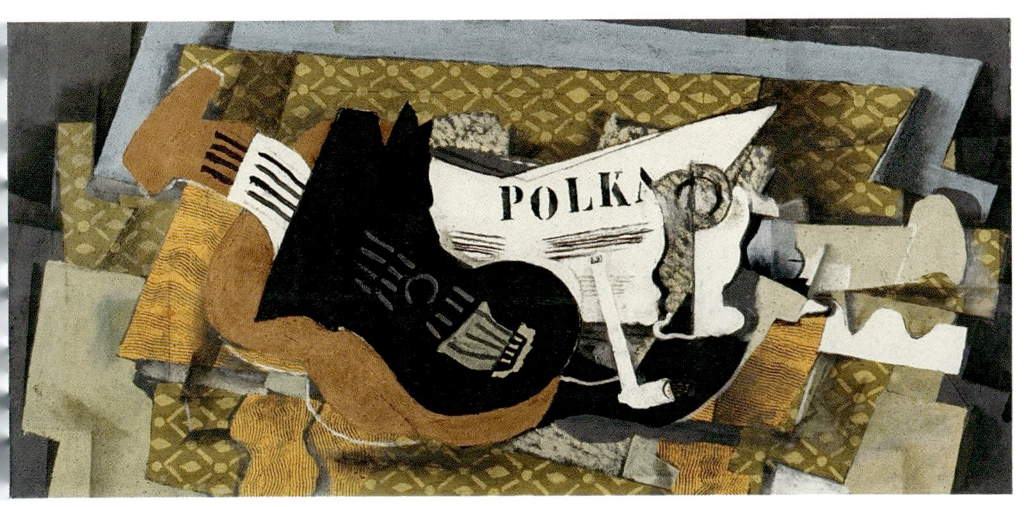
POLKA

Le Buffet, 1920
Huile sur toile
81 × 100 cm
Vienne, Albertina Museum, die Sammlung Batliner
GE18DL

The Sideboard, 1920
Oil on canvas
31.88 × 39.37 in
Vienna, Albertina Museum, The Batliner Collection
GE18DL

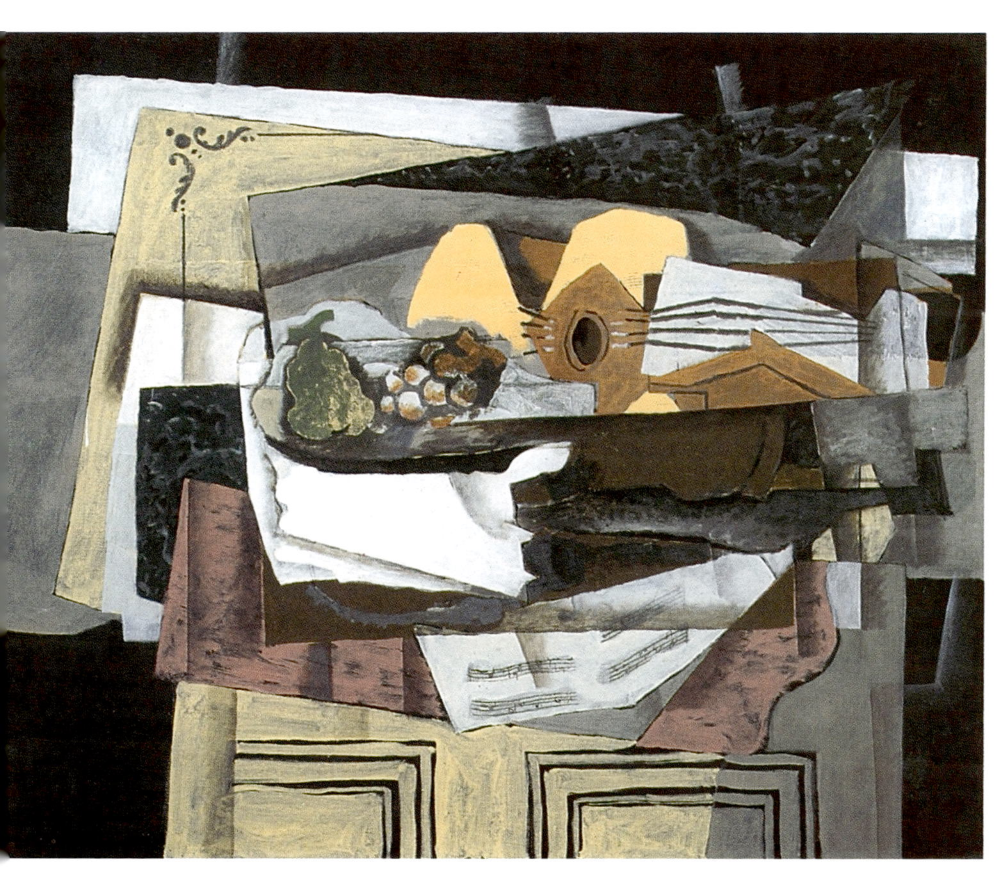

Guitare et verre, 1921	*Guitar and Glass*, 1921
Huile sur toile	Oil on canvas
43 × 73 cm	16.92 × 28.74 in
Signé au verso : *G. Braque*	Signed on reverse: *G. Braque*
Paris, Centre Pompidou, Musée national d'art moderne	Paris, Centre Pompidou, Musée national d'art moderne
Donation de M. et Mme André Lefèvre, 1952	Gift of M. and Mme André Lefèvre, 1952
AM 3972 P	AM 3972 P
Nature morte à la guitare II	*Still Life with Guitar II*
(La Cheminée – Quatuor), 1921	*(The Mantelpiece–Quartet)*, 1921
Huile sur toile	Oil on canvas
60 × 100 cm	23.62 × 39.37 in
Signé au verso : *G. Braque*	Signed on reverse: *G. Braque*
Prague, Národní Galerie	Prague, Národní Galerie
Achat de la République tchèque, 1923	Purchased by the Czech Republic, 1923
O 3216	O 3216

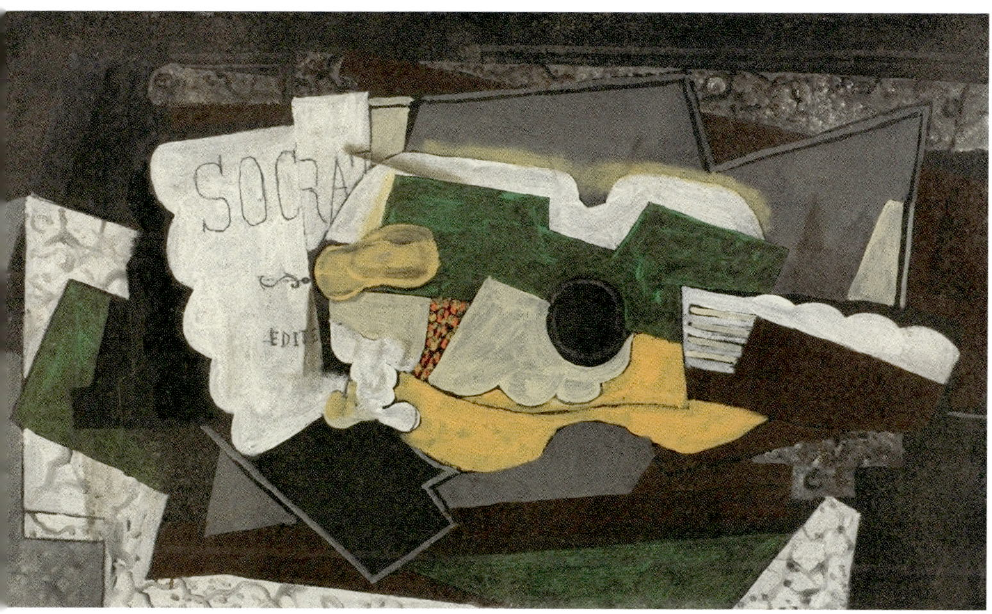

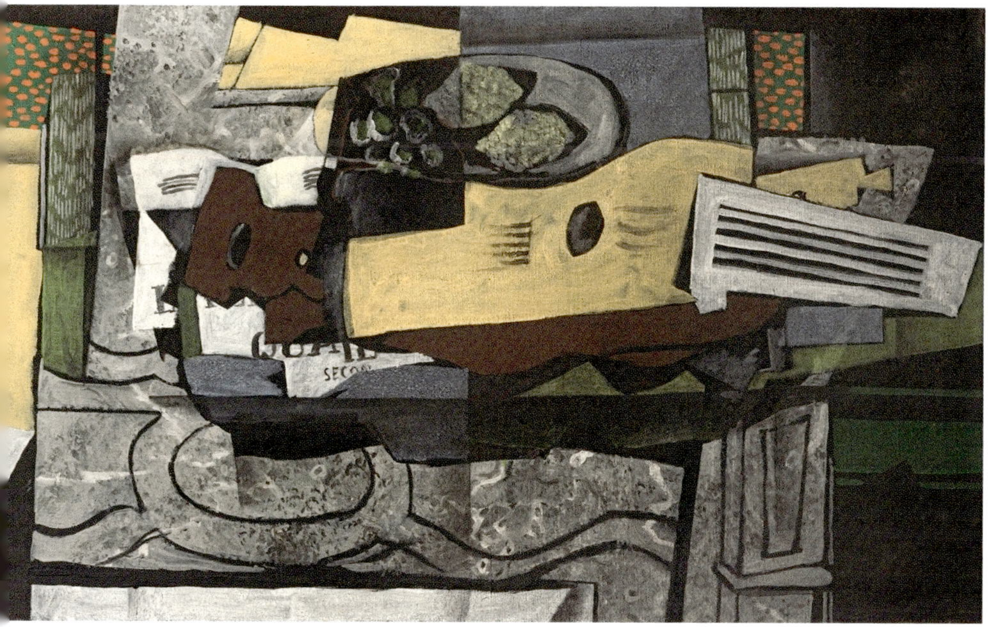

Nature morte à la guitare I	*Still Life with Guitar I*
(La Cheminée – Valse), 1920-1921	*(The Mantelpiece – Waltz)*, 1920–1921
Huile sur toile	Oil on canvas
131 × 74 cm	51.57 × 29.13 in
Signé, daté au verso : *G. Braque / 15*	Signed and dated on reverse: *G. Braque/15*
Prague, Národní Galerie	Prague, Národní Galerie
Achat de la République tchèque, 1923	Purchased by the Czech Republic, 1923
O 3209	O 3209

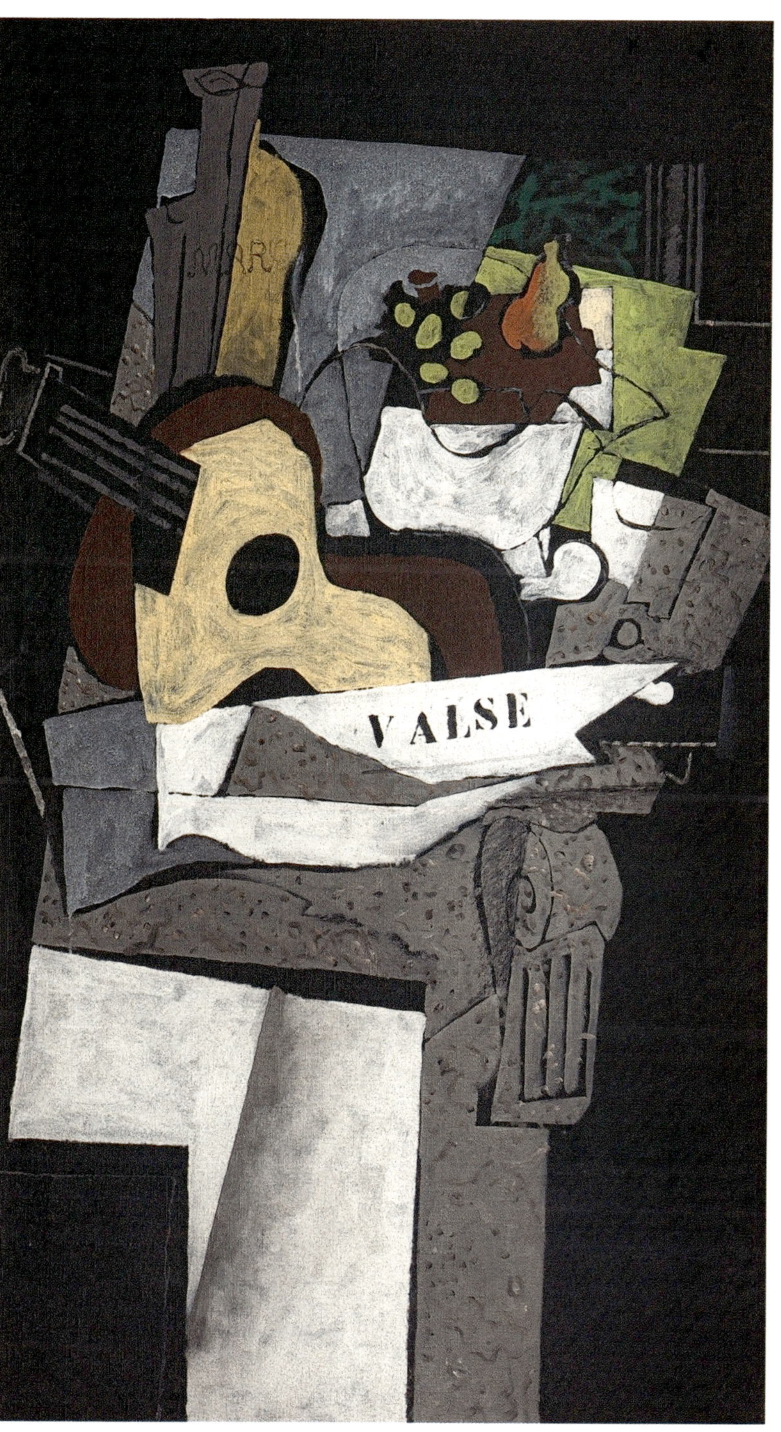
VALSE

Guitare et nature morte sur la cheminée, 1925
Huile et sable sur toile
130,5 × 74,6 cm
Signé en bas à droite : *G. Braque*
New York, The Metropolitan Museum of Art
Bequest of Florene M. Schoenborn, 1995
1996.403.11

Guitar and Still Life on Mantelpiece, 1925
Oil and sand on canvas
51.37 × 29.37 in
Signed lower right: *G. Braque*
New York, The Metropolitan Museum of Art
Bequest of Florene M. Schoenborn, 1995
1996.403.11

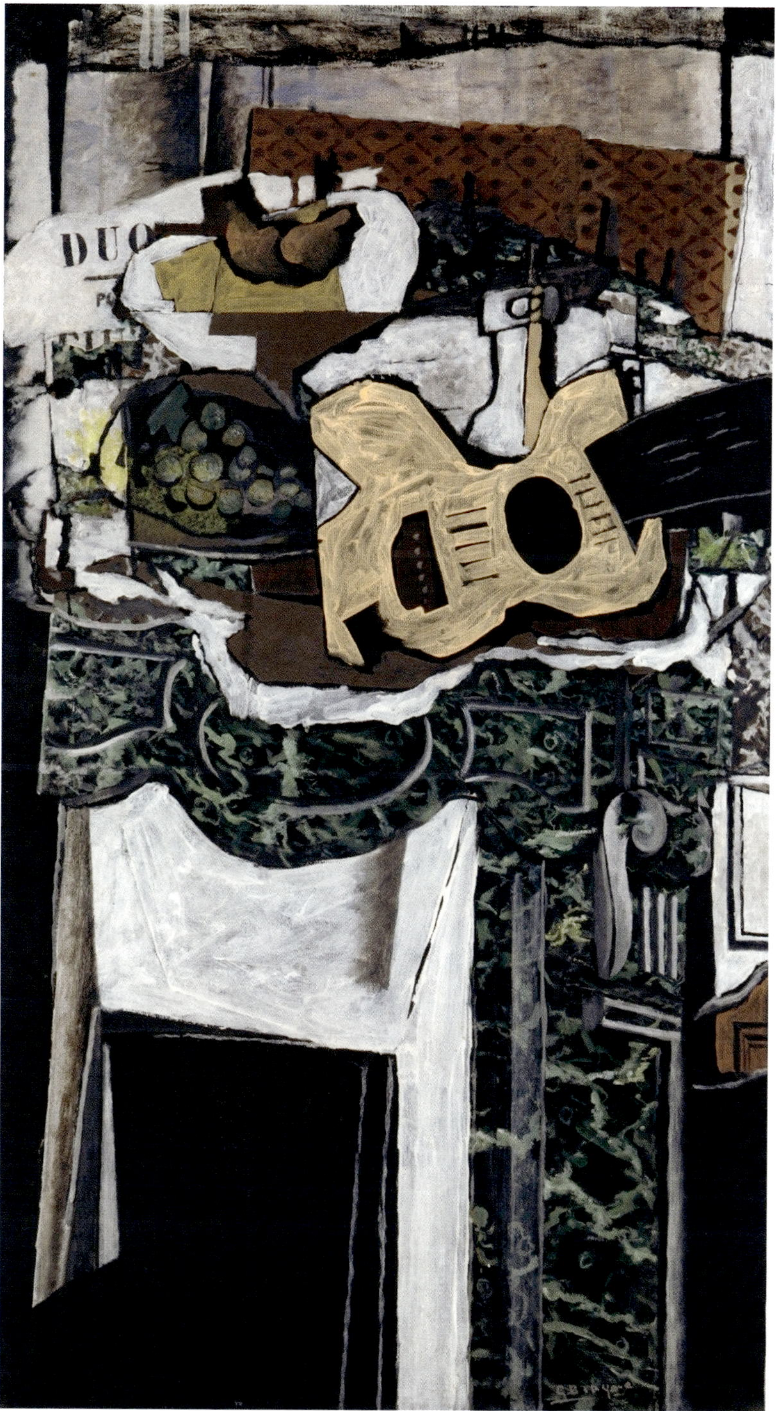
DUO

Fruits sur une nappe et compotier, 1925
Huile sur toile
130,5 × 75 cm
Signé, daté en bas à droite : *G. Braque / 25*
Paris, Centre Pompidou, Musée national d'art moderne
Achat à l'artiste, 1947
AM 2700 P

Fruit on a Tablecloth with Fruit Dish, 1925
Oil on canvas
51.37 × 29.53 in
Signed and dated lower right: *G. Braque/25*
Paris, Centre Pompidou, Musée national d'art moderne
Purchased from the artist, 1947
AM 2700 P

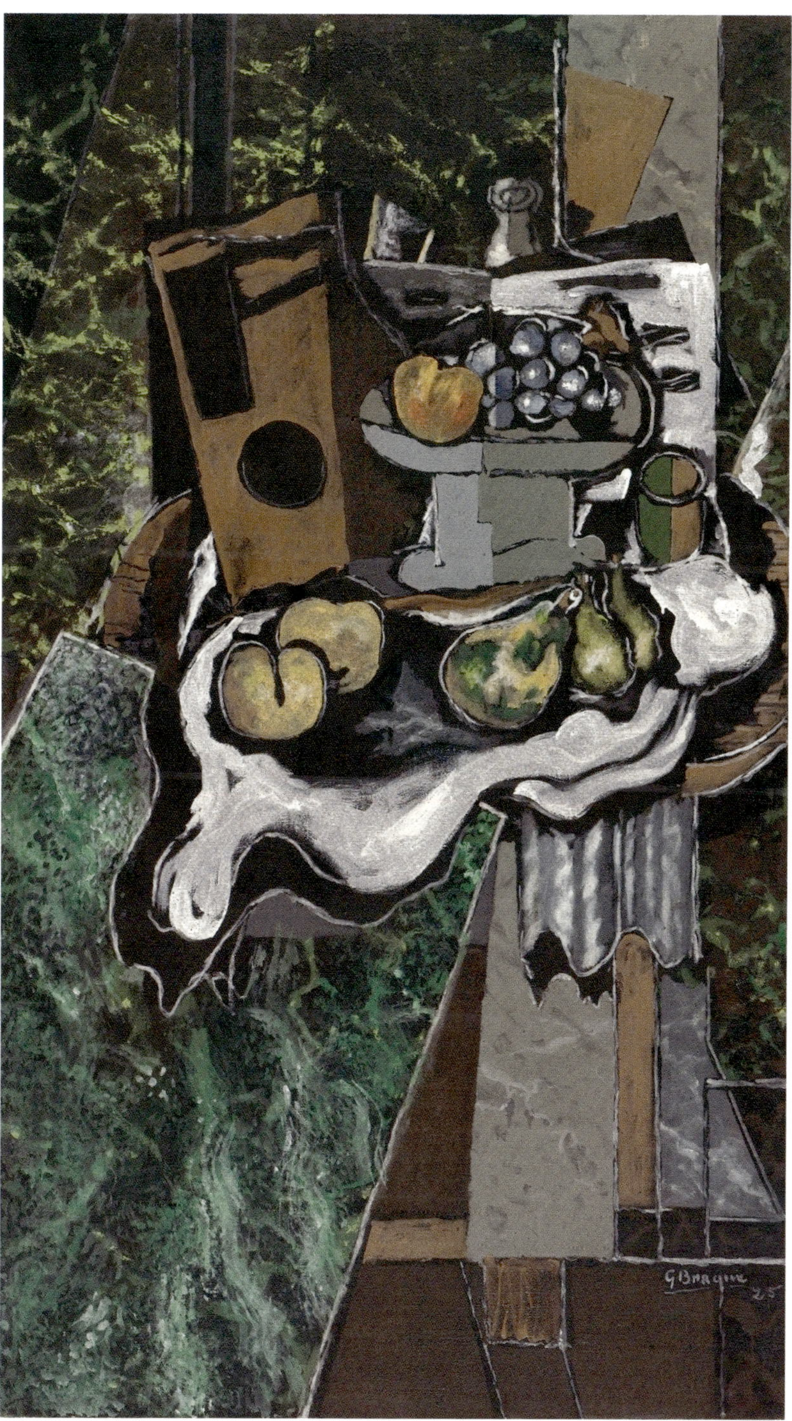
G Braque
25

La Cheminée, 1928
Huile sur toile
130 × 74 cm
Signé, daté en bas à droite : *G. Braque / 28*
Zurich, Kunsthaus
Vereinigung Zürcher Kunstfreunde
1956/10

The Mantelpiece, 1928
Oil on canvas
51.18 × 29.13 in
Signed and dated lower right: *G. Braque/28*
Zurich, Kunsthaus
Vereinigung Zürcher Kunstfreunde
1956/10

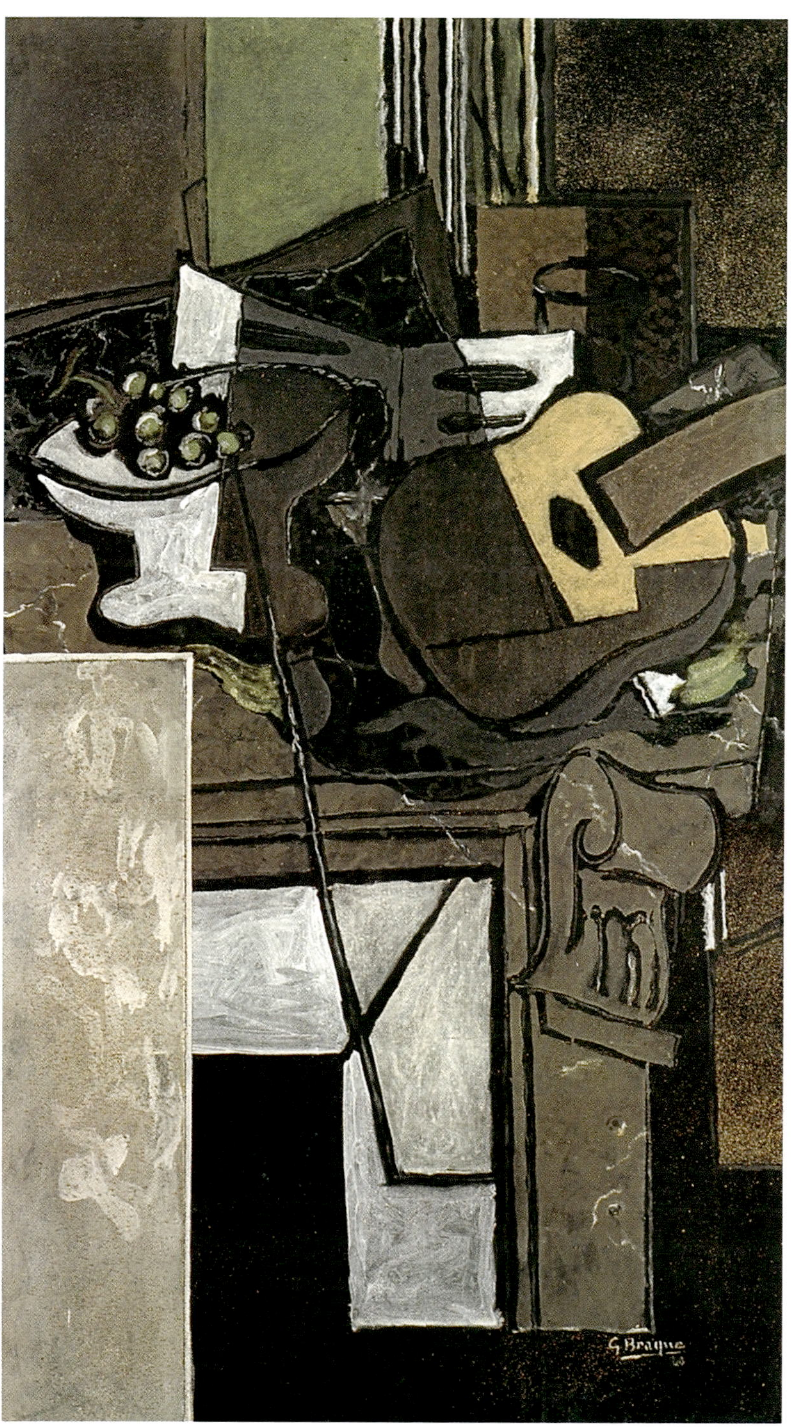
G.Braque

Nus et Canéphores
Nudes and Basket-bearers
1922 – 1930

Femme à la mandoline, étude libre d'après Corot, 1922-1923
Huile sur carton
41 × 33 cm
Signé en bas à droite : *GB / COROT*
Inscription et signature au crayon au verso, en bas à droite : *Etude libre / d'après Corot / G. Braque*
Paris, Centre Pompidou, Musée national d'art moderne
Donation de Mme Georges Braque, 1965
AM 4300 P

Woman with Mandolin, Free Study after Corot, 1922–1923
Oil on cardboard
16.14 × 12.99 in
Signed lower right: *GB/COROT*
Inscription and signature in pencil on reverse, lower right: *Etude libre/d'après Corot* [Free study after Corot]/*G. Braqu*
Paris, Centre Pompidou, Musée national d'art moderne
Gift of the artist's wife, 1965
AM 4300 P

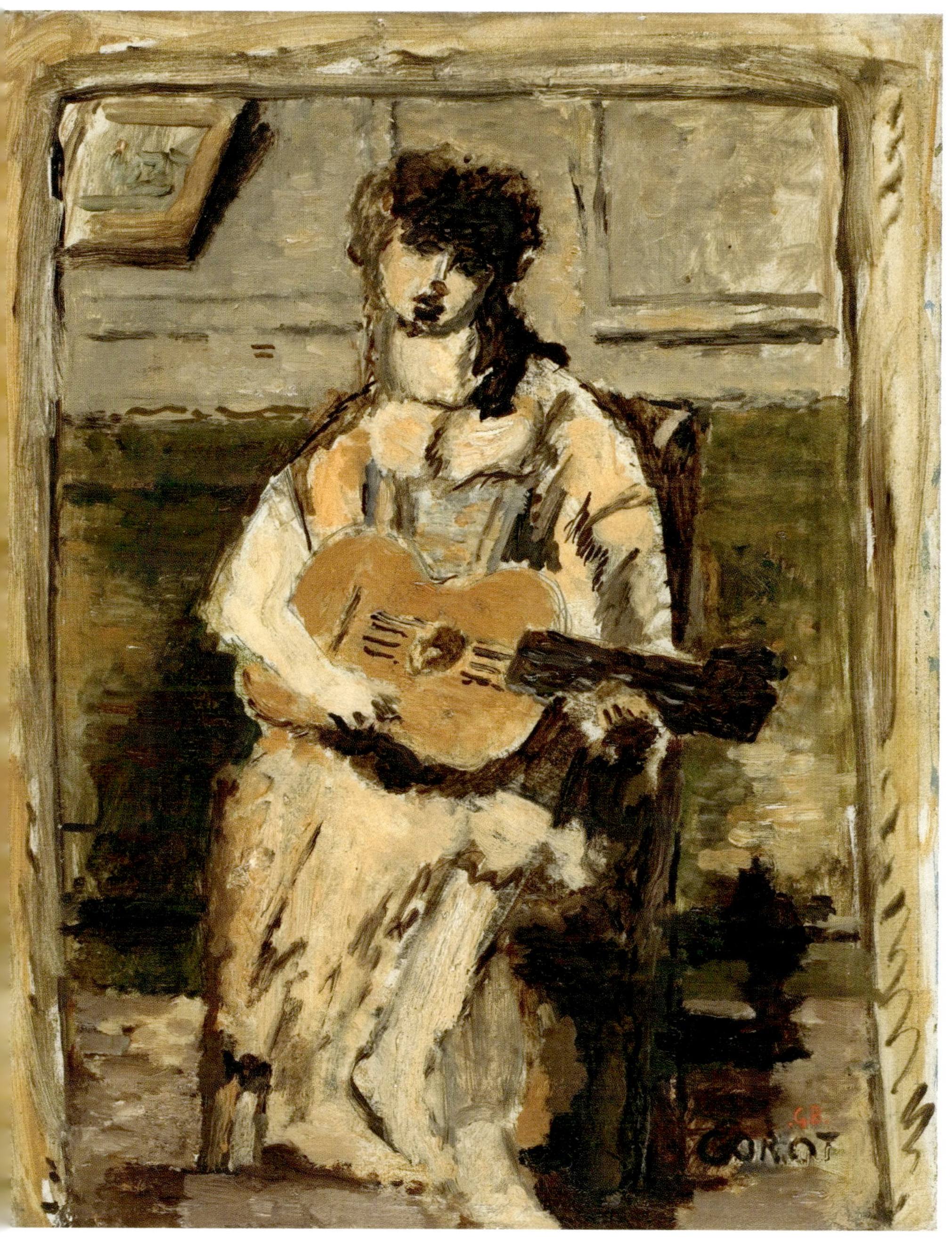
COROT

Nu, 1927	*Nude*, 1927
Pastel sur papier marouflé sur toile	Pastel on paper mounted on canvas
90 × 71 cm	35.43 × 27.95 in
Signé, daté en bas à gauche : *G Braque / 27*	Signed and dated lower left: *G Braque/27*
Collection particulière	Private collection

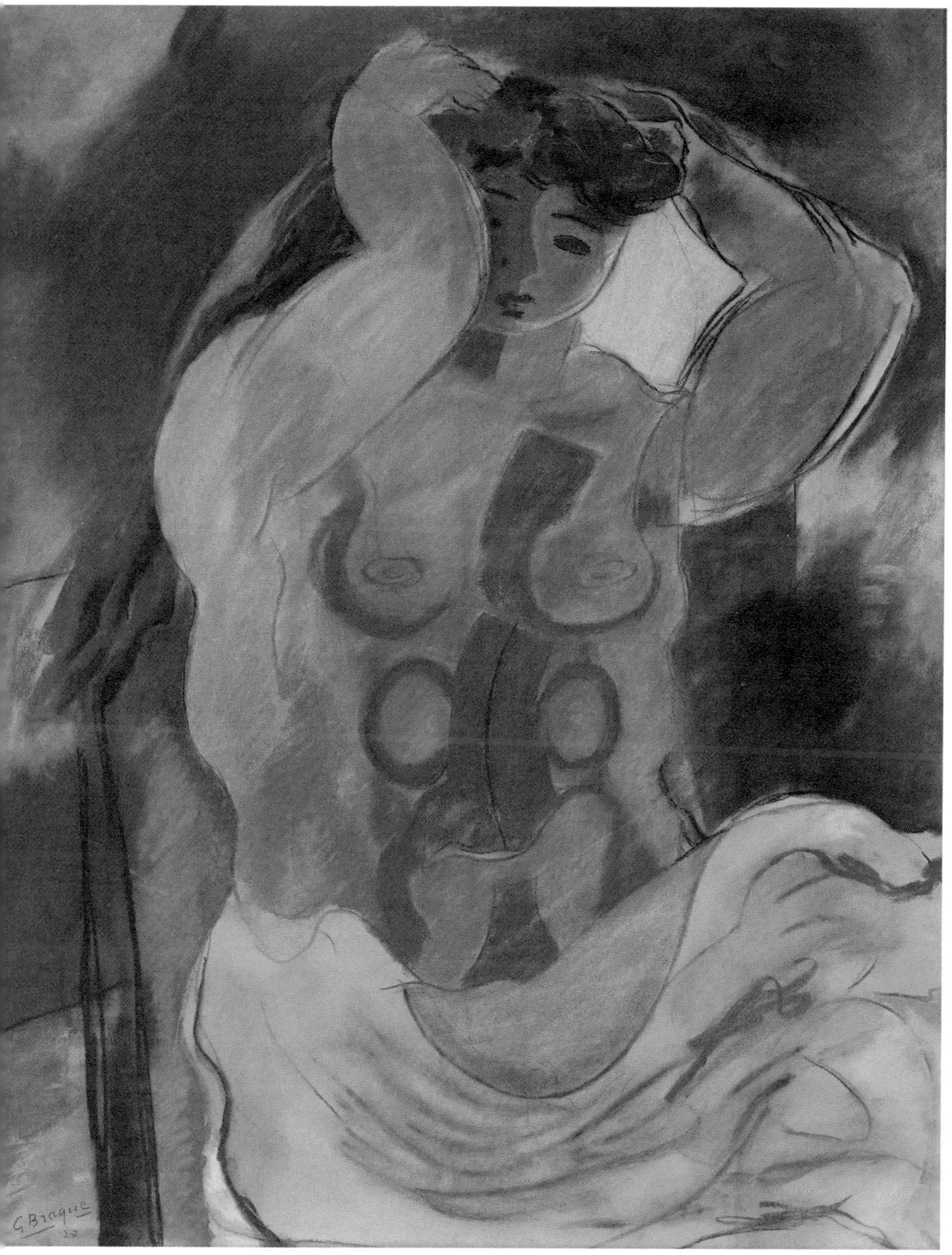
G Braque

Les Trois Baigneuses, 1923-1924	*The Three Bathers*, 1923–1924
Huile sur bois	Oil on wood
18 × 75 cm	7.08 × 28.52 in
Collection particulière	Private collection

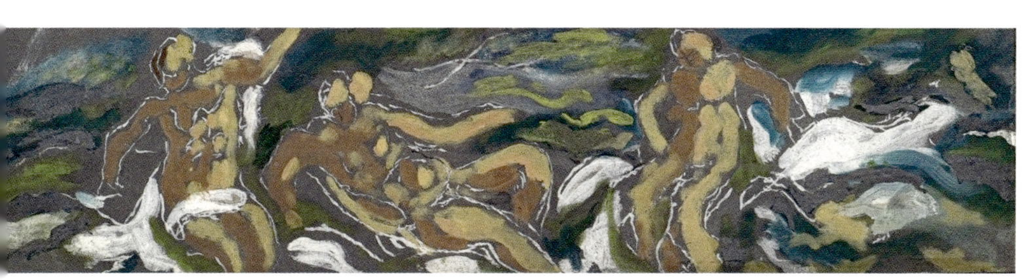

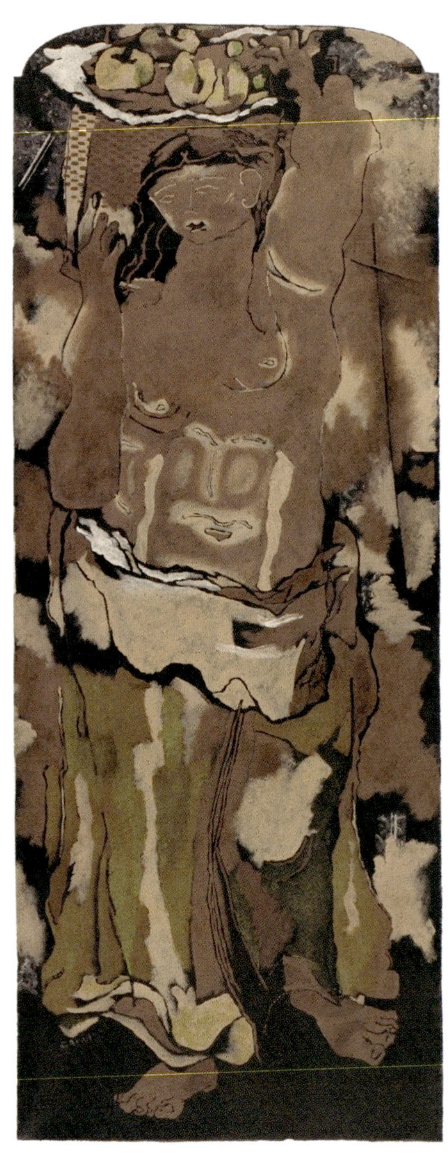

Canéphore, 1922	*Basket-bearer*, 1922
Huile sur toile	Oil on canvas
180,5 × 73,5 cm	71.06 × 28.93 in
Signé en bas à gauche : *G. Braque*	Signed lower left: *G. Braque*
Paris, Centre Pompidou, Musée national d'art moderne	Paris, Centre Pompidou, Musée national d'art moderne
Legs Baronne Eva Gourgaud, 1965	Bequeathed by Baronness Eva Gourgaud, 1965
AM 3714 P	AM 3714 P

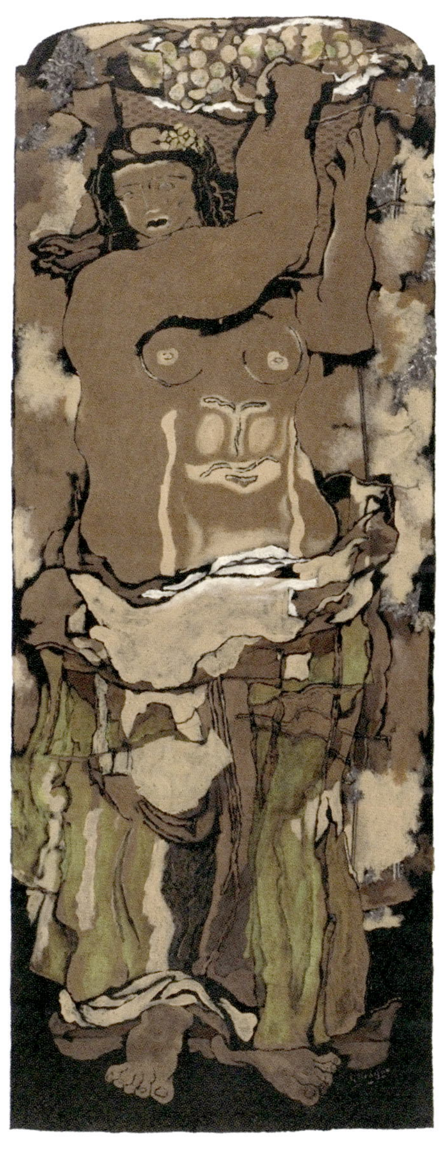

Canéphore, 1922	*Basket-bearer*, 1922
Huile sur toile	Oil on canvas
180,5 × 73 cm	71.06 × 28.74 in
Signé en bas à droite : *G. Braque*	Signed lower left: *G. Braque*
Paris, Centre Pompidou, Musée national d'art moderne	Paris, Centre Pompidou, Musée national d'art moderne
Legs Baronne Eva Gourgaud, 1965	Bequeathed by Baronness Eva Gourgaud, 1965
AM 3715 P	AM 3715 P

Nature morte au compotier, 1926-1927	*Still Life with Fruit Dish*, 1926–1927
Huile sur toile	Oil on canvas
192 × 43 cm	75.59 × 16.92 in
Collection particulière	Private collection

Nature morte au pichet, 1926-1927	*Still Life with Pitcher*, 1926–1927
Huile sur toile	Oil on canvas
192 × 43 cm	75.59 × 16.92 in
Collection particulière	Private collection

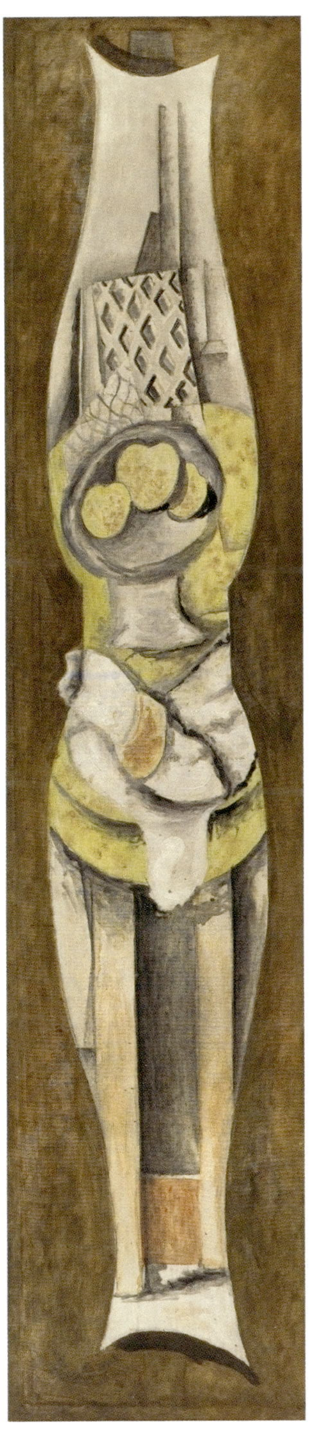
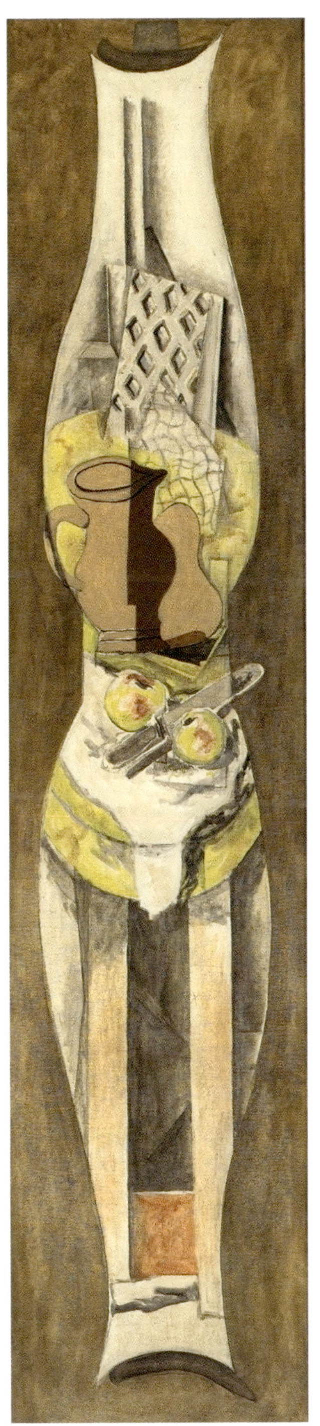

La Falaise d'Étretat, 1930	*The Cliffs at Étretat*, 1930
Huile sur toile	Oil on canvas
43 × 73 cm	16.92 × 28.74 in
Collection particulière	Private collection

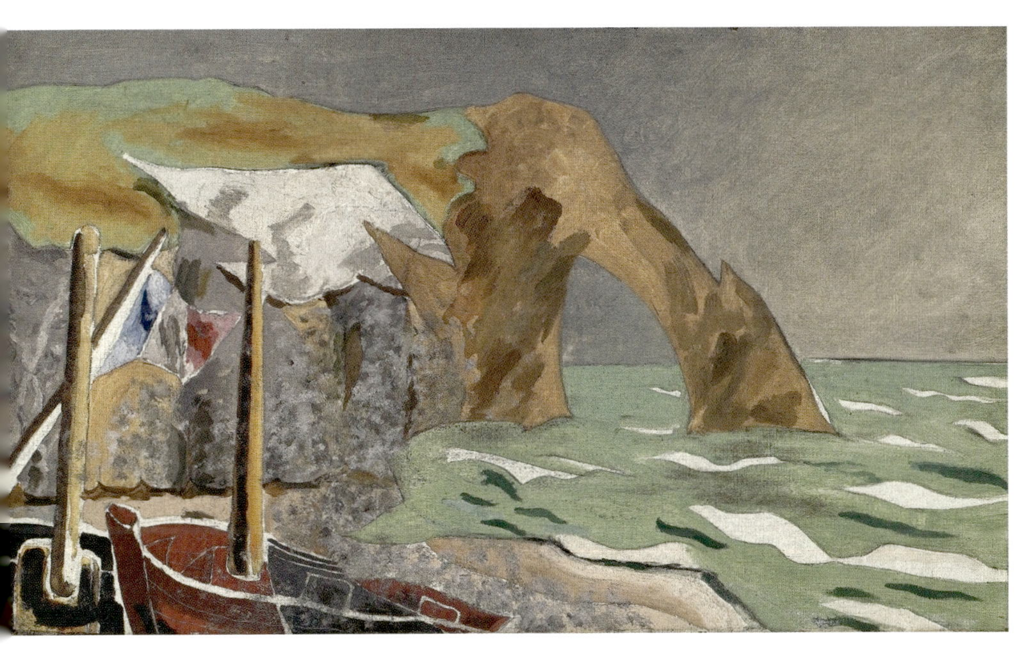

Natures mortes, intérieurs et figures
Still lifes, interiors, and figures
1932 – 1939

La Table ronde, 1929
Huile sur toile
145,7 × 113,7 cm
Signé, daté en bas à droite : *G. Braque / 1929*
Washington D.C., The Phillips Collection
Acquired in 1934

The Round Table, 1929
Oil on canvas
57.36 × 44.76 in
Signed and dated lower right: *G. Braque/1929*
Washington D.C., The Phillips Collection
Acquired in 1934

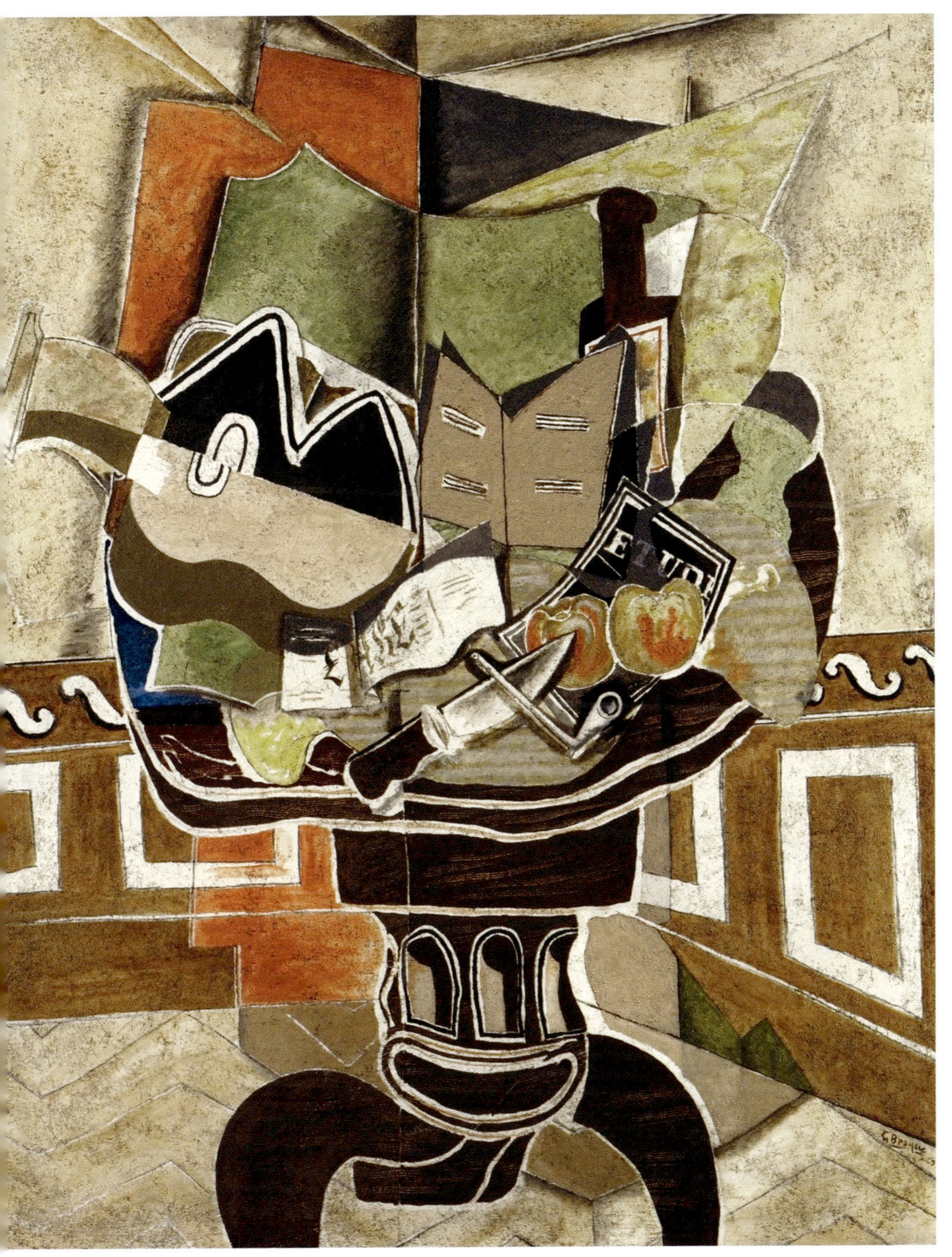
G Braque

Guitare et bouteille de marc sur une table, 1930
Huile et sable sur toile
130,5 × 75 cm
Signé, daté en bas à gauche : *G. Braque / 30*
Cleveland, The Cleveland Museum of Art
Leonard C. Hanna Jr. Fund
1975-59

Guitar and Bottle of Marc on a Table, 1930
Oil and sand on canvas
51.37 × 29.52 in
Signed and dated lower left: *G. Braque/30*
Cleveland, The Cleveland Museum of Art
Leonard C. Hanna Jr Fund
1975-59

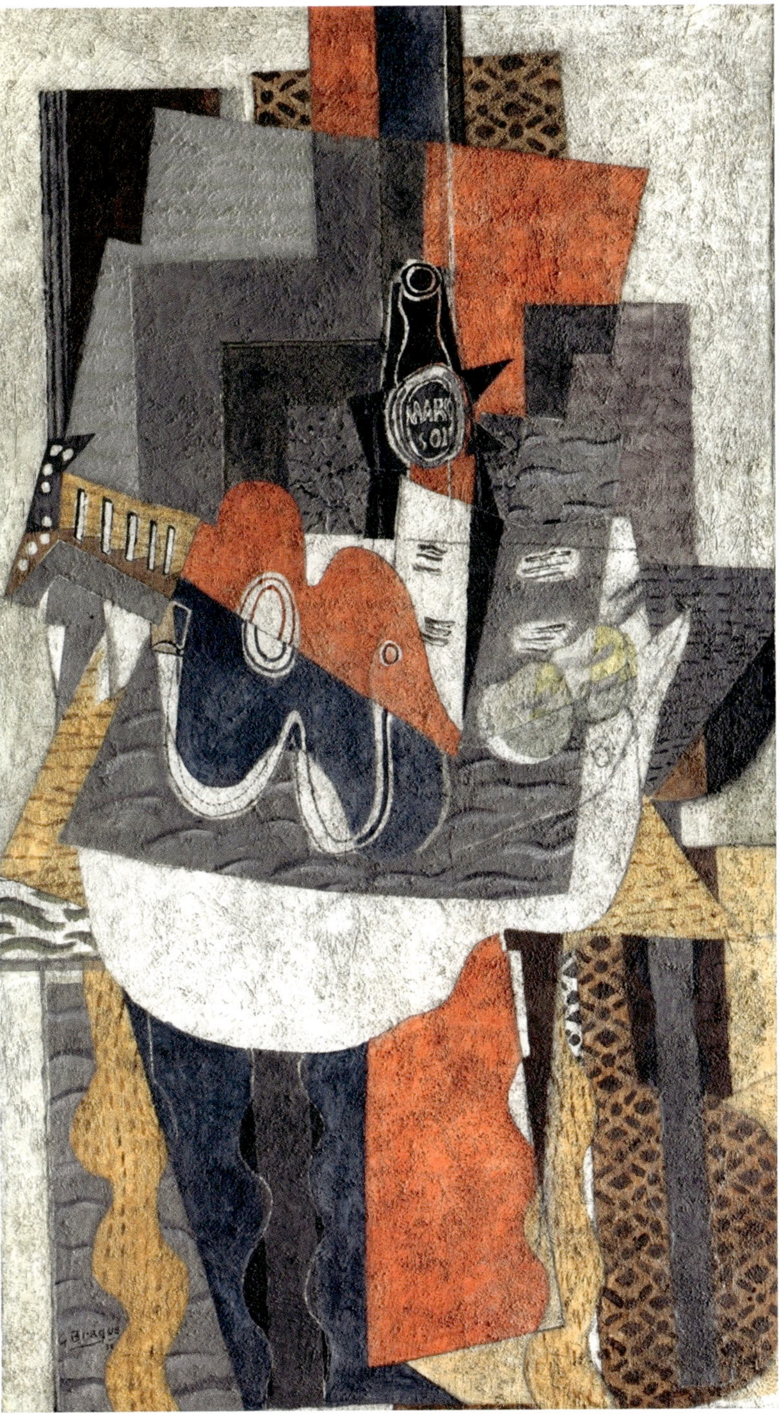
G Braque

Le Guéridon rouge, 1939-1952
Huile sur toile
180 × 73 cm
Signé en bas à gauche : *G. Braque*
Paris, Centre Pompidou, Musée national d'art moderne
Donation de Mme Georges Braque, 1965
AM 4303 P

The Red Pedestal Table, 1939–1952
Oil on canvas
70.86 × 28.74 in
Signed lower left: *G. Braque*
Paris, Centre Pompidou, Musée national d'art moderne
Gift of the artist's wife, 1965
AM 4303 P

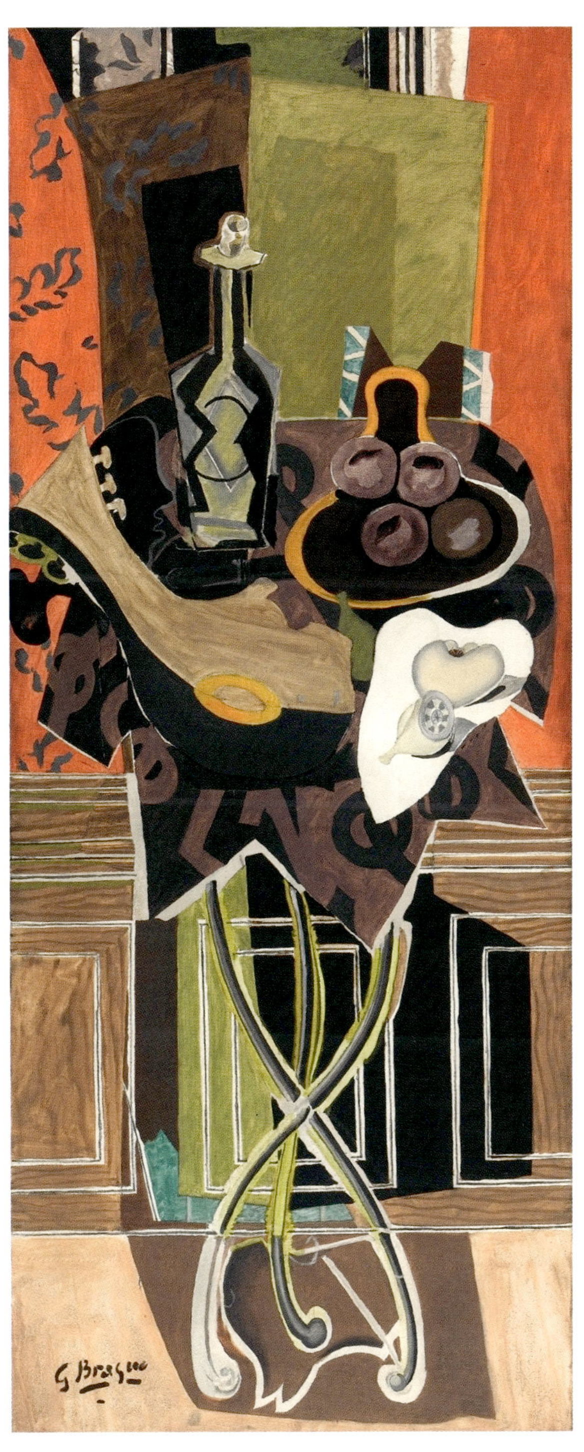
G Braque

Grande nature morte brune, 1932
Huile sur toile
129,5 × 195,5 cm
Signé en bas à droite : *G. Braque*
Paris, Centre Pompidou, Musée national d'art moderne
Donation de Mme Georges Braque, 1965
AM 4301 P

Large Brown Still Life, 1932
Oil on canvas
50.98 × 76.96 in
Signed lower right: *G. Braque*
Paris, Centre Pompidou, Musée national d'art moderne
Gift of the artist's wife, 1965
AM 4301 P

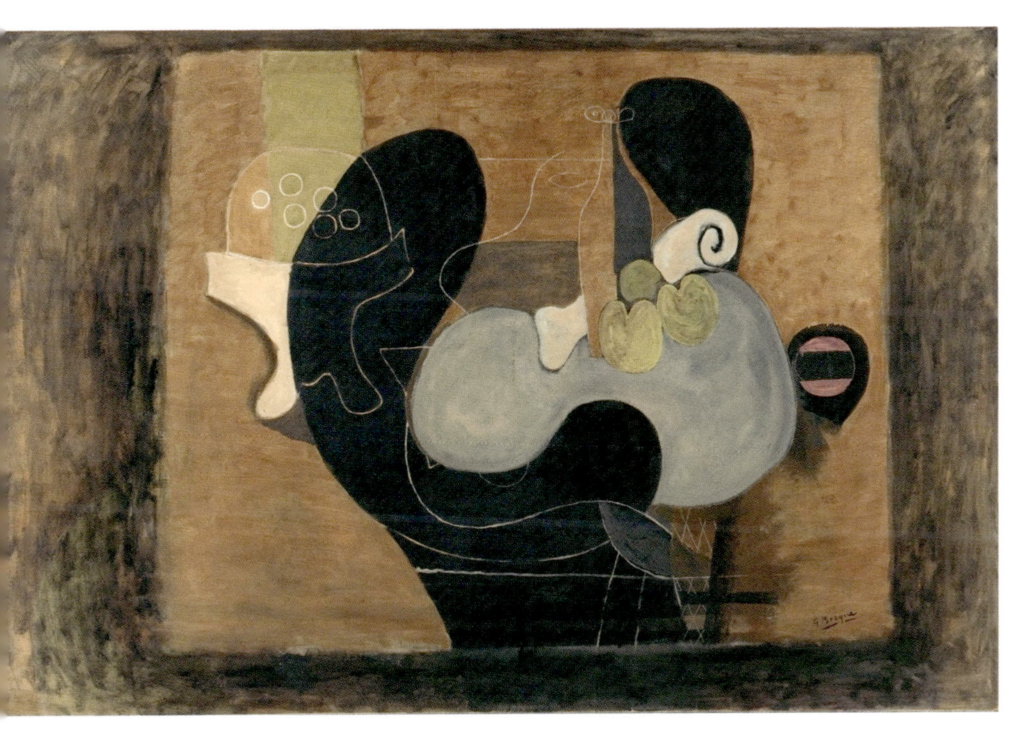

Nature morte à la nappe rouge, 1934	*Still Life with Red Tablecloth*, 1934
Huile sur toile	Oil on canvas
81 × 100 cm	31.88 × 39.37 in
Signé en bas à droite : *G. Braque*	Signed lower right: *G. Braque*
Collection particulière	Private collection

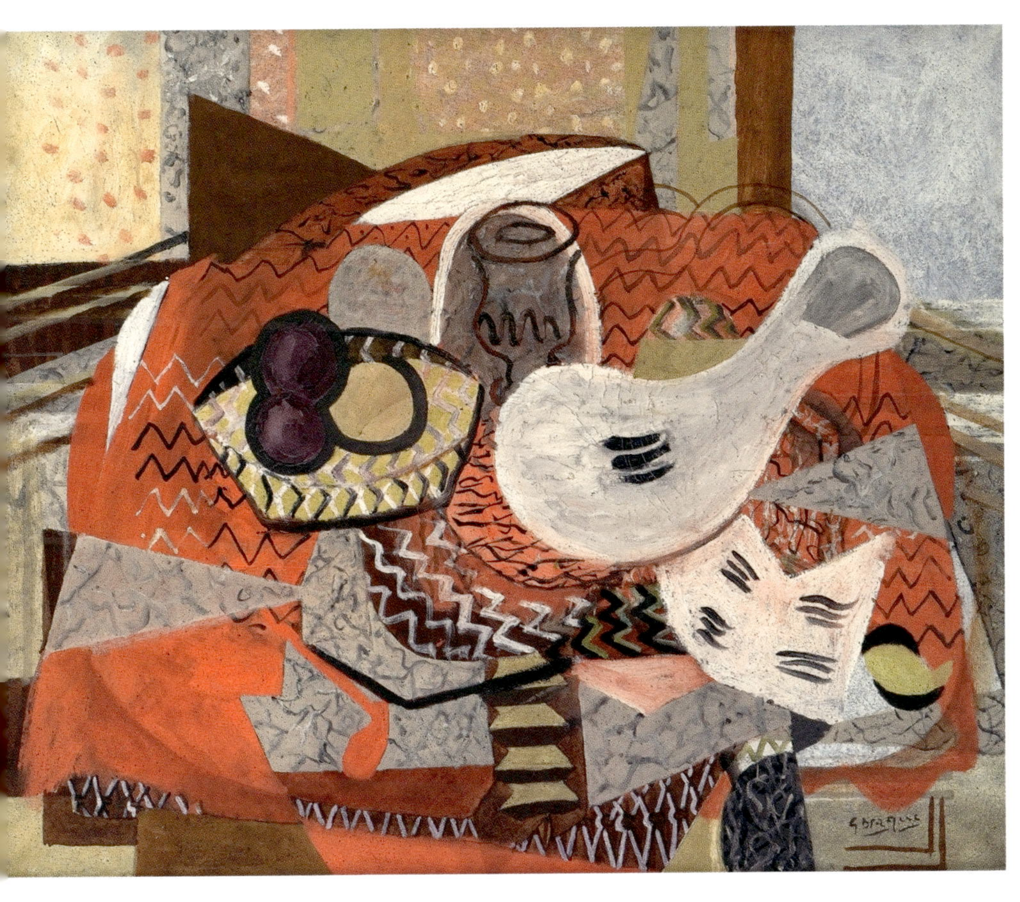

Nature morte au compotier, 1936
Huile sur toile
60,3 × 81,3 cm
Signé, daté en bas à gauche : *G. Braque / 36*
Philadelphie, Philadelphia Museum of Art
The Samuel S. White 3rd and Vera White Collection, 1967
1967-30-9

Still Life with Fruit Dish, 1936
Oil on canvas
23.74 × 32.00 in
Signed and dated lower left: *G. Braque/36*
Philadelphia, Philadelphia Museum of Art
The Samuel S. White 3rd and Vera White Collection, 1967
1967-30-9

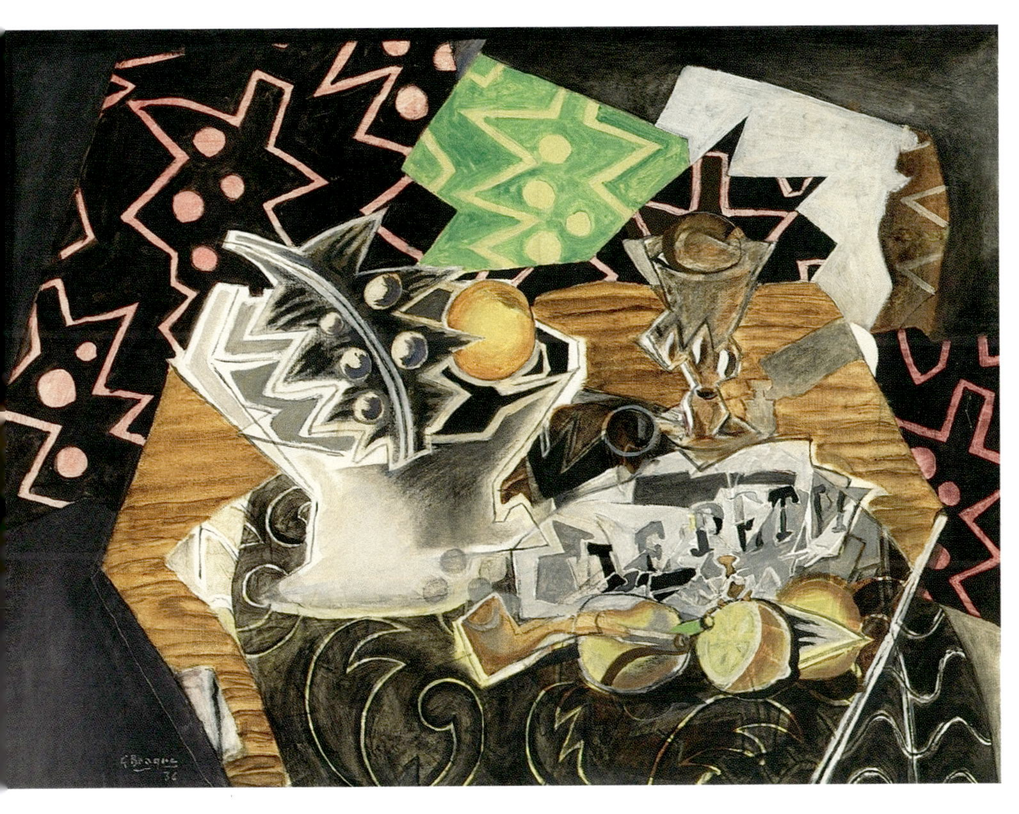

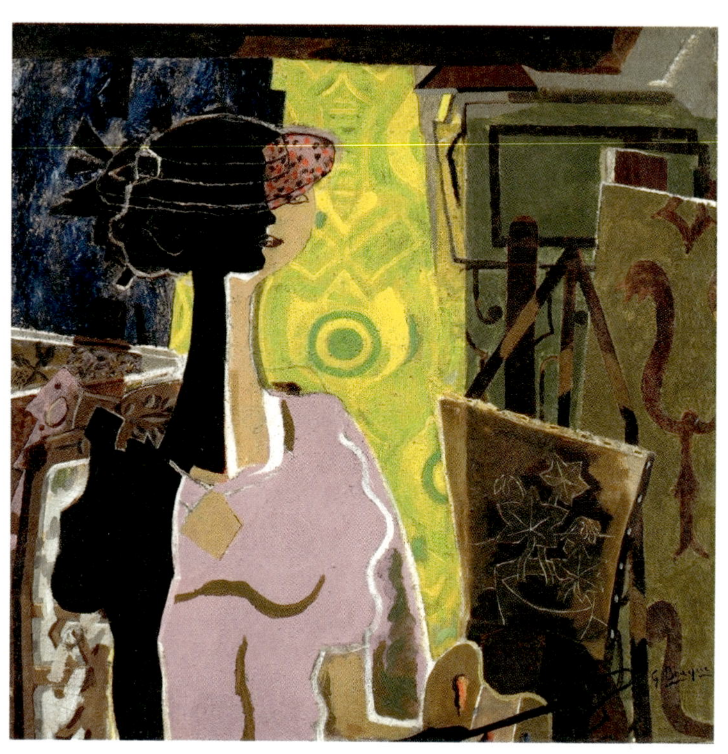

Femme à la palette, 1936
Huile sur toile
92,1 × 92,2 cm
Signé en bas à droite : *G. Braque*
Lyon, musée des Beaux-Arts
Legs de Jacqueline Delubac, 1997
1997-25

Woman with Palette, 1936
Oil on canvas
36.25 × 36.29 in
Signed lower right: *G. Braque*
Lyon, musée des Beaux-Arts
Bequeathed by Jacqueline Delubac, 1997
1997-25

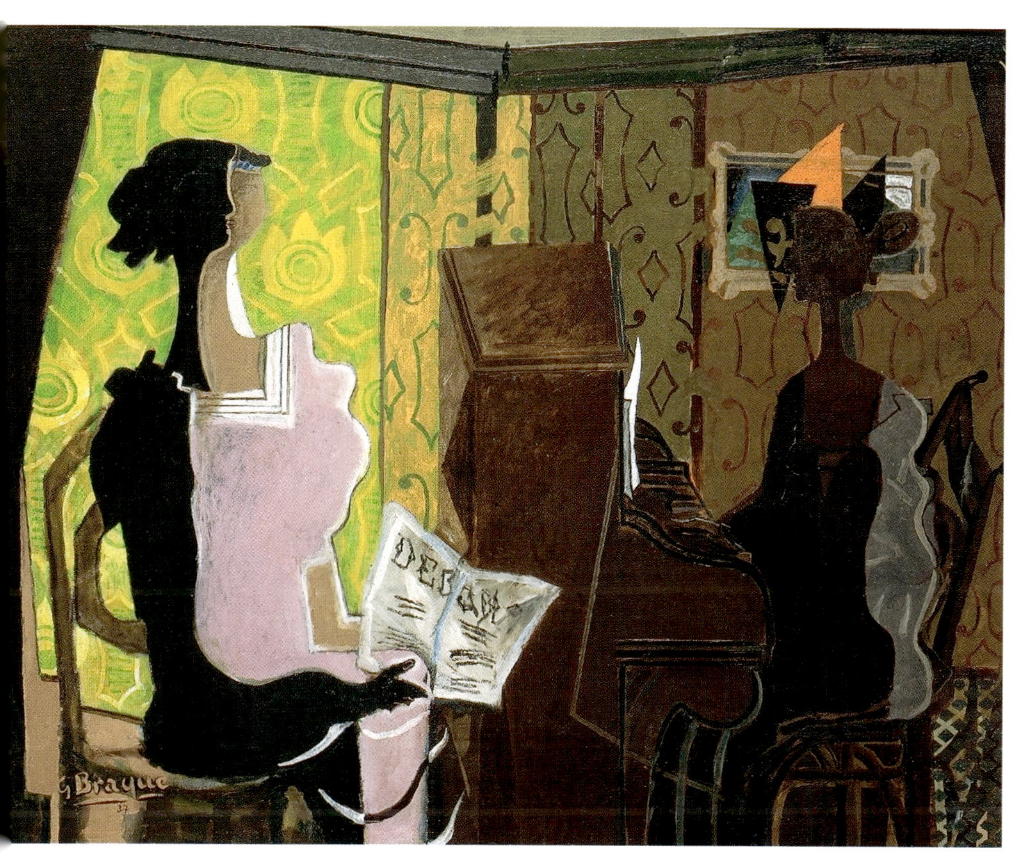

Le Duo, 1937	*The Duet*, 1937
Huile sur toile	Oil on canvas
131 × 162,5 cm	51.57 × 63.97 in
Signé, daté en bas à gauche : *G. Braque / 37*	Signed and dated lower left: *G. Braque/37*
Paris, Centre Pompidou, Musée national d'art moderne	Paris, Centre Pompidou, Musée national d'art moderne
Achat de l'État, 1939	Purchased by the state, 1939
Attribution, 1942	Allocated, 1942
AM 2396 P	AM 2396 P

Mythologie. La *Théogonie* d'Hésiode
Mythology. Hesiod's *Theogony*
1931 – 1932

Héraclès, 1931
Plâtre gravé
187 × 105,8 cm
Signé en bas à droite : *G. Braque*
Saint-Paul, Fondation Marguerite et Aimé Maeght

Heracles, 1931
Engraved plaster
73.62 × 41.65 in
Signed lower right: *G. Braque*
Saint-Paul, Fondation Marguerite et Aimé Maeght

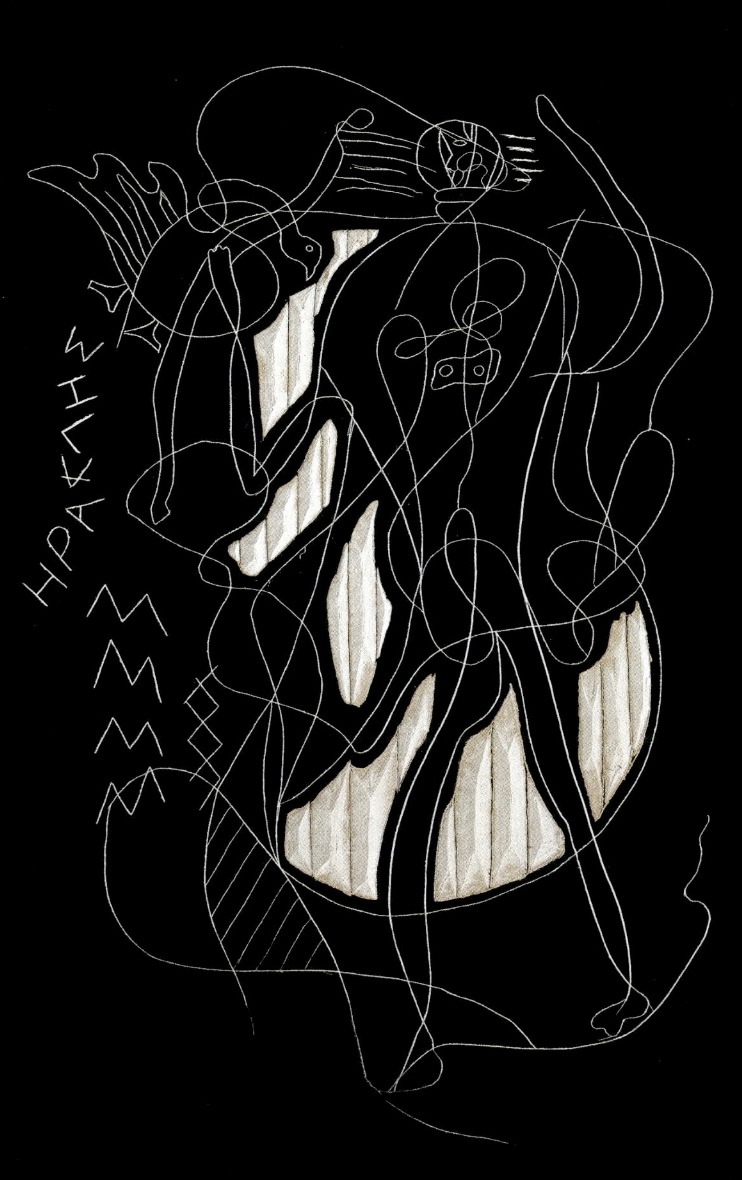
ΗΡΑΚΛΗΣ

Zao (Néréide), 1931
Plâtre gravé
187,5 × 130 cm
Signé en bas à droite : *G. Braque*
Saint-Paul, Fondation Marguerite et Aimé Maeght

Zao (Nereid), 1931
Engraved plaster
73.81 × 51.18 in
Signed lower right: *G. Braque*
Saint-Paul, Fondation Marguerite et Aimé Maeght

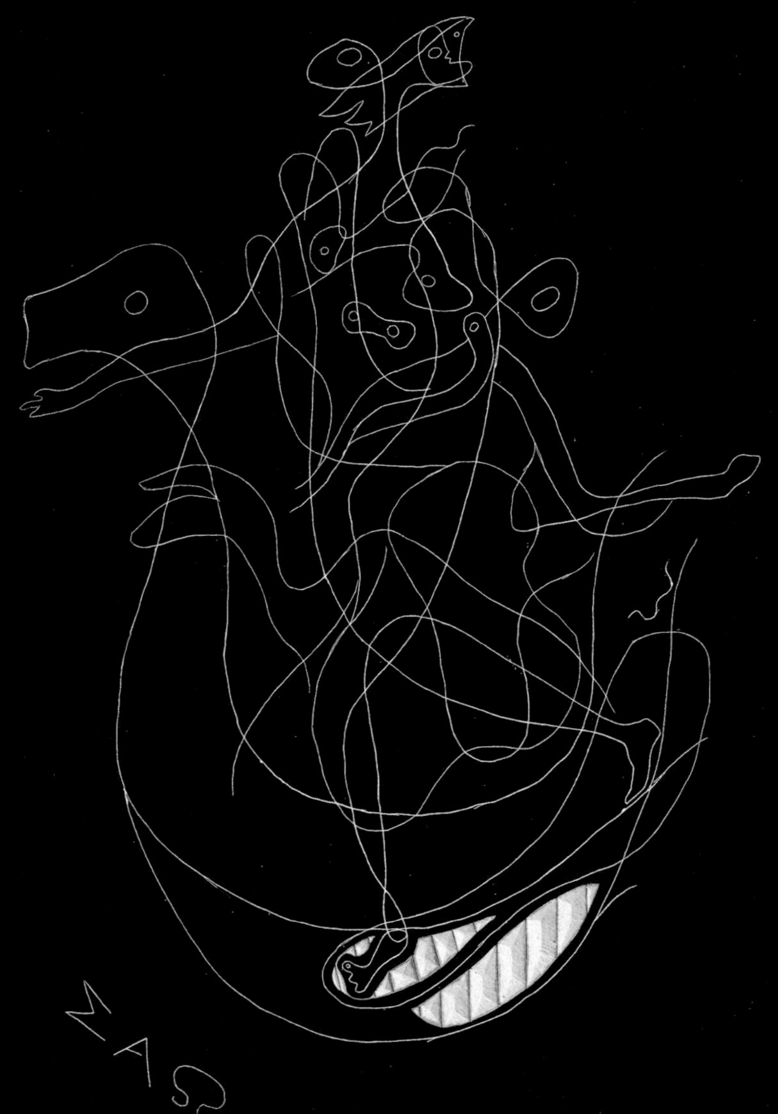
BRAQUE

Zelos, 1931	*Zelos*, 1931
Plâtre gravé	Engraved plaster
185 × 98 cm	72.83 × 38.58 in
Signé en bas à droite : *G. Braque*	Signed lower right: *G. Braque*
Saint-Paul, collection Adrien Maeght	Saint-Paul, Collection Adrien Maeght

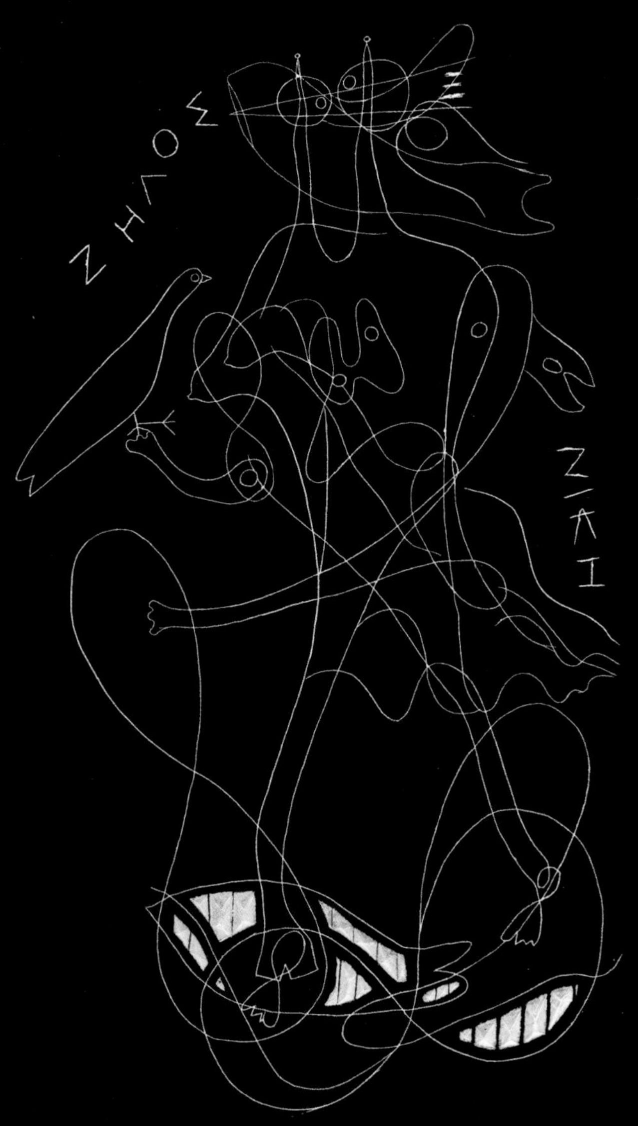
ΖΗΛΟΣ
G BRAQUE

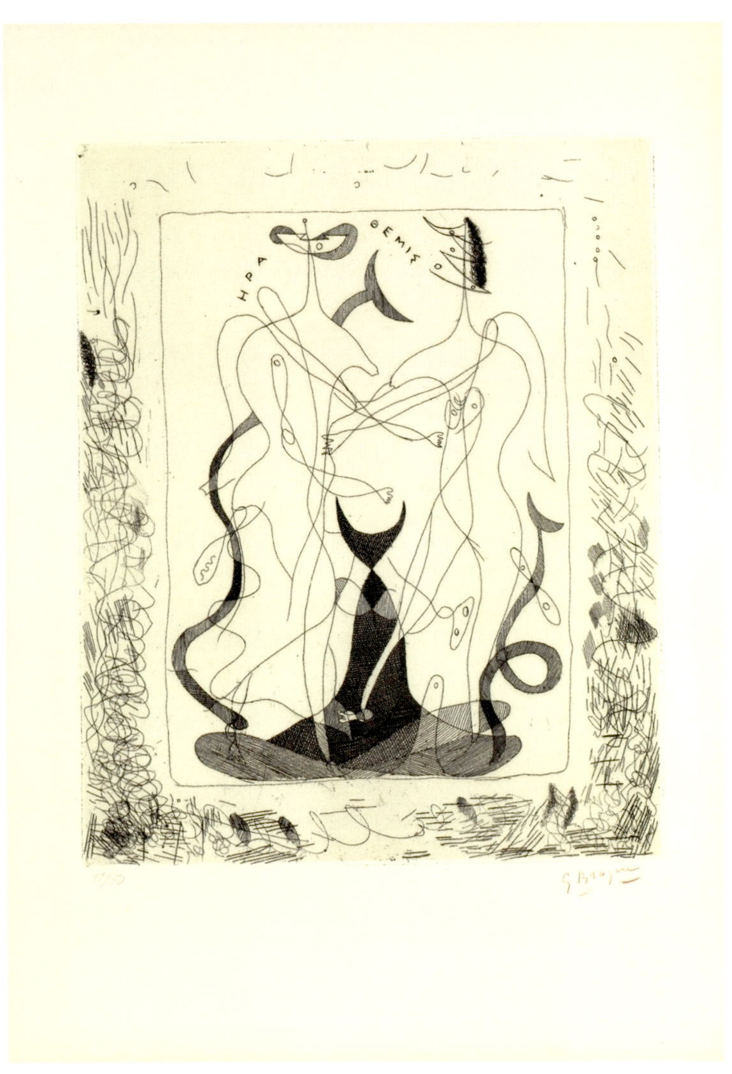

Ensemble des huit premières eaux-fortes de la *Théogonie* d'Hésiode, 1932

Héra, sœur et épouse de Zeus, et Thémis, déesse de l'équité
Eau-forte sur papier hollande Van Gelder
53 × 38 cm
Signé en bas à droite : *G. Braque*
Belfort, musées de Belfort
Donation de Maurice Jardot
DHK.002.1.1

Suite comprising the first eight etchings from Hesiod's *Theogony*, 1932

Hera, sister and wife of Zeus, and Themis, goddess of justice
Etching on Holland Van Gelder paper
20.86 × 14.96 in
Signed lower right: *G. Braque*
Belfort, Musées de Belfort
Gift of Maurice Jardot
DHK.002.1.1

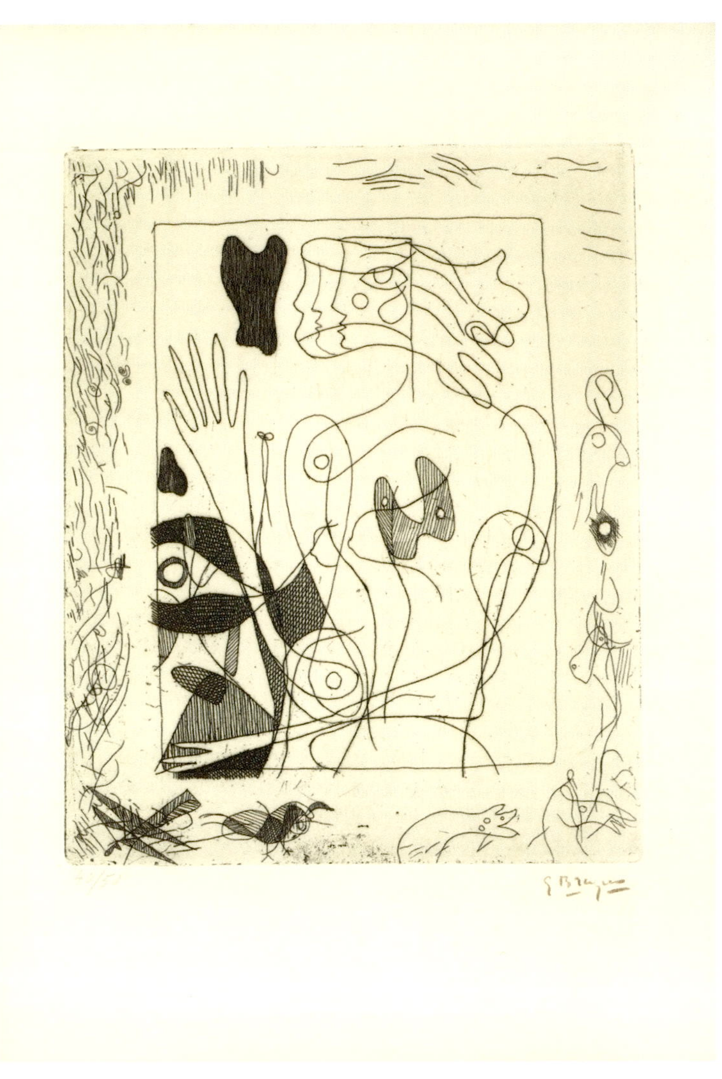

Divinité non identifiée
Eau-forte sur papier hollande Van Gelder
53 × 38 cm
Signé en bas à droite : *G. Braque*
Belfort, musées de Belfort
Donation de Maurice Jardot
DHK.002.1.1

Unidentified deity
Etching on Holland Van Gelder paper
20.86 × 14.96 in
Signed lower right: *G. Braque*
Belfort, Musées de Belfort
Gift of Maurice Jardot
DHK.002.1.1

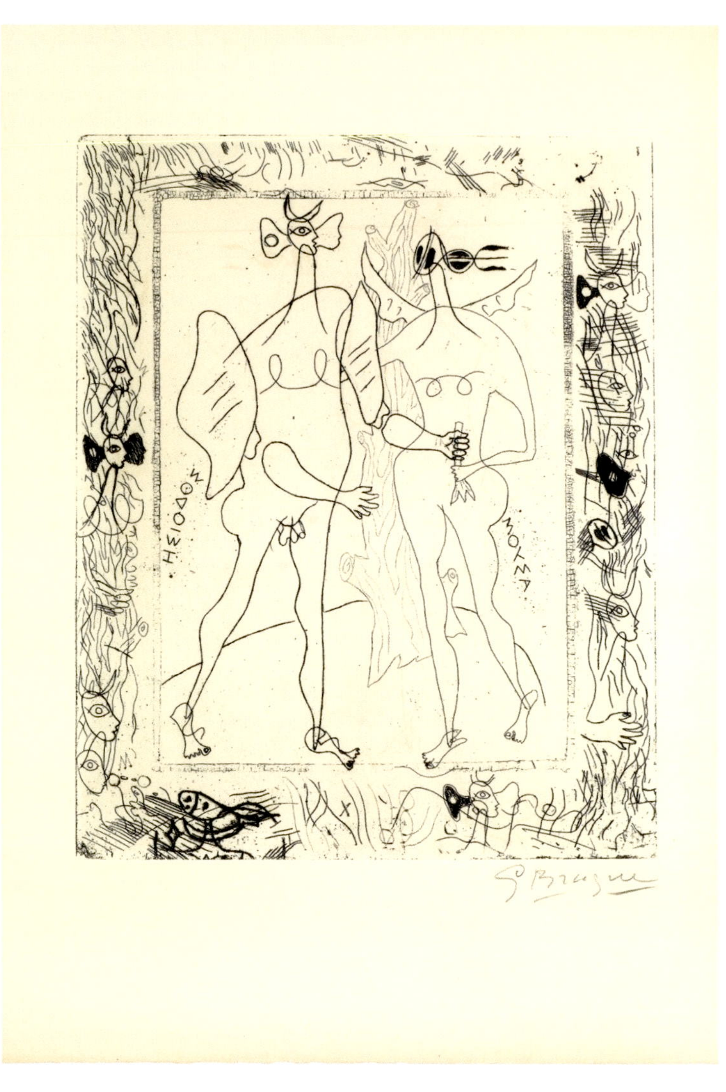

Hésiode et la Muse
Eau-forte sur papier hollande Van Gelder
53 × 38 cm
Signé en bas à droite : *G. Braque*
Belfort, musées de Belfort
Donation de Maurice Jardot
DHK.002.1.1

Hesiod and the Muse
Etching on Holland Van Gelder paper
20.86 × 14.96 in
Signed lower right: *G. Braque*
Belfort, Musées de Belfort
Gift of Maurice Jardot
DHK.002.1.1

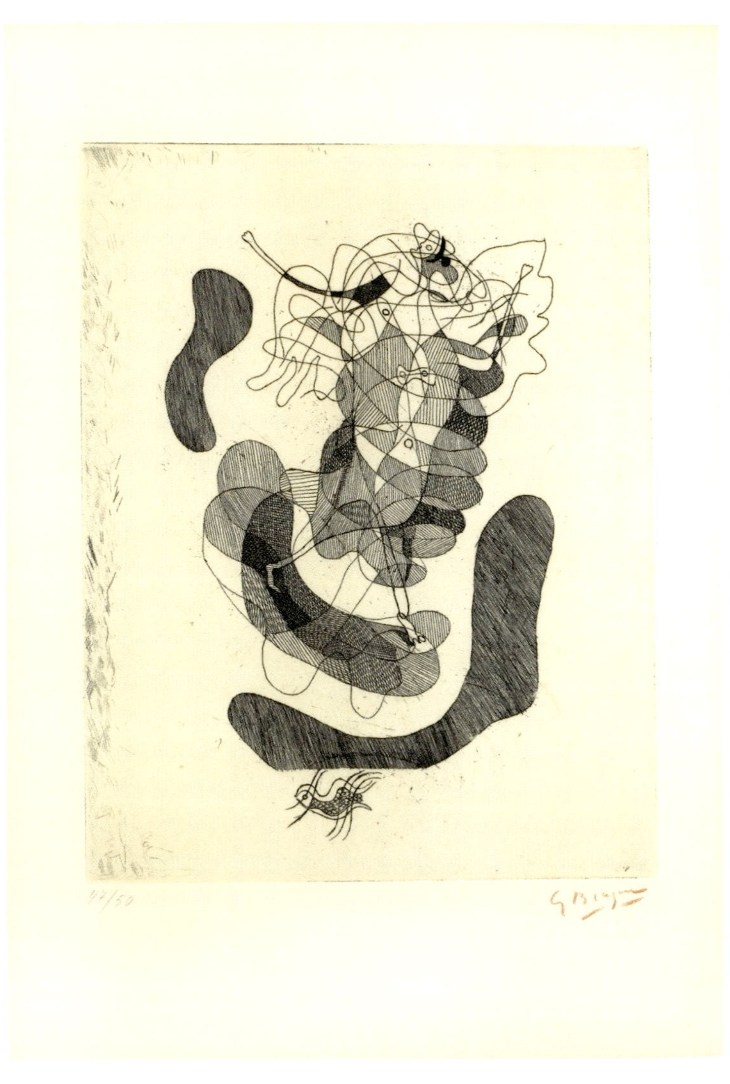

La Nuit	*Night*
Eau-forte sur papier hollande Van Gelder	Etching on Holland Van Gelder paper
53 × 38 cm	20.86 × 14.96 in
Signé en bas à droite : *G. Braque*	Signed lower right: *G. Braque*
Belfort, musées de Belfort	Belfort, Musées de Belfort
Donation de Maurice Jardot	Gift of Maurice Jardot
DHK.002.1.1	DHK.002.1.1

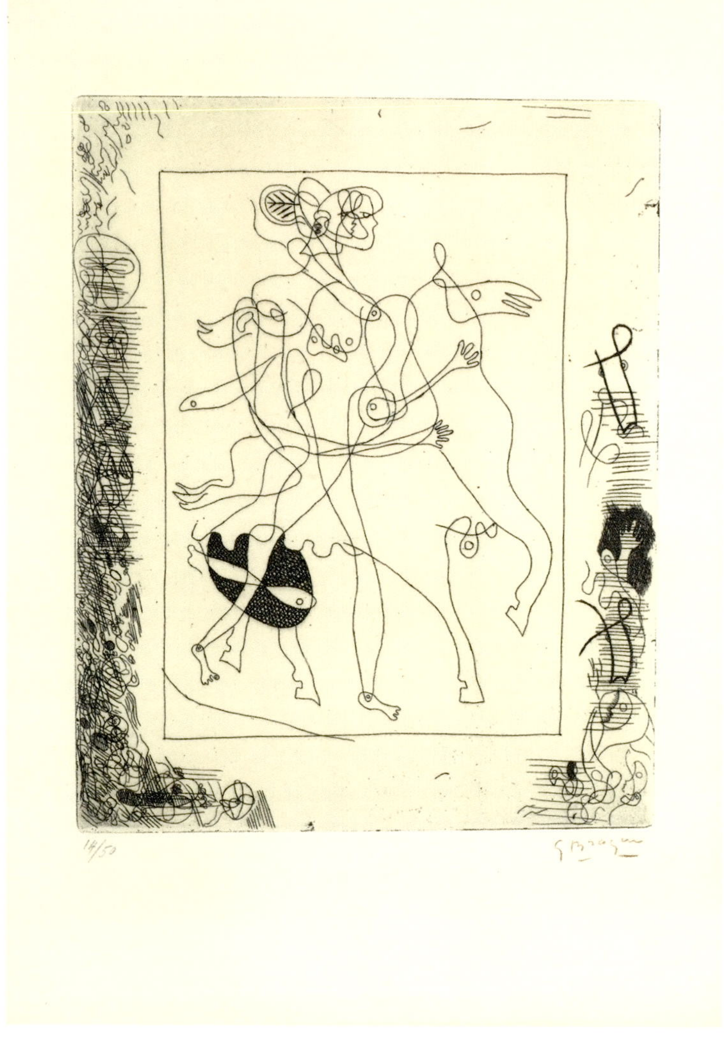

Bellérophon et son cheval Pégase
Eau-forte sur papier hollande Van Gelder
53 × 38 cm
Signé en bas à droite : *G. Braque*
Belfort, musées de Belfort
Donation de Maurice Jardot
DHK.002.1.1

Bellerophon and his horse Pegasus
Etching on Holland Van Gelder paper
20.86 × 14.96 in
Signed lower right: *G. Braque*
Belfort, Musées de Belfort
Gift of Maurice Jardot
DHK.002.1.1

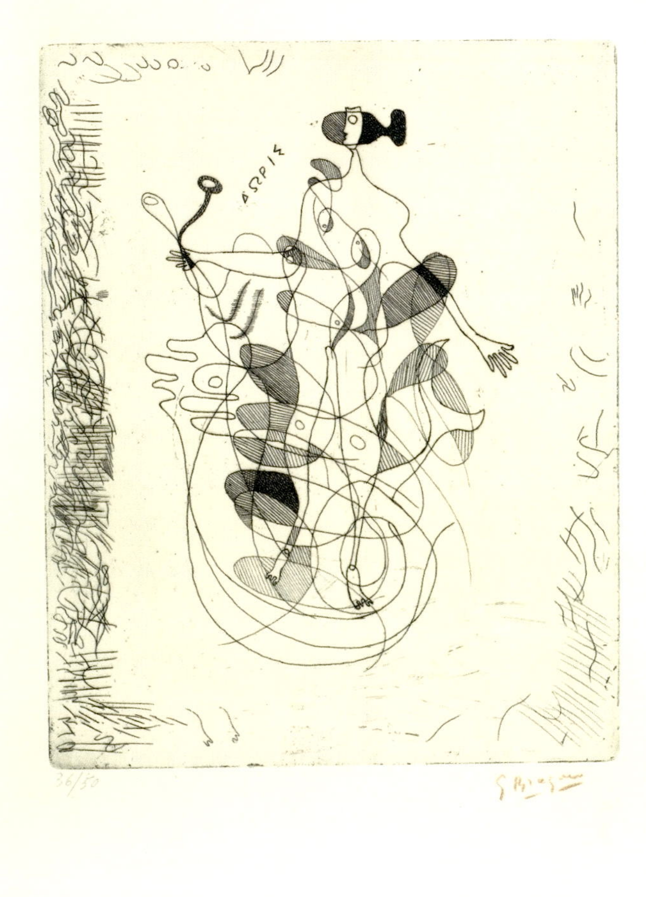

Dôris, fille de l'Océan
Eau-forte sur papier hollande Van Gelder
53 × 38 cm
Signé en bas à droite : *G. Braque*
Belfort, musées de Belfort
Donation de Maurice Jardot
DHK.002.1.1

Doris, daughter of Oceanus
Etching on Holland Van Gelder paper
20.86 × 14.96 in
Signed lower right: *G. Braque*
Belfort, Musées de Belfort
Gift of Maurice Jardot
DHK.002.1.1

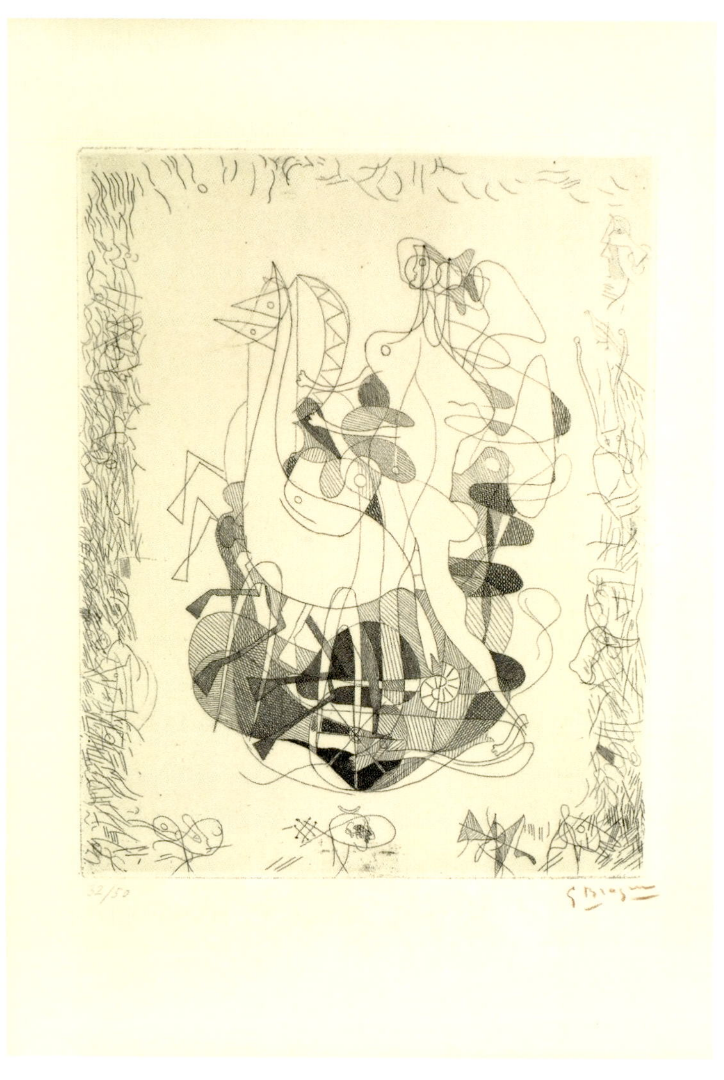

Divinité non identifée
Eau-forte sur papier hollande Van Gelder
53 × 38 cm
Signé en bas à droite : *G. Braque*
Belfort, musées de Belfort
Donation de Maurice Jardot
DHK.002.1.1

Unidentified deity
Etching on Holland Van Gelder paper
20.86 × 14.96 in
Signed lower right: *G. Braque*
Belfort, Musées de Belfort
Gift of Maurice Jardot
DHK.002.1.1

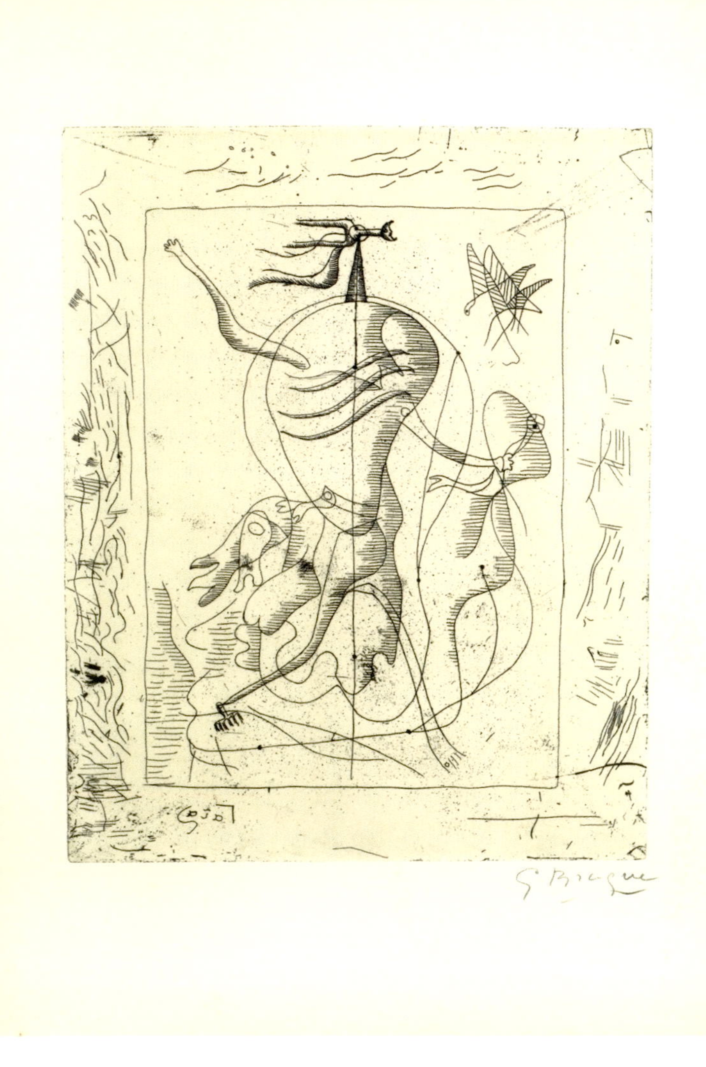

Gaïa, la Terre	*Gaia, the Earth*
Eau-forte sur papier hollande Van Gelder	Etching on Holland Van Gelder paper
53 × 38 cm	20.86 × 14.96 in
Signé en bas à droite : *G. Braque*	Signed lower right: *G. Braque*
Belfort, musées de Belfort	Belfort, Musées de Belfort
Donation de Maurice Jardot	Gift of Maurice Jardot
DHK.002.1.1	DHK.002.1.1

Hélios, 1946-1947
Lithographie rehaussée.
Huile, crayon graphite
et encre de Chine sur papier
44 × 31 cm
Dédicacé et signé en bas à gauche :
Pour André Dubois / Ce cordial / souvenir / de G Braque
Paris, Centre Pompidou, Musée national d'art moderne
Legs de M. André-Louis Dubois, 2003
AM 2000-210

Helios, 1946–1947
Enhanced lithograph. Oil,
lead pencil, and Indian ink on paper
17.32 × 12.20 in
Dedicated and signed lower left:
Pour André Dubois/Ce cordial/souvenir/de G Braque
[For André Dubois/with every good wish/from G Braque]
Paris, Centre Pompidou, Musée national d'art moderne
Bequeathed by M. André-Louis Dubois, 2003
AM 2000-210

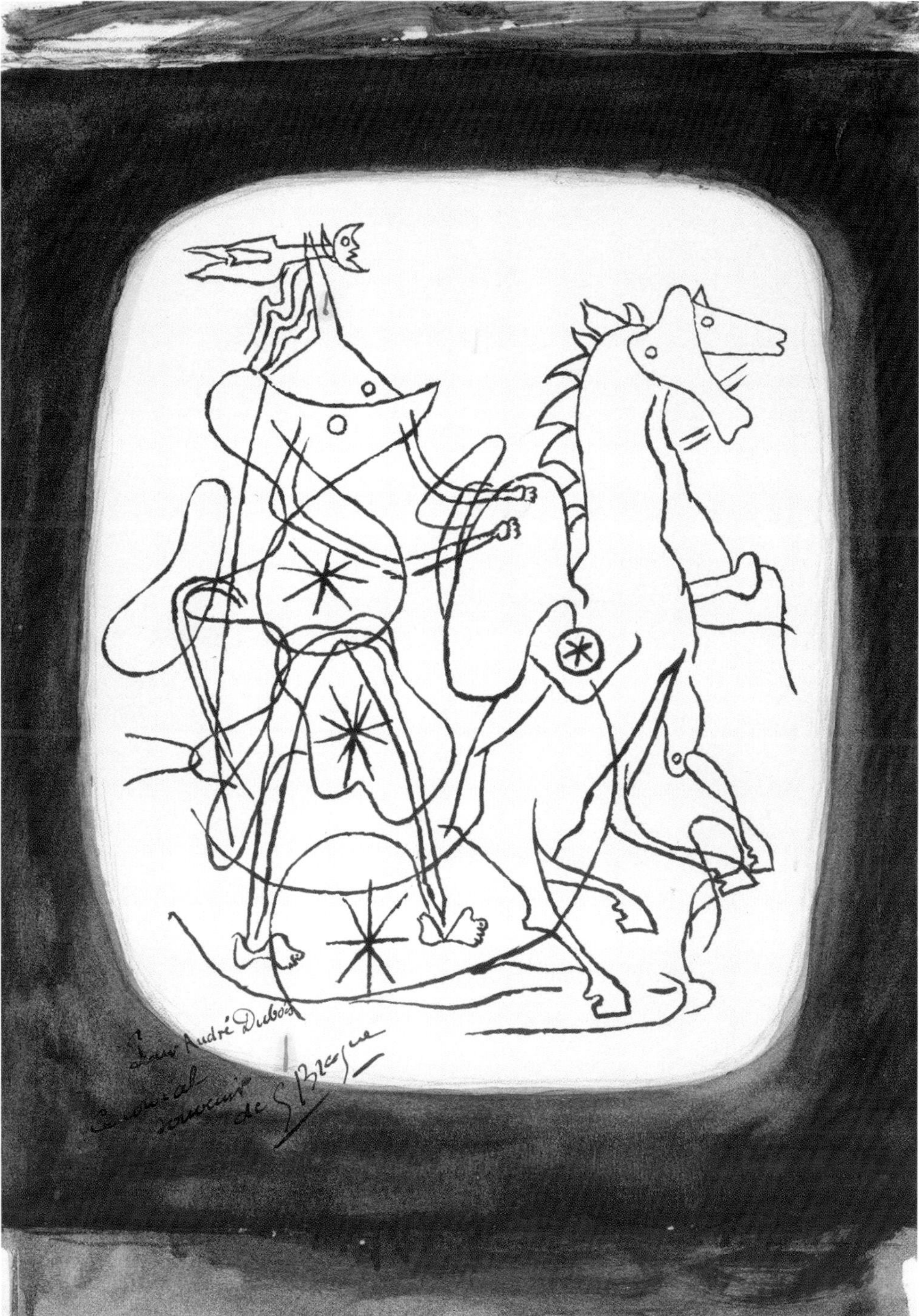
Pour André Dubois
cordial souvenir
de G Braque

Tête de cheval, 1941-1942	*Horse's Head*, 1941–1942
Bronze	Bronze
42 × 91 × 17,5 cm	16.53 × 35.82 × 6.85 in
Signé en bas à droite de l'encolure : *G. Braque*	Signed lower right of neck: *G. Braque*
Paris, Centre Pompidou, Musée national d'art moderne	Paris, Centre Pompidou, Musée national d'art moderne
Don de l'artiste, 1949	Gift of the artist, 1949
AM 882 S	AM 882 S

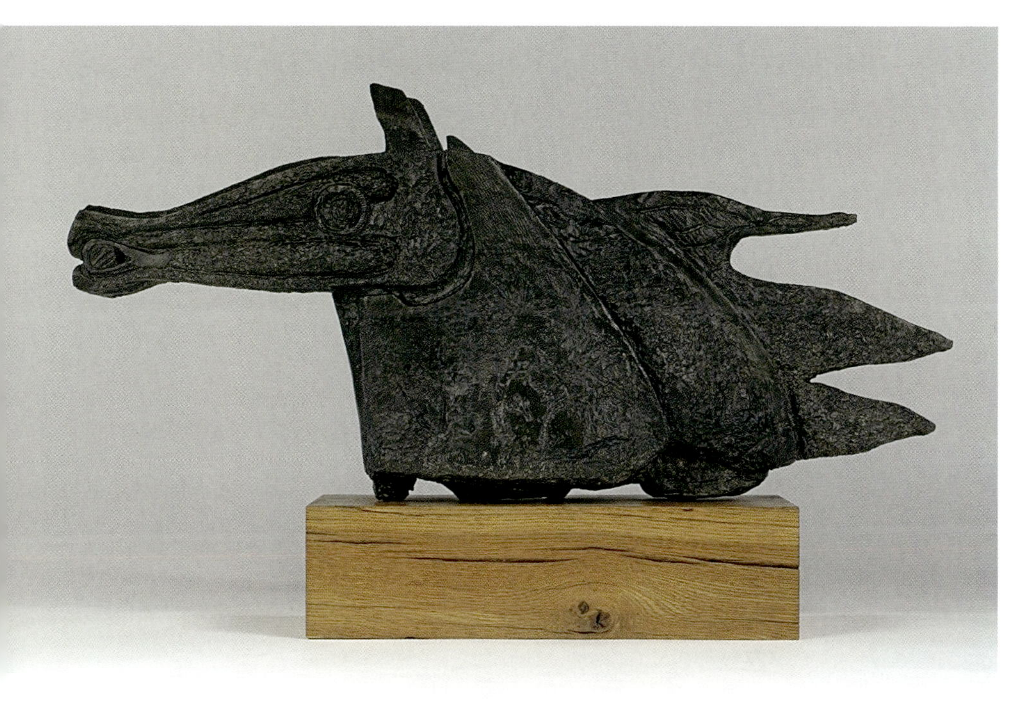

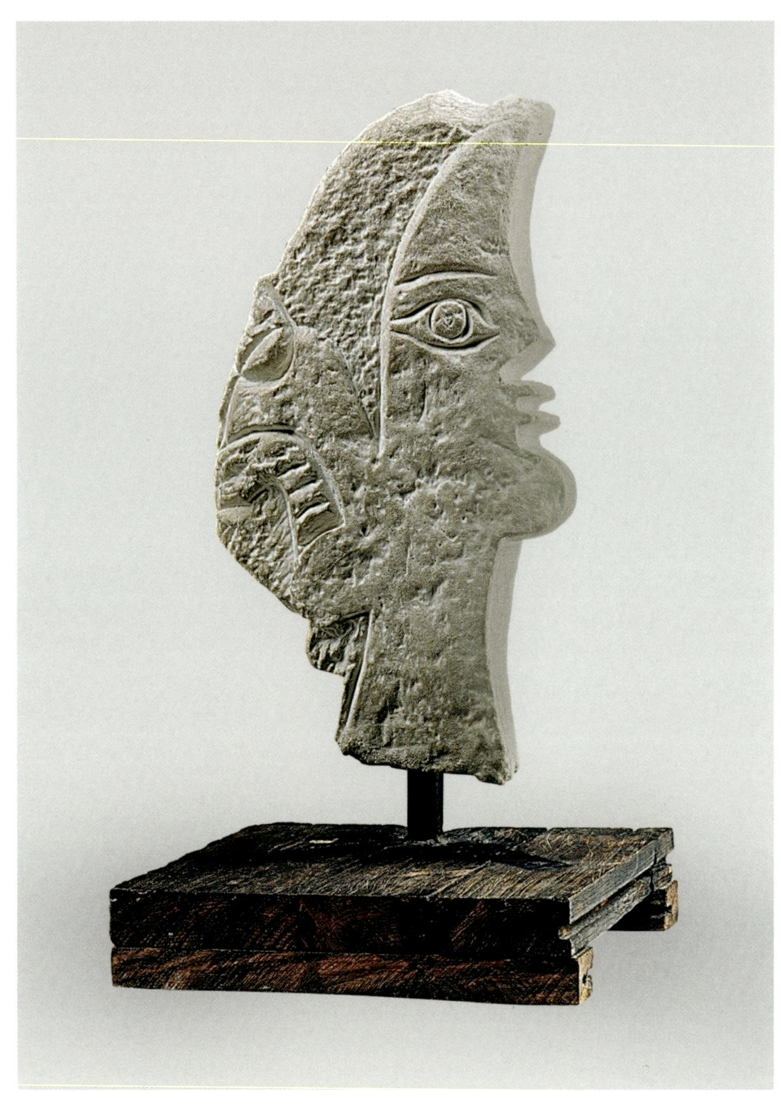

Hespéris, 1939-1956
Pierre
41 × 23 × 11 cm
Saint-Paul, Fondation Marguerite et Aimé Maeght

Hesperis, 1939–1956
Stone
16.14 × 9.05 × 4.33 in
Saint-Paul, Fondation Marguerite et Aimé Maeght

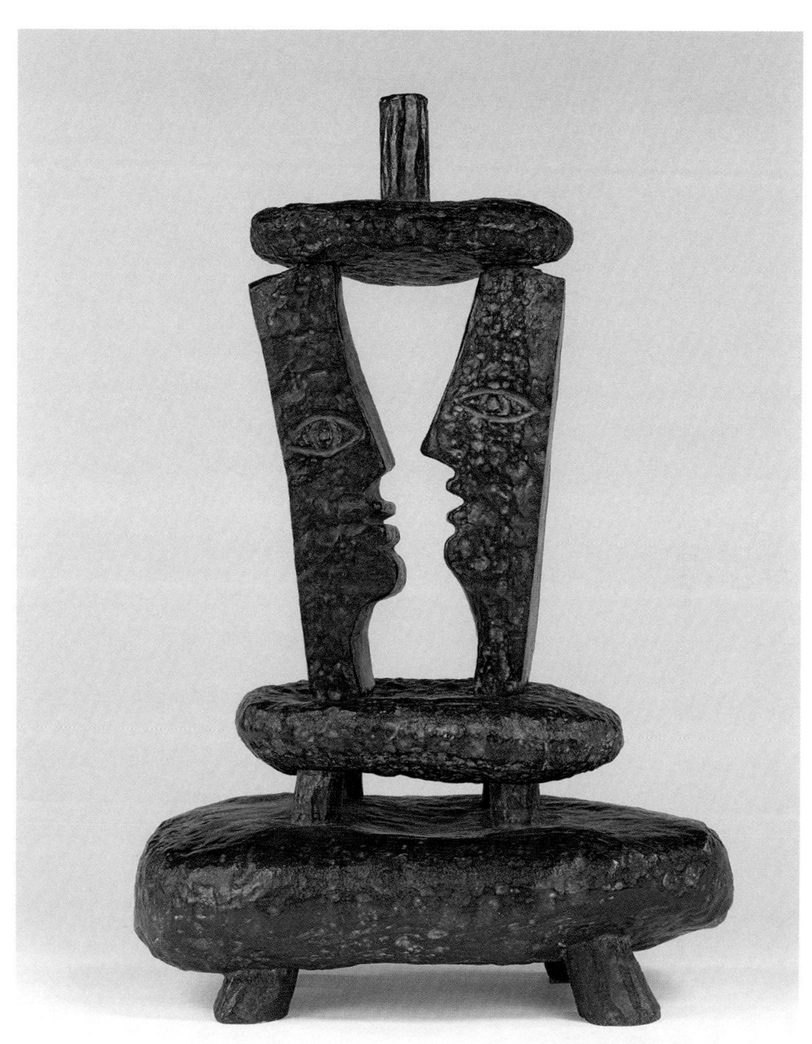

Hymen, 1939-1957	*Hymen*, 1939–1957
Bronze, ex. n° 1/6	Bronze, n° 1 of 6
76 × 50 × 33 cm	29.92 × 19.68 × 12.99 in
Signé et numéroté sur la base :	Signed and numbered on base:
G. Braque 1/6. Susse Fondeur Paris	*G. Braque 1/6. Susse-Fondeur Paris*
Paris, Centre Pompidou, Musée national d'art moderne	Paris, Centre Pompidou, Musée national d'art moderne
Donation de Mme Georges Braque, 1965	Gift of the artist's wife, 1965
AM 1464 S	AM 1464 S

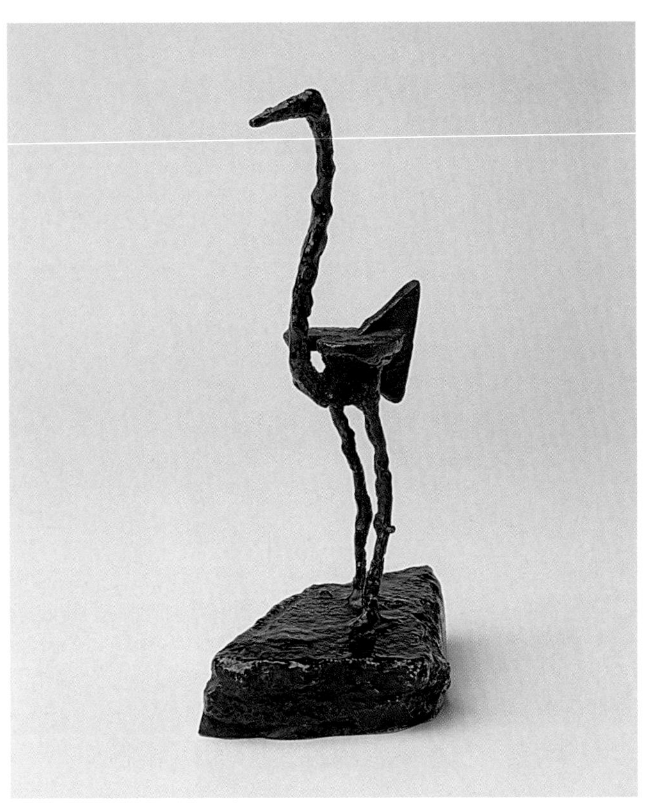

Ibis, 1942-1943
Bronze
18 × 11 × 6 cm
Monogrammé sur le socle (côté droit) :
G.B / Cire / C. Valsuani / perdue
Paris, Centre Pompidou, Musée national d'art moderne
Donation de Mme Georges Braque, 1965
AM 1468 S

Ibis, 1942–1943
Bronze
7.08 × 4.33 × 2.36 in
Initialled on plinth (right side):
G.B/Cire/C. Valsuani/perdue
Paris, Centre Pompidou, Musée national d'art moderne
Gift of the artist's wife, 1965
AM 1468 S

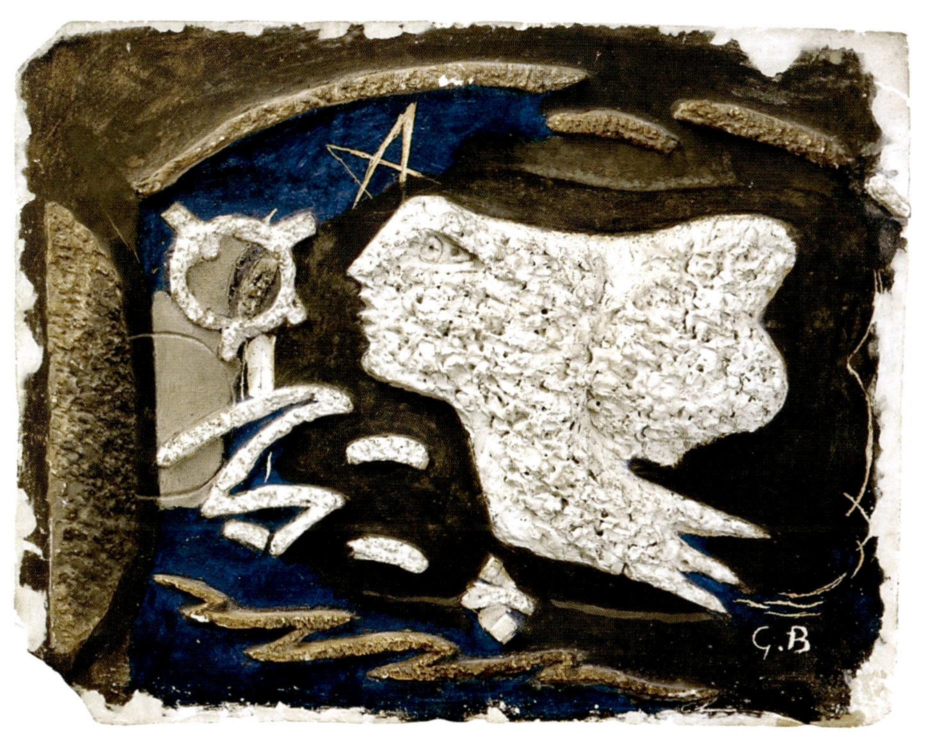

Uranie, 1947	*Urania*, 1947
Plâtre polychromé	Polychrome plaster
23 × 30 cm	9.05 × 11.81 in
Signé en bas à gauche : *G. Braque*	Signed lower left: *G. Braque*
Saint-Paul, collection Adrien Maeght	Saint-Paul, Collection Adrien Maeght
PH5652	PH5652

Petit cheval, 1956	*Little Horse*, 1956
Plâtre	Plaster
23 × 30 cm	9.05 × 11.81 in
Saint-Paul, collection Adrien Maeght	Saint-Paul, Collection Adrien Maeght
PH5652	PH5652
Le Petit Cheval, 1939	*The Little Horse*, 1939
Bronze	Bronze
19 × 19 × 6 cm	7.48 × 7.48 × 2.36 in
Paris, Centre Pompidou, Musée national d'art moderne	Paris, Centre Pompidou, Musée national d'art moderne
Donation de Mme Georges Braque, 1965	Gift of the artist's wife, 1965
AM 1465 S	AM 1465 S
Pur-sang, 1956	*Thoroughbred*, 1956
Plâtre	Plaster
23 × 30 cm	9.05 × 11.81 in
Saint-Paul, Fondation Marguerite et Aimé Maeght	Saint-Paul, Fondation Marguerite et Aimé Maeght
Petit cheval, 1955-1956	*Little Horse*, 1955–1956
Bronze	Bronze
22 × 19 × 5 cm	8.66 × 7.48 × 1.9 in
Saint-Paul, collection Adrien Maeght	Saint-Paul, Collection Adrien Maeght

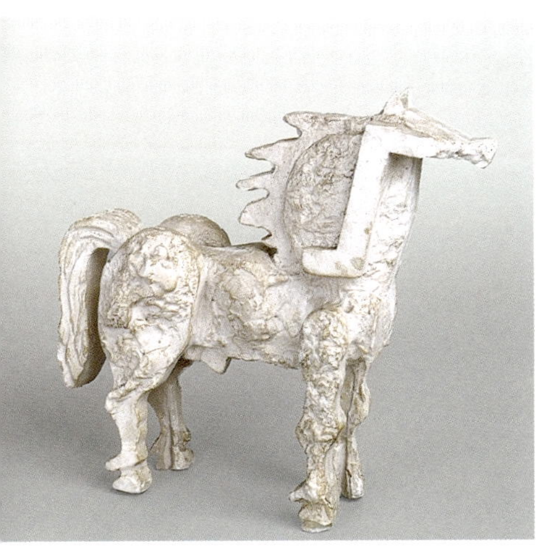

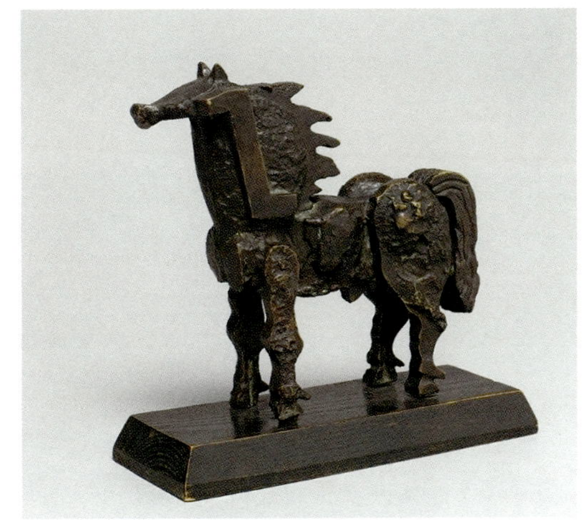

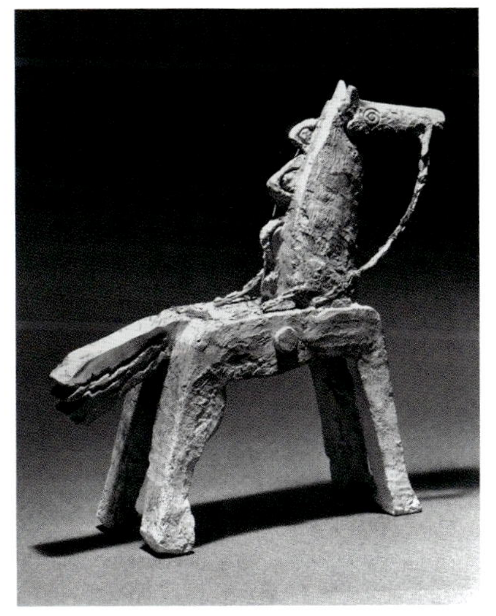

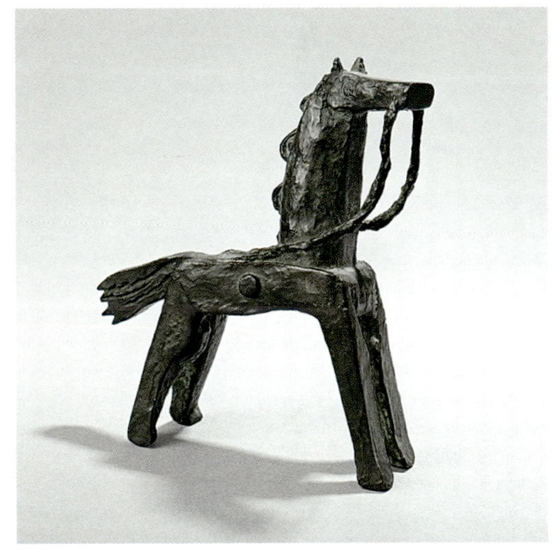

Nu couché, 1935	*Recumbent Nude*, 1935
Huile sur toile	Oil on canvas
114,3 × 195,6 cm	45 × 77 in
Signé en bas à droite : *G. Braque*	Signed lower right: *G. Braque*
Suisse, Nahmad Collection	Switzerland, Nahmad Collection
Inv. Nr. GB.2695	Inv. Nr. GB.2695

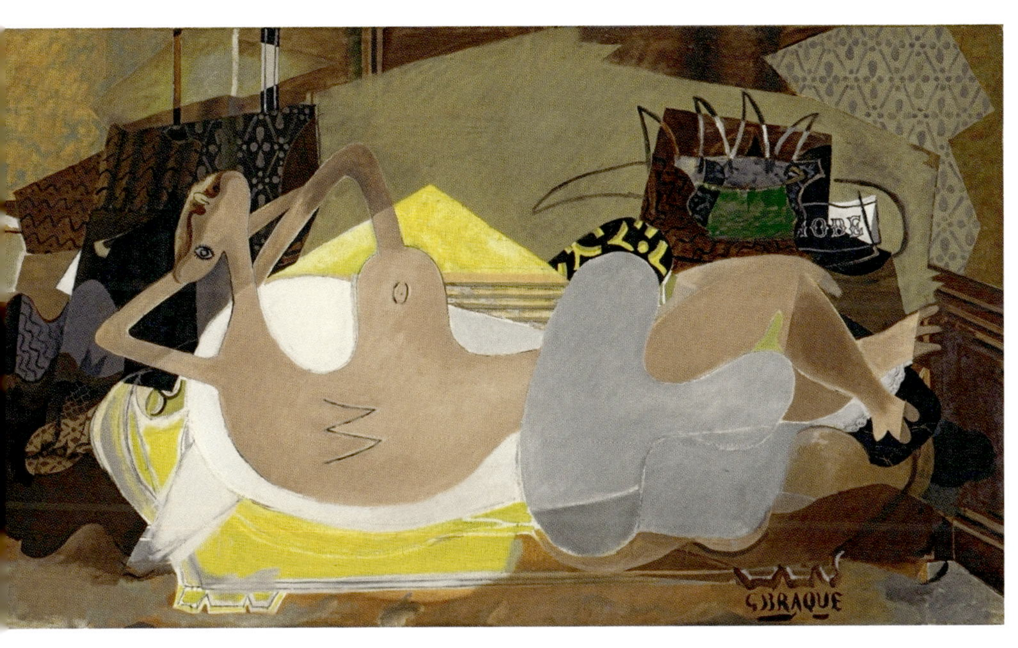
G BRAQUE

Ajax, 1949-1954
Huile sur papier marouflé sur toile
179 × 71 cm
Signé en bas à gauche : *G. Braque*
Chicago, Art Institute of Chicago
Bequest of Florene May Schoenborn
1997.447

Ajax, 1949–1954
Oil on paper mounted on canvas
70.47 × 27.95 in
Signed lower left: *G. Braque*
Chicago, Art Institute of Chicago
Bequest of Florene May Schoenborn
1997.447

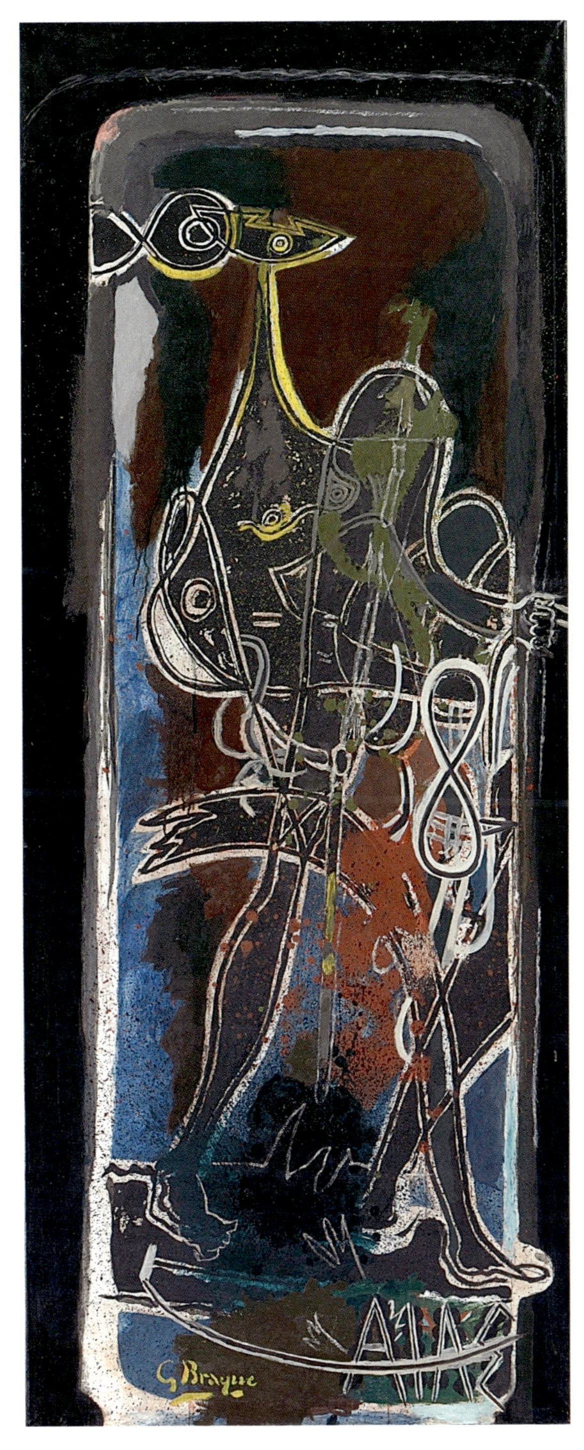
G Braque

La Nuit, 1951	*Night*, 1951
Huile sur toile	Oil on canvas
162 × 73 cm	63.77 × 28.74 in
Signé en bas à gauche : *G. Braque*	Signed lower left: *G. Braque*
Collection particulière	Private collection

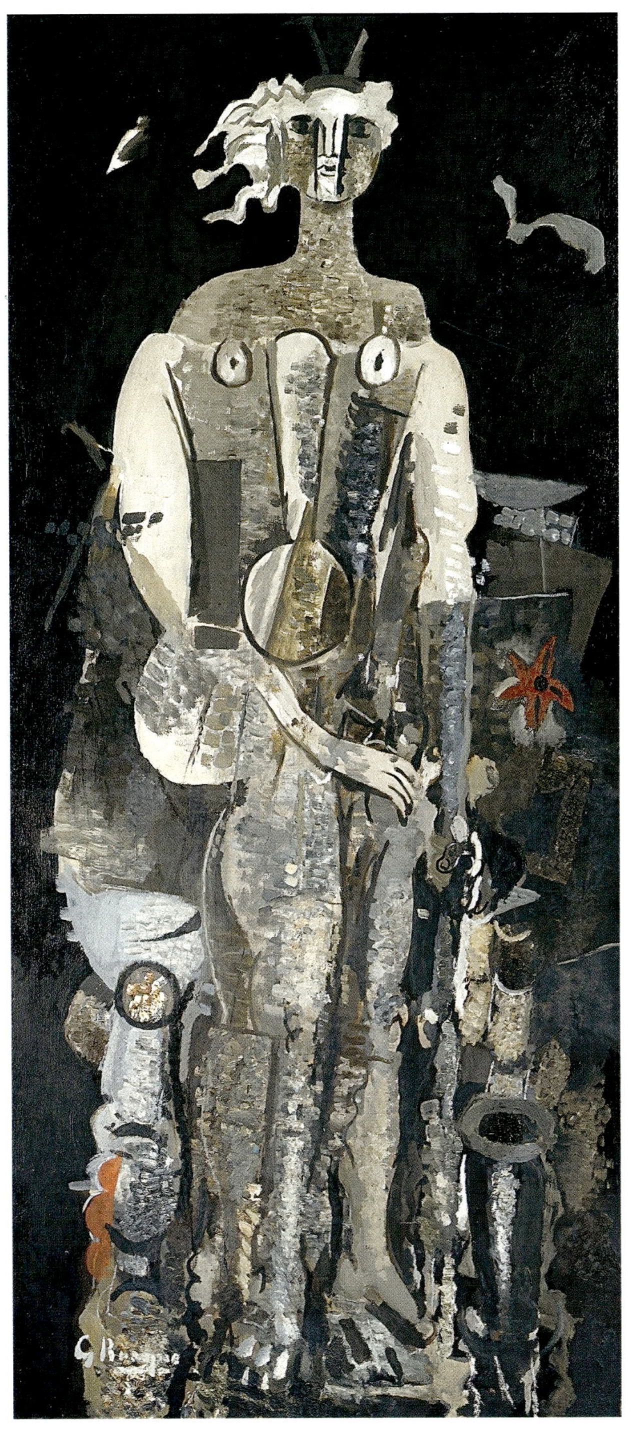

Varengeville. Vanités. Intérieurs. Ateliers
Varengeville. Vanitas paintings. Interiors. Studios
1941 – 1944

Les Deux Rougets, 1940-1941
Huile sur papier marouflé sur toile
47 × 62 cm
Signé en bas à droite : *G. Braque*
Collection particulière

The Two Red Mullets, 1940–1941
Oil on paper mounted on canvas
18.50 × 24.40 in
Signed lower right: *G. Braque*
Private collection

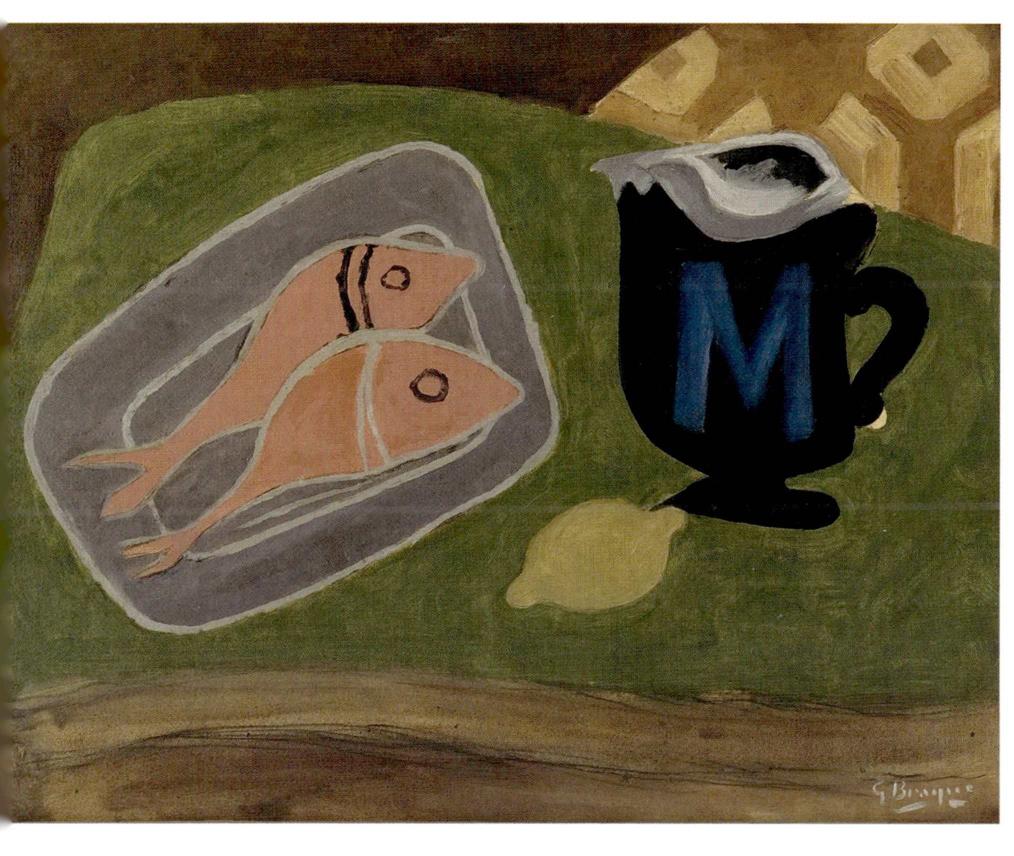
M
G Braque

La Carafe et les poissons, 1941	*Jug and Fish*, 1941
Huile sur toile	Oil on canvas
33,5 × 55,5 cm	13.18 × 21.85 in
Signé, daté en bas à gauche : *G. Braque / 41*	Signed and dated lower left: *G. Braque/41*
Paris, Centre Pompidou, Musée national d'art moderne	Paris, Centre Pompidou, Musée national d'art moderne
Achat à l'artiste, 1946	Purchased from the artist, 1946
AM 2607 P	AM 2607 P

Les Poissons noirs, 1942	*The Black Fish*, 1942
Huile sur toile	Oil on canvas
33 × 55 cm	12.99 × 21.65 in
Signé en bas à gauche : *G. Braque*	Signed lower left: *G. Braque*
Paris, Centre Pompidou, Musée national d'art moderne	Paris, Centre Pompidou, Musée national d'art moderne
Don de l'artiste, 1947	Gift of the artist, 1947
AM 2762 P	AM 2762 P

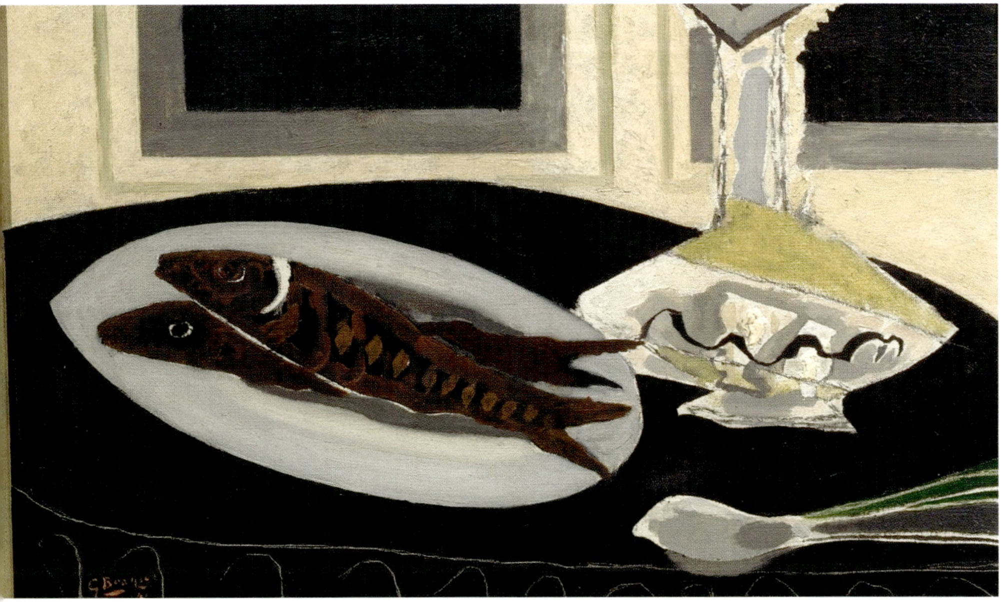

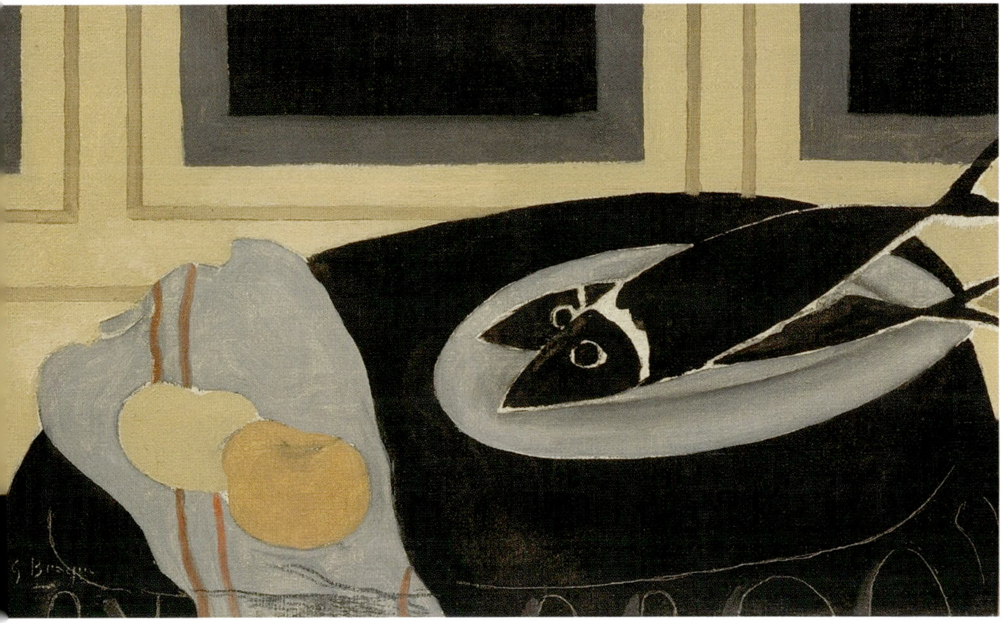

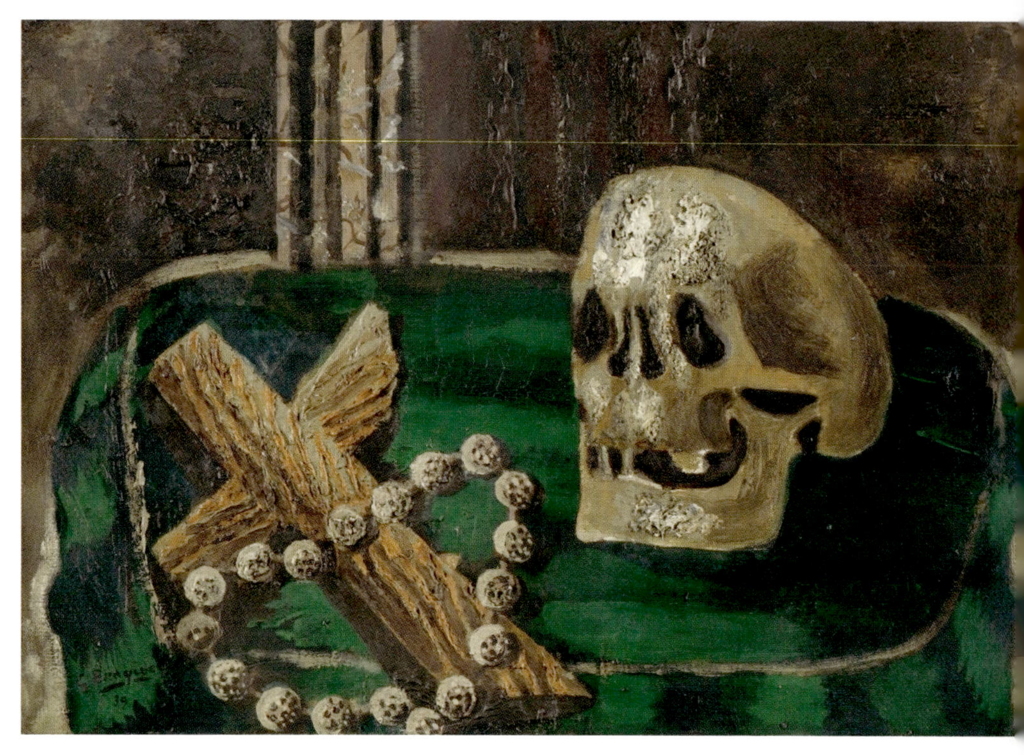

Vanitas, 1939	*Vanitas*, 1939
Huile sur toile	Oil on canvas
38 × 55 cm	14.96 × 21.65 in
Signé, daté en bas à gauche : *G. Braque / 39*	Signed and dated lower left: *G. Braque/39*
Paris, Centre Pompidou, Musée national d'art moderne	Paris, Centre Pompidou, Musée national d'art moderne
Donation de Mme Georges Braque, 1965	Gift of the artist's wife, 1965
AM 4302 P	AM 4302 P

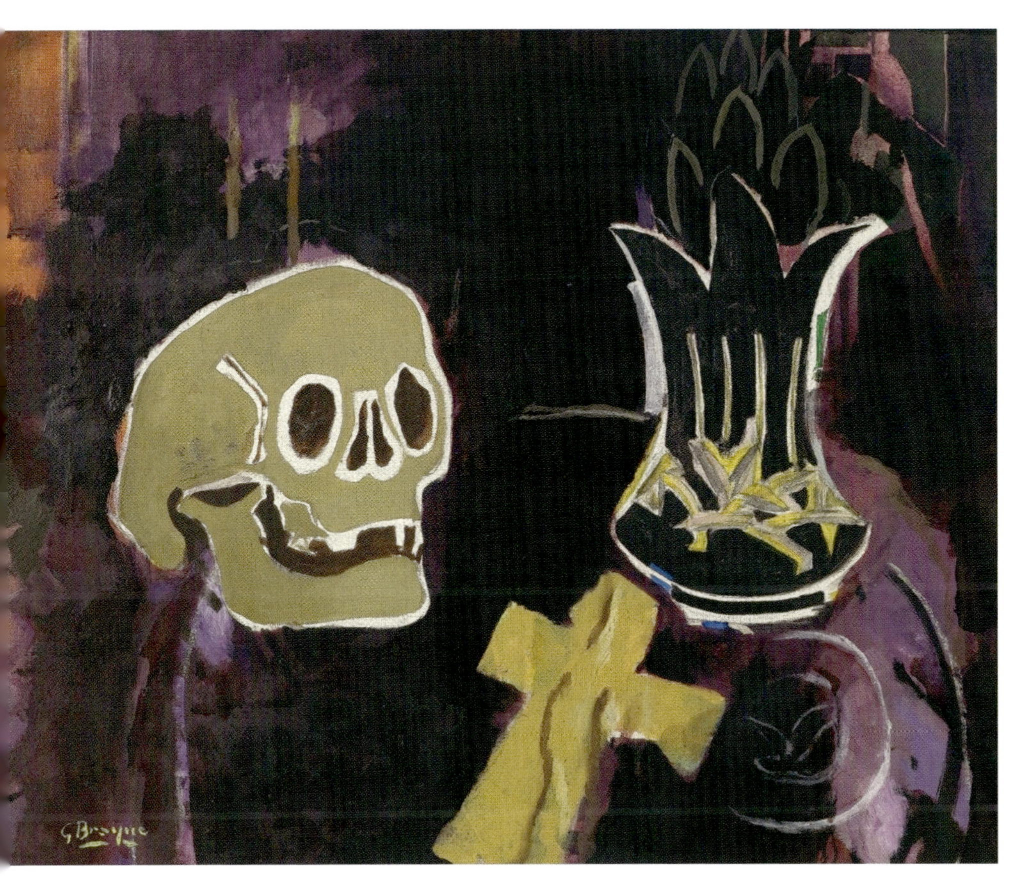

Vanitas (Nature morte au crâne), 1941-1945
Huile sur toile
50 × 61 cm
Signé en bas à gauche : *G. Braque*
Collection particulière

Vanitas (Still Life with Skull), 1941–1945
Oil on canvas
19.68 × 24.01 in
Signed lower left: *G. Braque*
Private collection

Tête de mort, 1943	*Death's Head*, 1943
Huile sur toile	Oil on canvas
27 × 24 cm	10.62 × 9.44 in
Collection particulière	Private collection

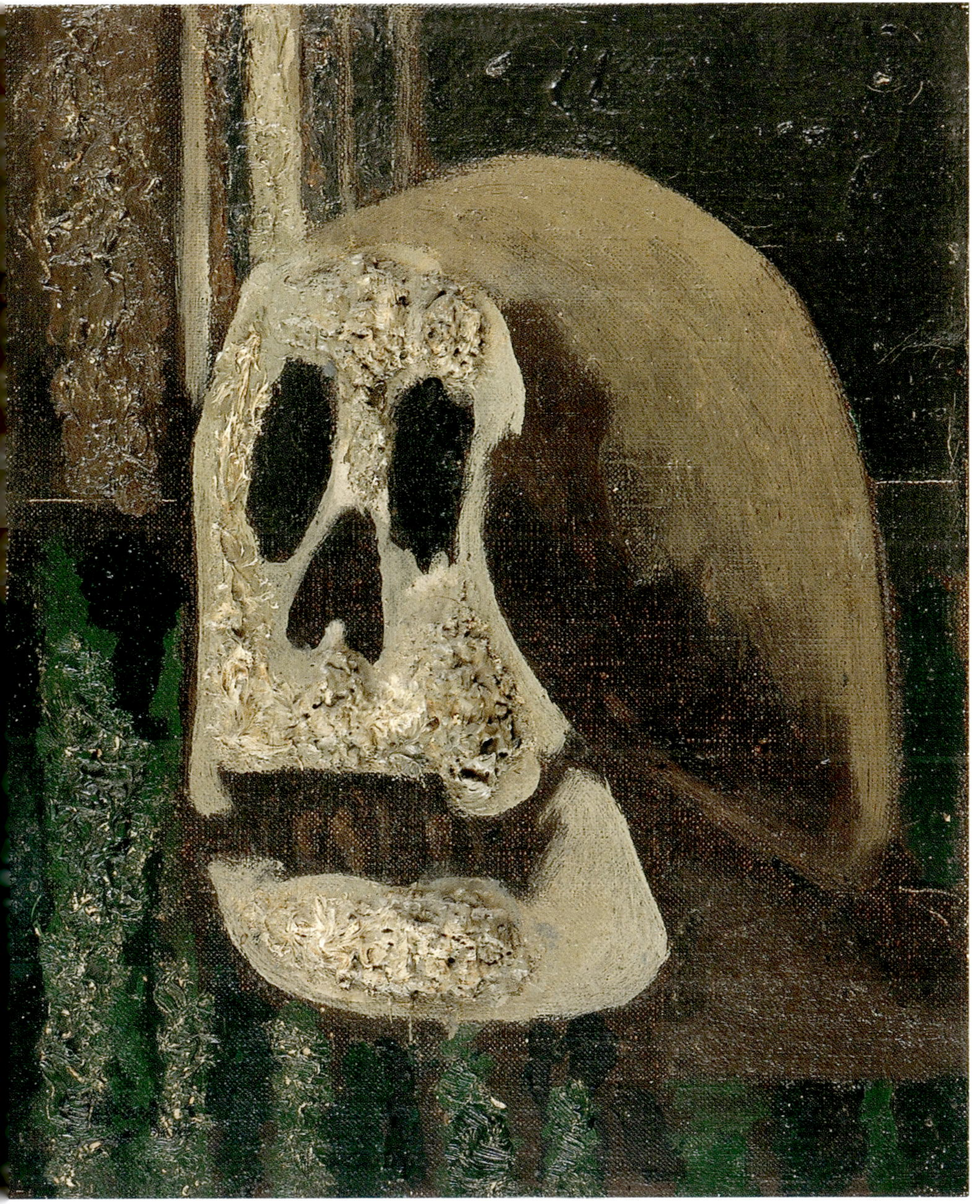

Le Poêle, 1942-1943
Huile sur toile
145,7 × 88,3 cm
New Haven, Yale University Art Gallery
Gift of Paul Rosenberg and Company
in memory of Paul Rosenberg
1960.34

The Stove, 1942–1943
Oil on canvas
57.36 × 34.76 in
New Haven, Yale University Art Gallery
Gift of Paul Rosenberg and Company
in memory of Paul Rosenberg
1960.34

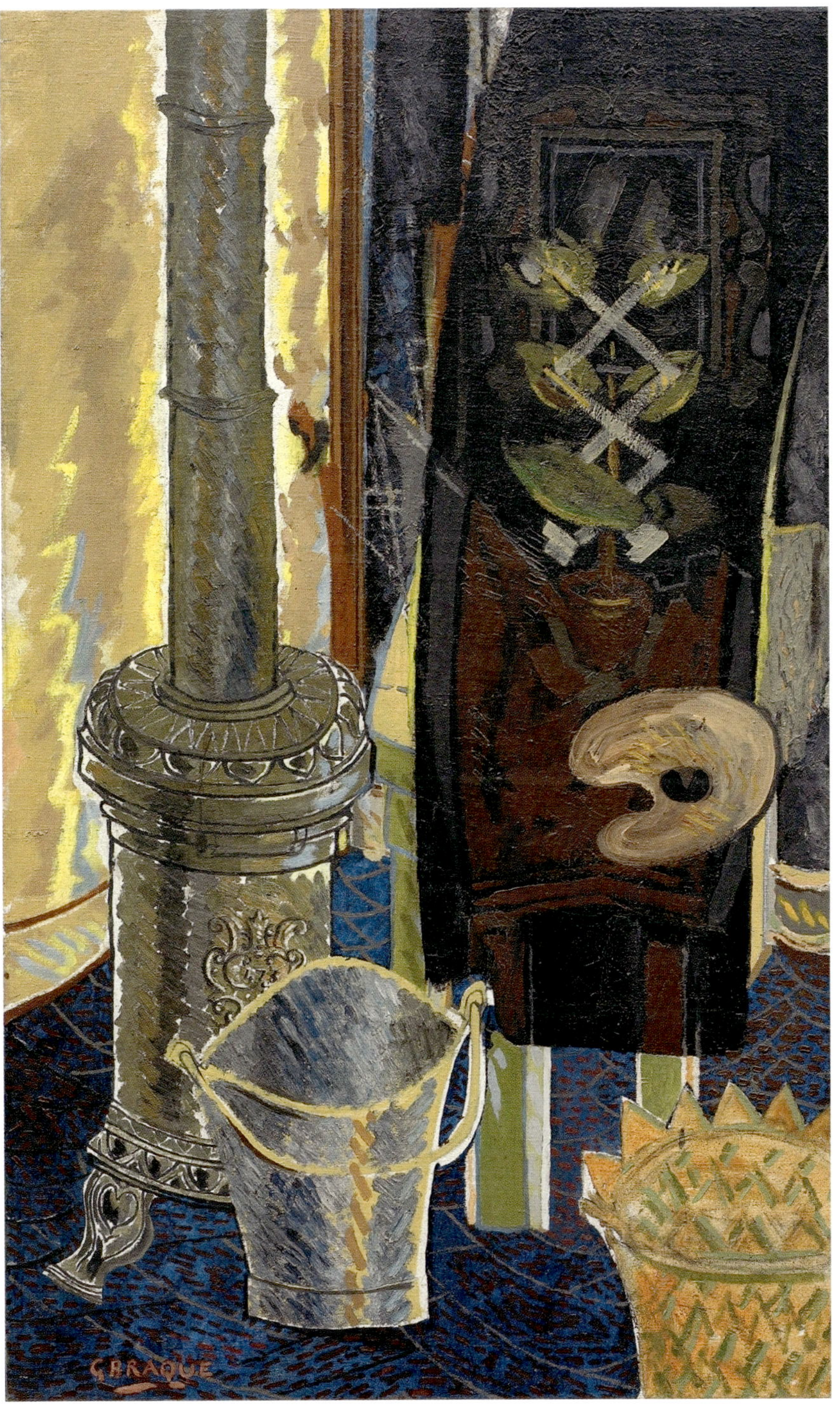
G BRAQUE

Le Cabinet de toilette, 1944	*The Washstand*, 1944
Huile sur toile	Oil on canvas
162,2 × 63,8 cm	63.85 × 25.11 in
Signé en bas à gauche : *G. Braque*	Signed lower left: *G. Braque*
Washington D.C., The Phillips Collection	Washington D.C., The Phillips Collection
Acquired in 1944	Acquired in 1944

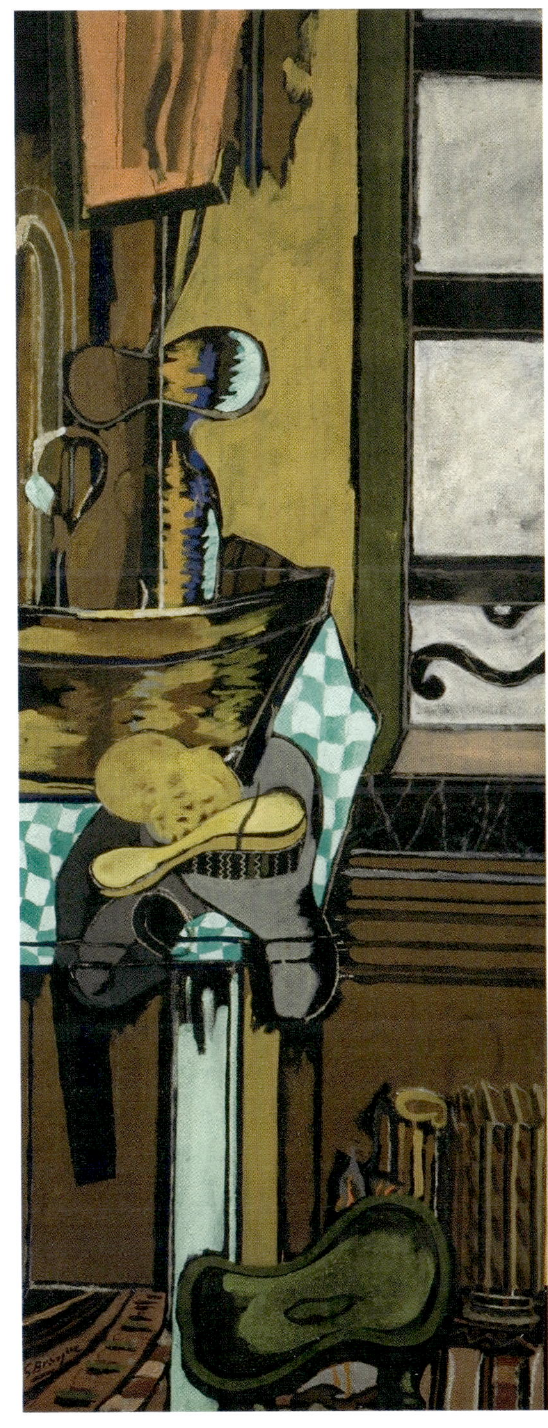

Grand intérieur à la palette, 1942
Huile et sable sur toile
145 × 195,6 cm
Signé, daté en bas à gauche : *G. Braque / 42*
Houston, The Menil Collection
V 304

Large Interior with Palette, 1942
Oil and sand on canvas
57.08 × 77.00 in
Signed and dated lower left: *G. Braque/42*
Houston, The Menil Collection
V 304

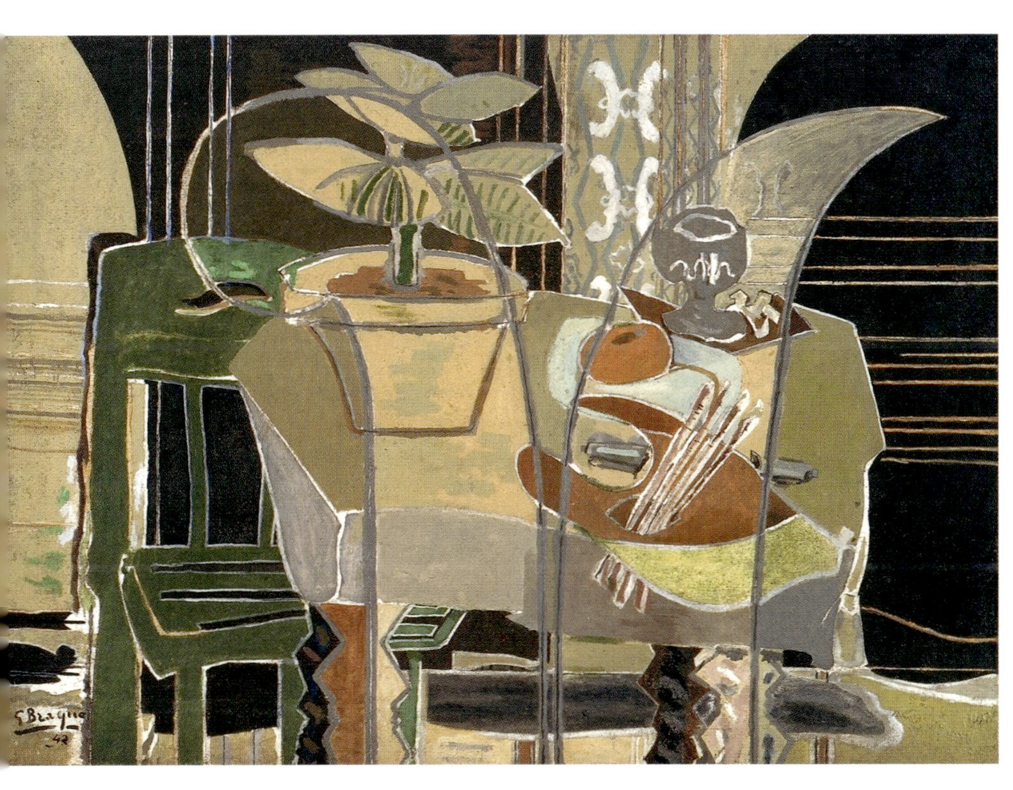
G Braque
42

Le Salon, 1944
Huile sur toile
120,5 × 150,5 cm
Signé en bas à gauche : *G. Braque*
Paris, Centre Pompidou, Musée national d'art moderne
Achat à l'artiste, 1946
AM 2605 P

The Living-room, 1944
Oil on canvas
47.44 × 59.25 in
Signed lower left: *G. Braque*
Paris, Centre Pompidou, Musée national d'art moderne
Purchased from the artist, 1946
AM 2605 P

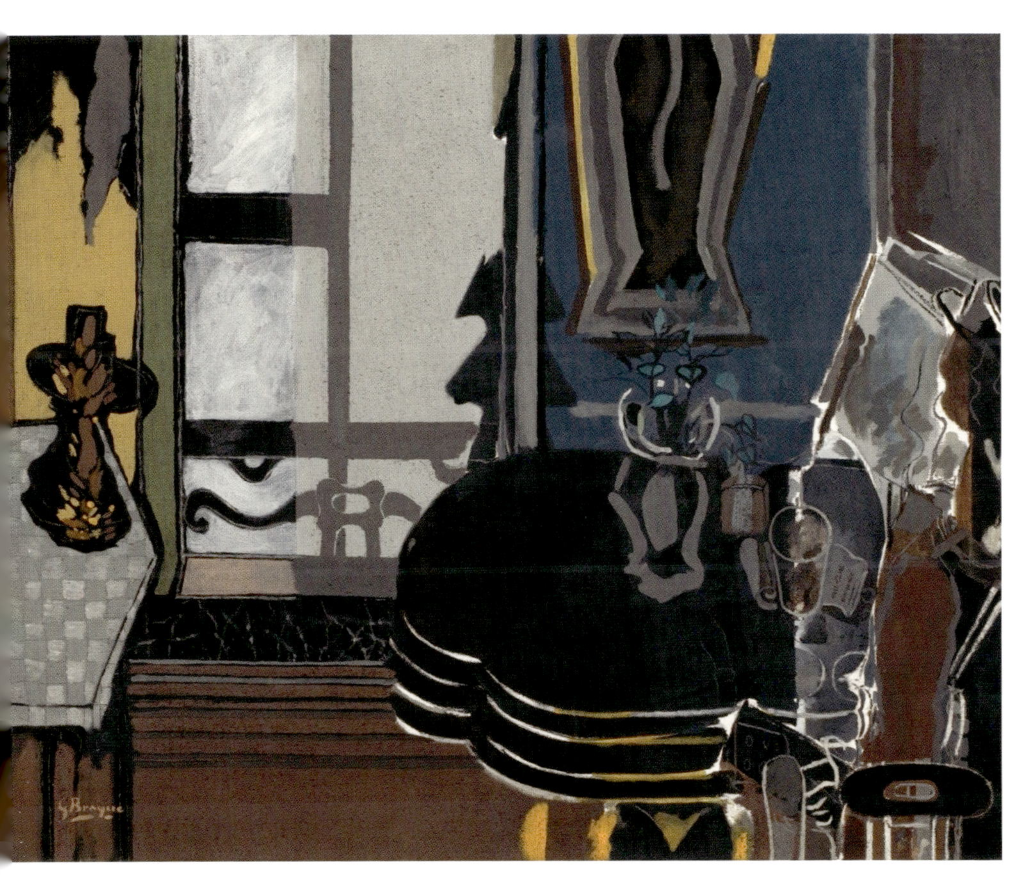
G Braque

L'Homme au chevalet, 1942
Huile sur papier marouflé sur toile
100 × 81 cm
Collection particulière

Man with Easel, 1942
Oil on paper mounted on canvas
39.37 × 31.88 in
Private collection

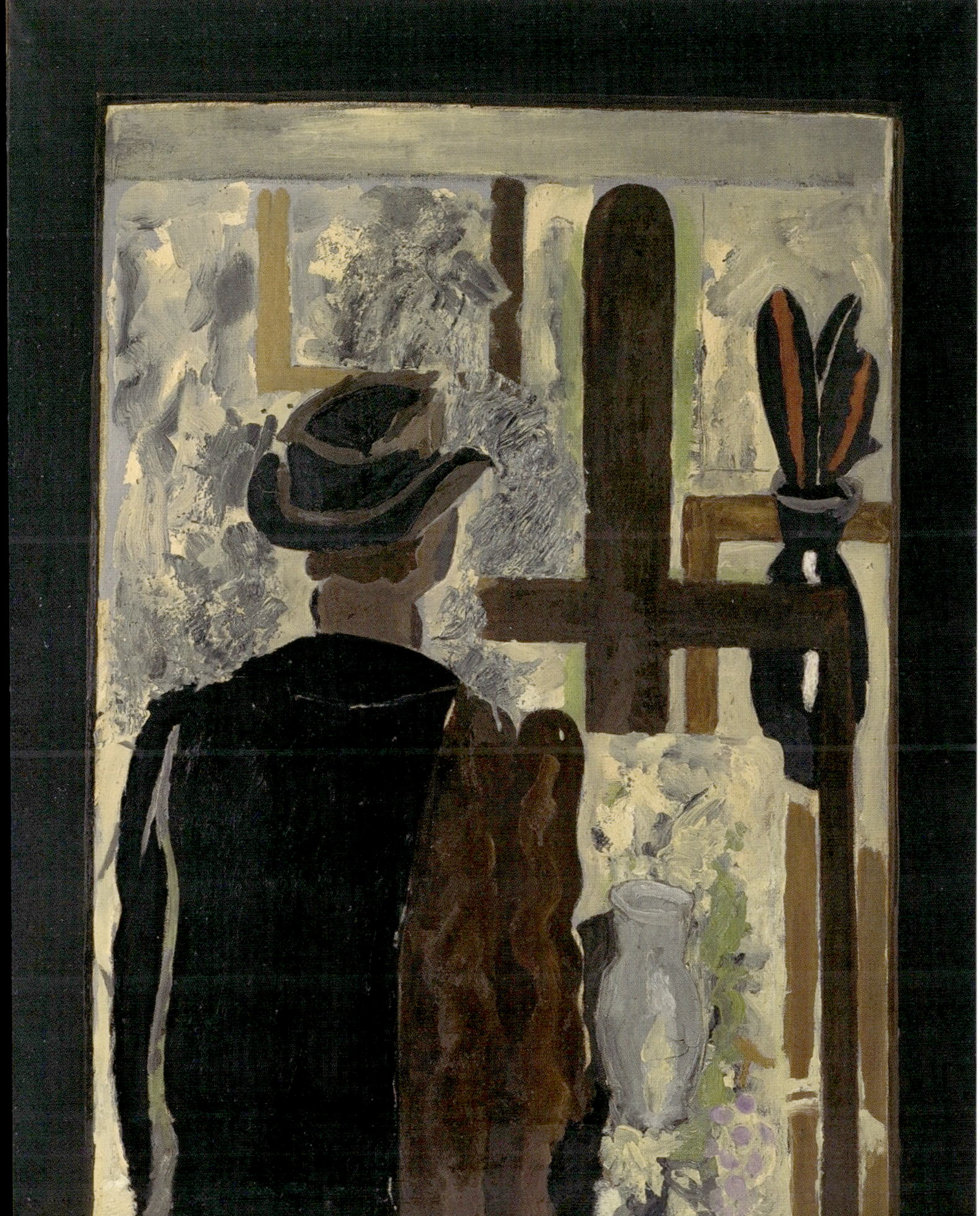

L'Homme à la guitare, 1942
Huile sur toile
130 × 97 cm
Collection particulière

Man with Guitar, 1942
Oil on canvas
51.18 × 38.18 in
Private collection

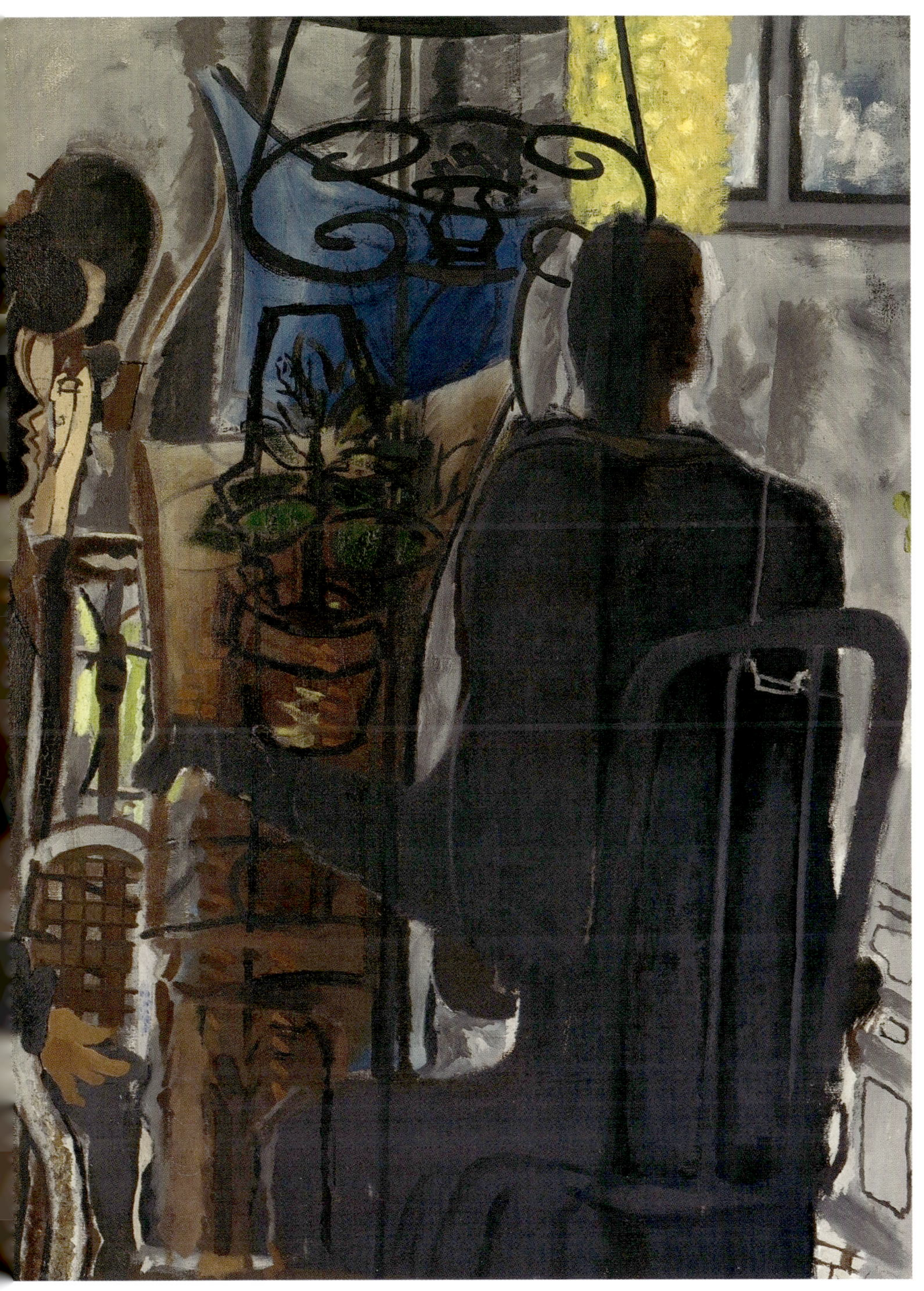

Les Billards
The Billiard Tables
1944 – 1949

Le Billard sous le lustre, 1944-1945	*The Billiard Table under the Light*, 1944–1945
Huile sur bois	Oil on wood
50 × 62 cm	19.68 × 24.40 in
Collection particulière	Private collection

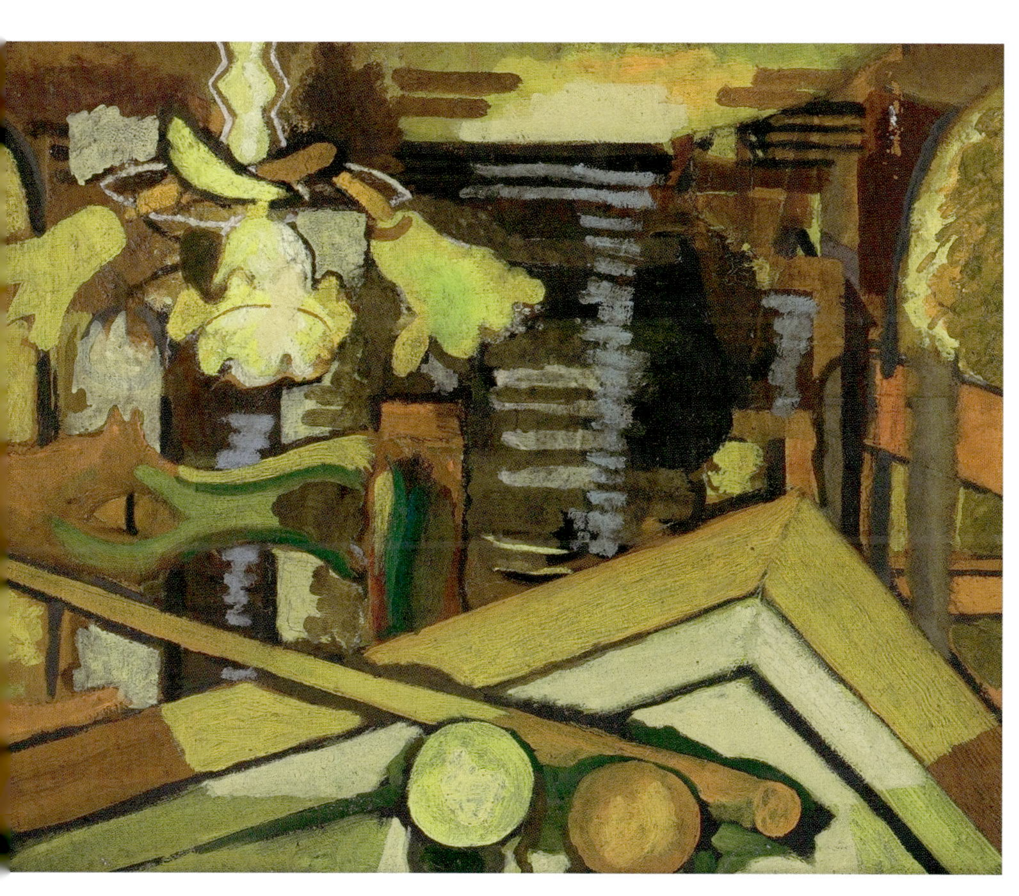

Le Billard, 1944
Huile et sable sur toile
130,5 × 195,5 cm
Signé en bas à gauche : *G. Braque*
Paris, Centre Pompidou, Musée national d'art moderne
Achat à l'artiste, 1946
AM 2604 P

The Billiard Table, 1944
Oil and sand on canvas
51.37 × 76.96 in
Signed lower left: *G. Braque*
Paris, Centre Pompidou, Musée national d'art moderne
Purchased from the artist, 1946
AM 2604 P

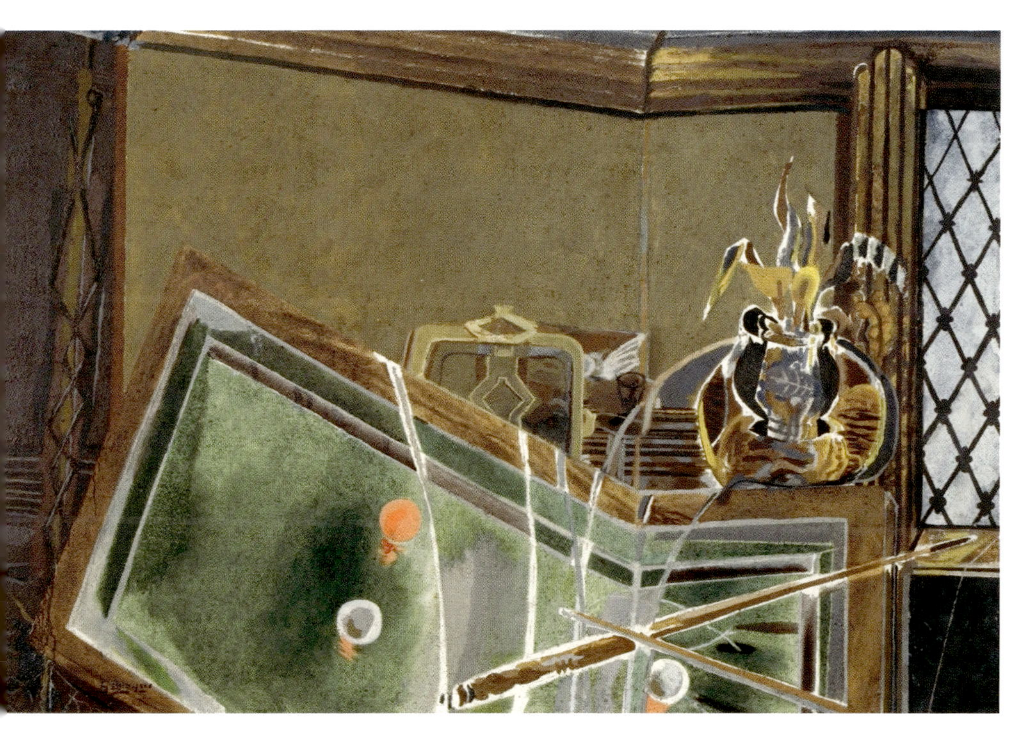

Le Billard, 1945
Huile et sable sur toile
89,1 × 116,3 cm
Londres, Tate
Purchased with assistance from the gift
of Gustav and Elly Kahnweiler, the Art Fund,
Tate Members and the Dr V. J. Daniel Bequest, 2003
T07992

The Billiard Table, 1945
Oil and sand on canvas
35.07 × 45.78 in
London, Tate
Purchased with assistance from the gift
of Gustav and Elly Kahnweiler, the Art Fund,
Tate Members and the Dr V. J. Daniel Bequest, 2003
T07992

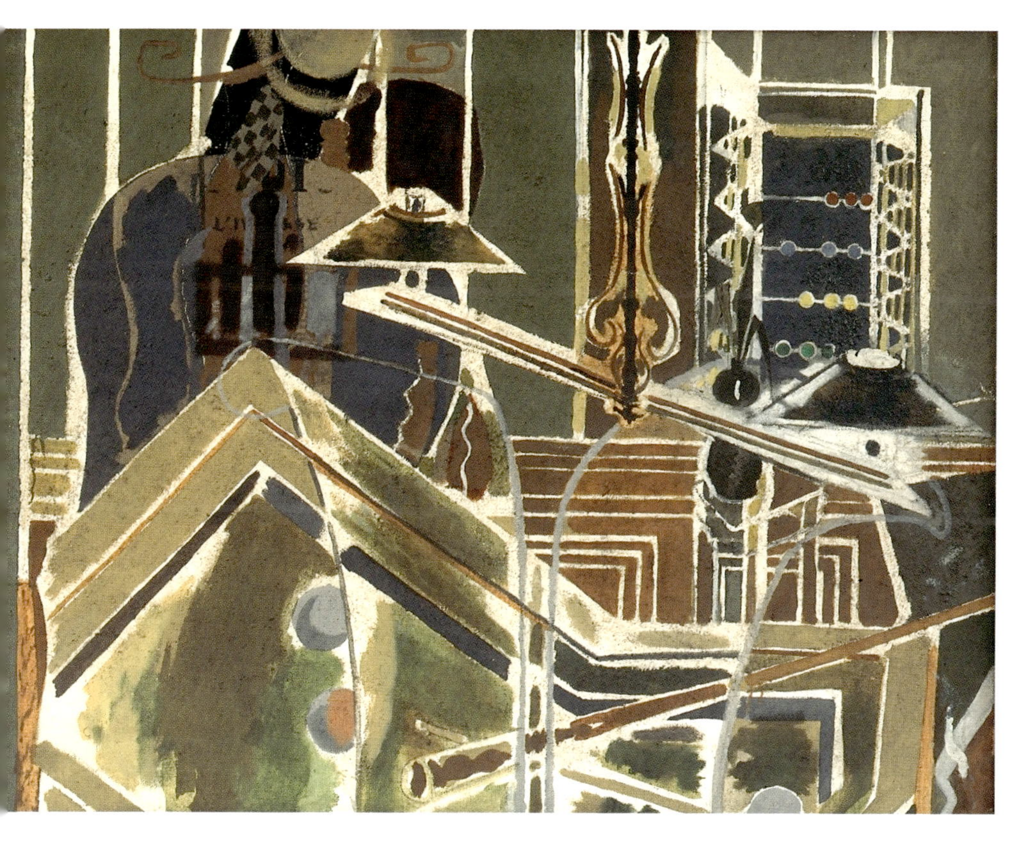

Le Billard, 1947-1949
Huile sur toile
145 × 195 cm
Signé en bas à gauche : *G. Braque*
República Bolivariana de Venezuela,
Ministerio del Poder Popular para la cultura,
Fundaciòn Museos Nationales,
Museo de Arte Contemporáneo

The Billiard Table, 1947–1949
Oil on canvas
57.08 × 76.77 in
Signed lower left: *G. Braque*
República Bolivariana de Venezuela,
Ministerio del Poder Popular para la cultura,
Fundaciòn Museos Nationales,
Museo de Arte Contemporáneo

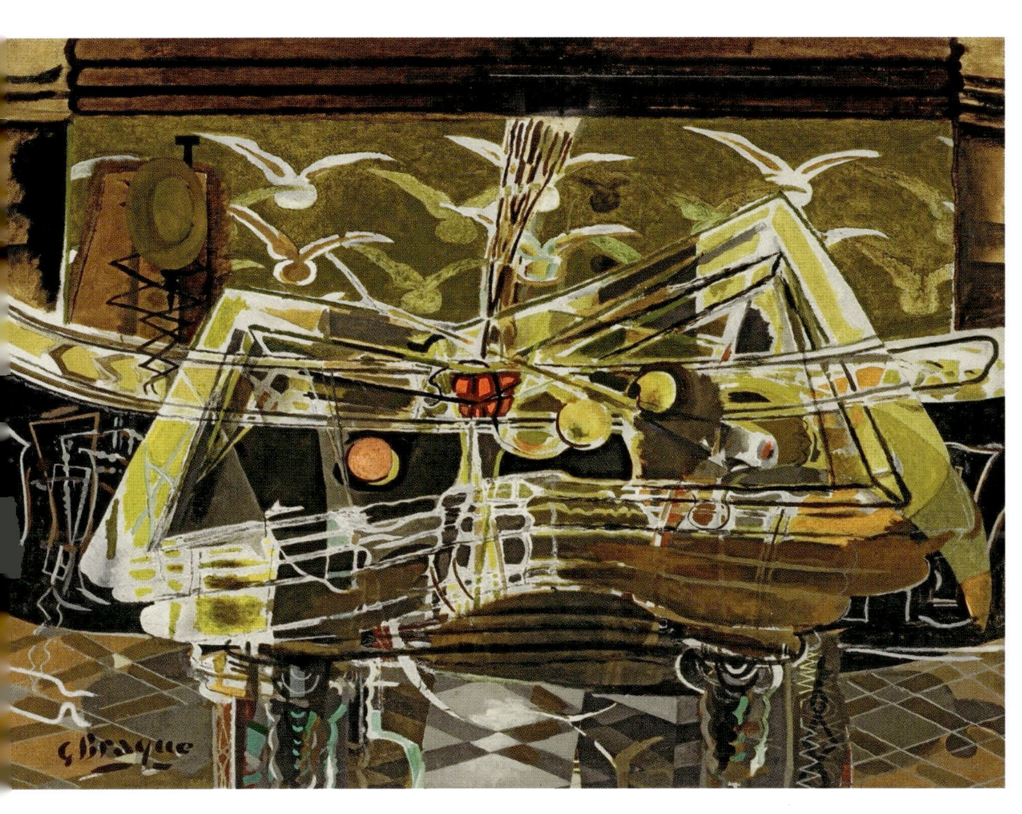
G Braque

La Chaise, 1947
Huile sur toile
61 × 50 cm
Signé en bas à gauche : *G Braque*
Paris, Centre Pompidou, Musée national d'art moderne
Donation de Mme Georges Braque, 1965
AM 4306 P

The Chair, 1947
Oil on canvas
24.01 × 19.68 in
Signed lower left: *G Braque*
Paris, Centre Pompidou, Musée national d'art moderne
Gift of the artist's wife, 1965
AM 4306 P

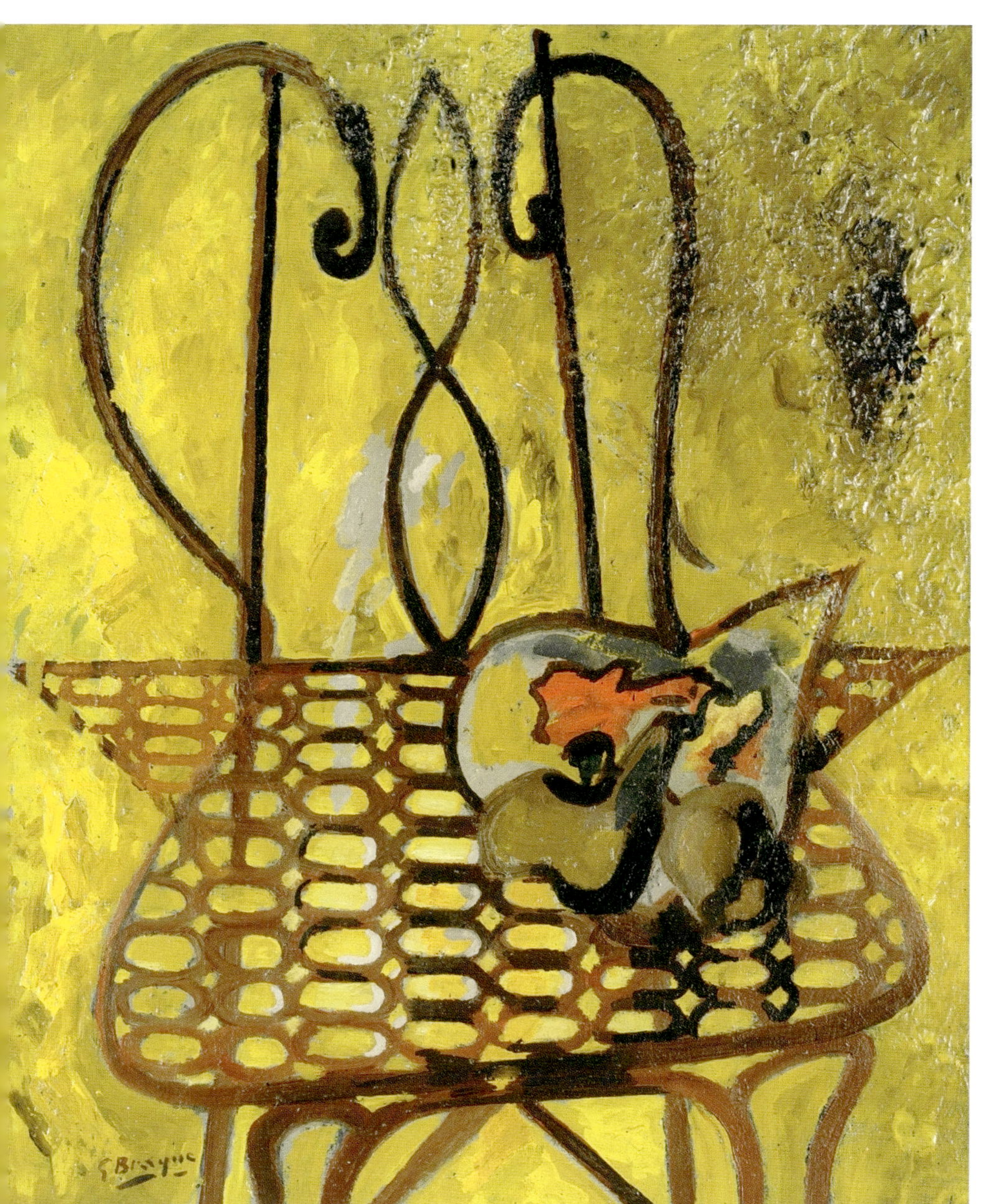

Les Chaises, 1947-1960
Huile sur toile
81 × 100 cm
Collection particulière

The Chairs, 1947–1960
Oil on canvas
31.88 × 39.37 in
Private collection

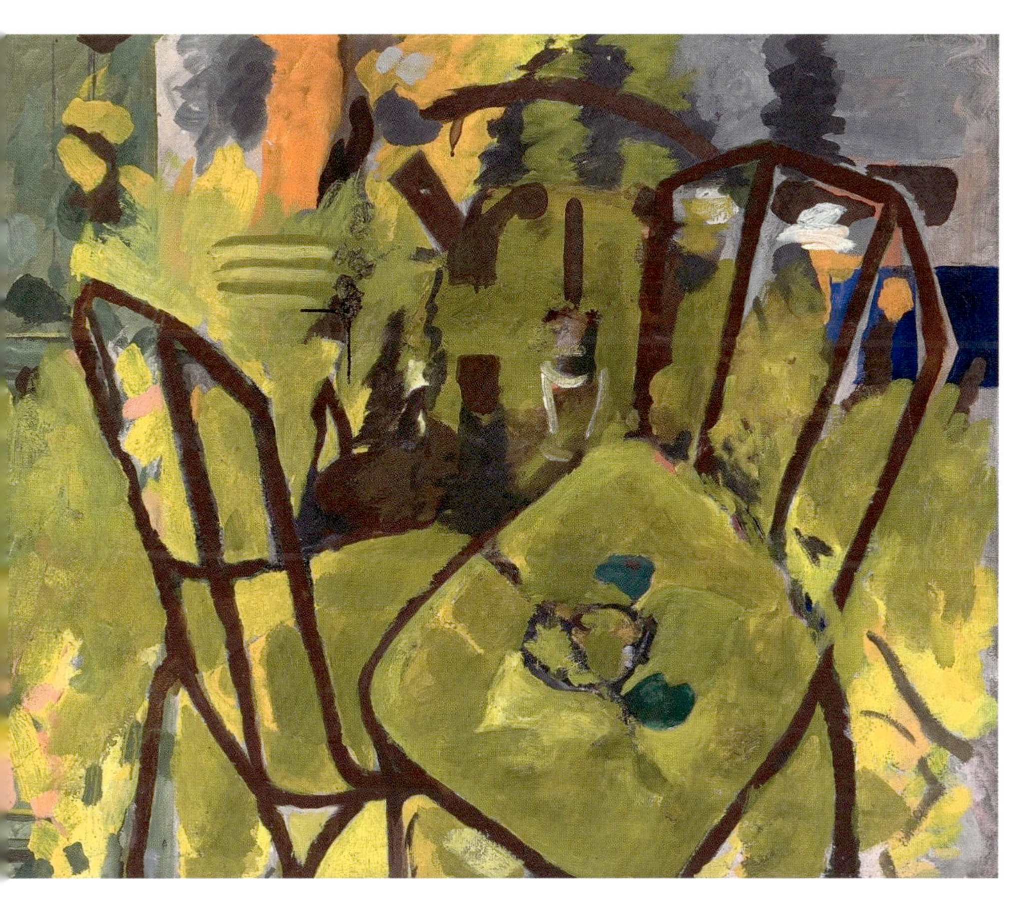

Mon vélo, 1941-1960
Huile sur toile
91 × 73 cm
Collection particulière, Courtesy Pieter Coray

My Bicycle, 1941–1960
Oil on canvas
35.82 × 28.74 in
Private collection, courtesy of Pieter Coray

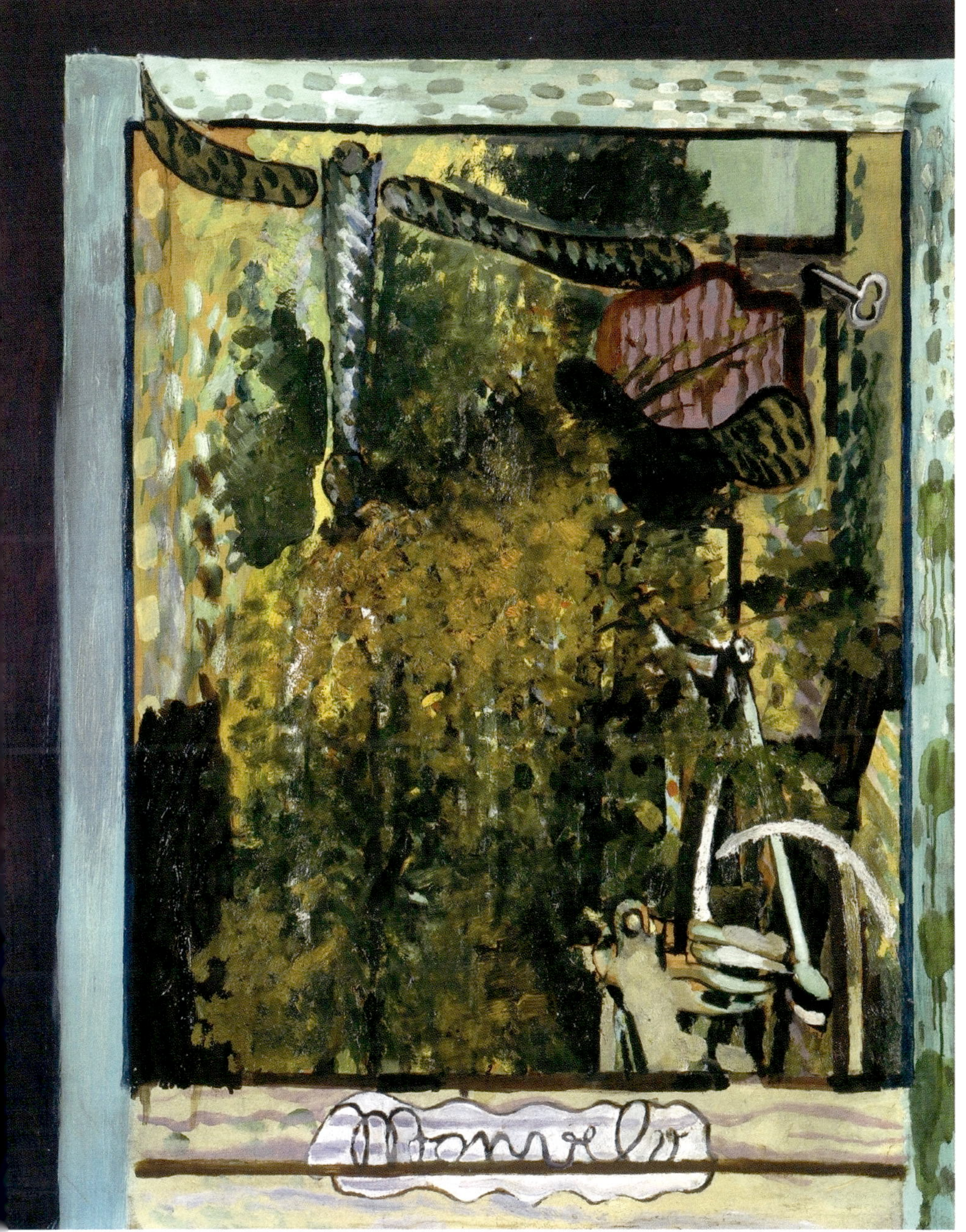

La Caisse d'emballage, 1947
Huile sur toile
92 × 92 cm
Signé en bas à gauche : *G. Braque*
Suisse, Nahmad Collection
Inv. N° GB 3648

The Packing Case, 1947
Oil on canvas
36.22 × 36.22 in
Signed lower left: *G. Braque*
Switzerland, Nahmad Collection
Inv. N° GB 3648

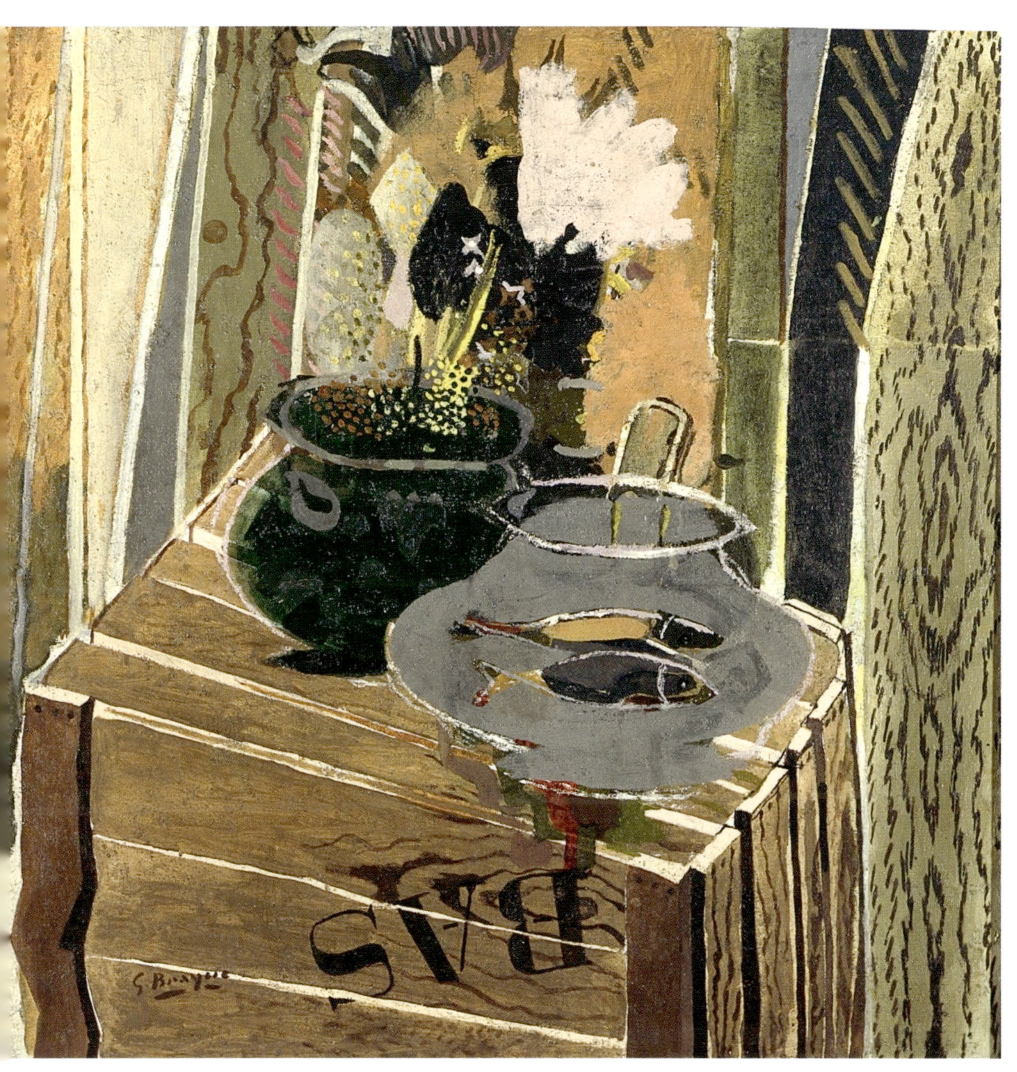

Le Grand Vase, 1952
Huile et sable sur toile
180 × 72,5 cm
Signé en bas à droite : *G. Braque*
Paris, collection particulière,
Courtesy Galerie L'Or du temps

The Large Vase, 1952
Oil and sand on canvas
70.86 × 28.54 in
Signed lower right: *G. Braque*
Paris, private collection,
Courtesy of Galerie L'Or du Temps

La Nappe rose, 1961
Huile sur toile
108 × 64 cm
Signé en bas à gauche : *G. Braque*
Collection Mme Sylvie Baltazart-Eon
6093

The Pink Tablecloth, 1961
Oil on canvas
42.51 × 25.19 in
Signed lower left: *G. Braque*
Collection Mme Sylvie Baltazart-Eon
6093

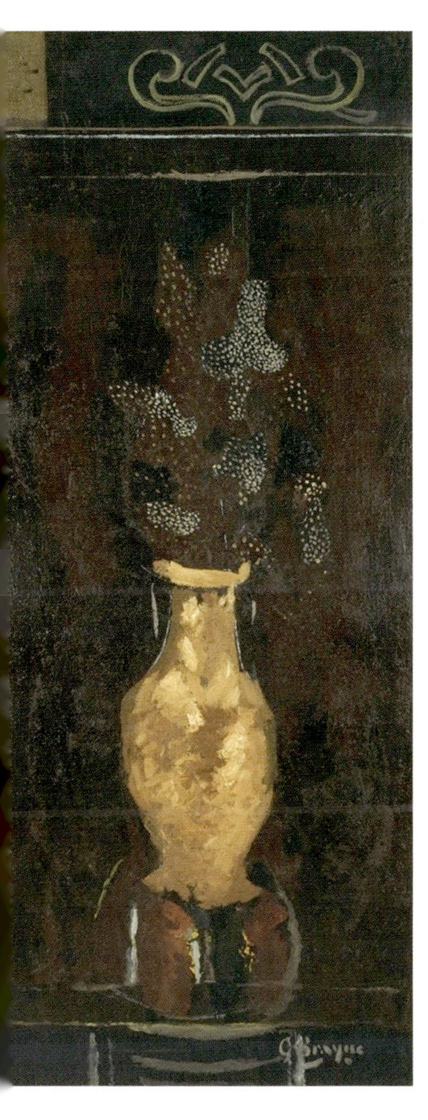
G Braque

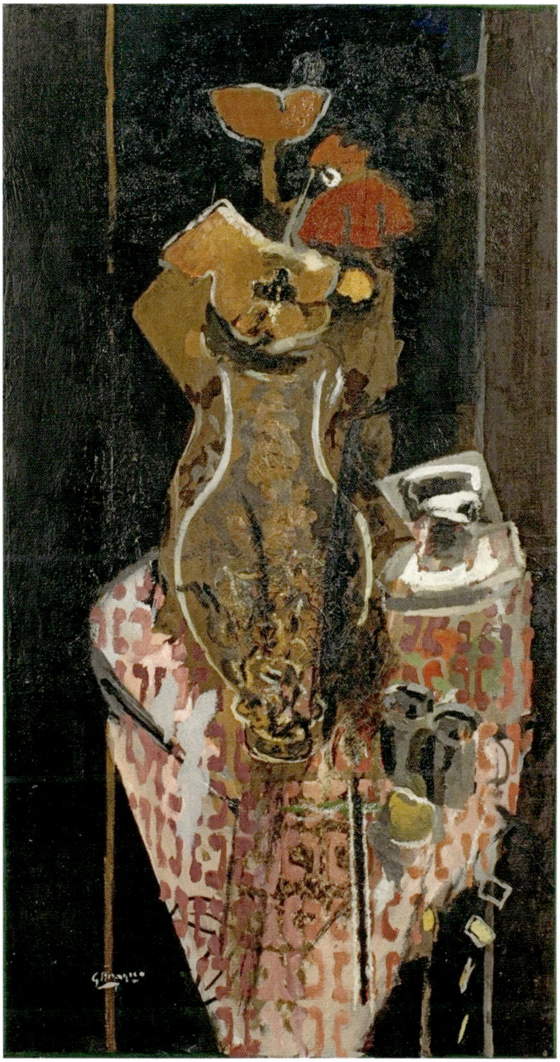

Nature morte à la bouteille et à la langouste, 1948-1950
Huile sur papier marouflé sur toile
100 × 81 cm
Collection particulière

Still Life with Bottle and Lobster, 1948–1950
Oil on paper mounted on canvas
39.37 × 31.88 in
Private collection

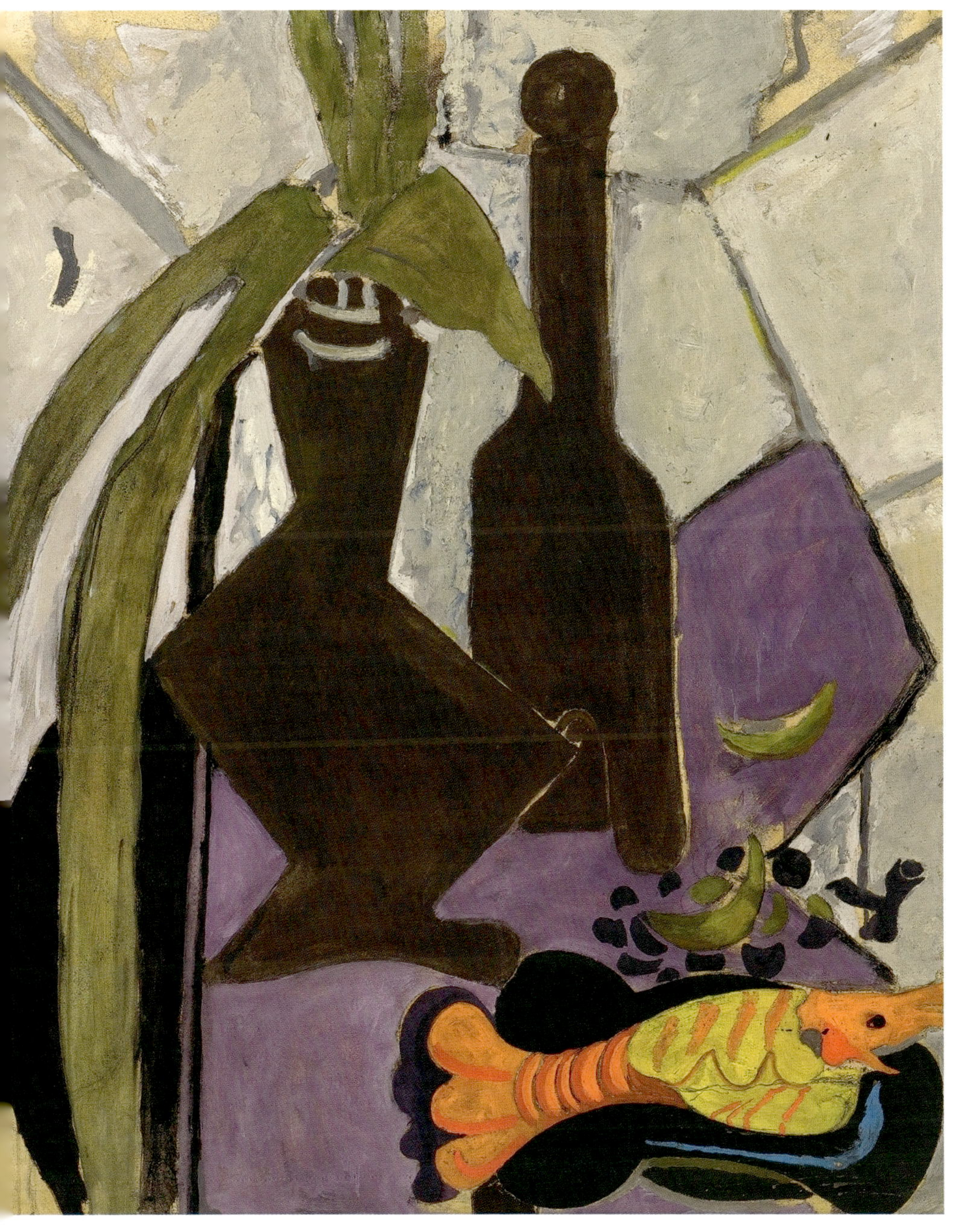

Nature morte à la langouste, 1948-1950	*Still Life with Lobster*, 1948–1950
Huile sur toile	Oil on canvas
162 × 73 cm	63.77 × 28.74 in
Signé en bas à gauche : *G. Braque*	Signed lower left: *G. Braque*
Saint-Paul, collection Adrien Maeght	Saint-Paul, Collection Adrien Maeght

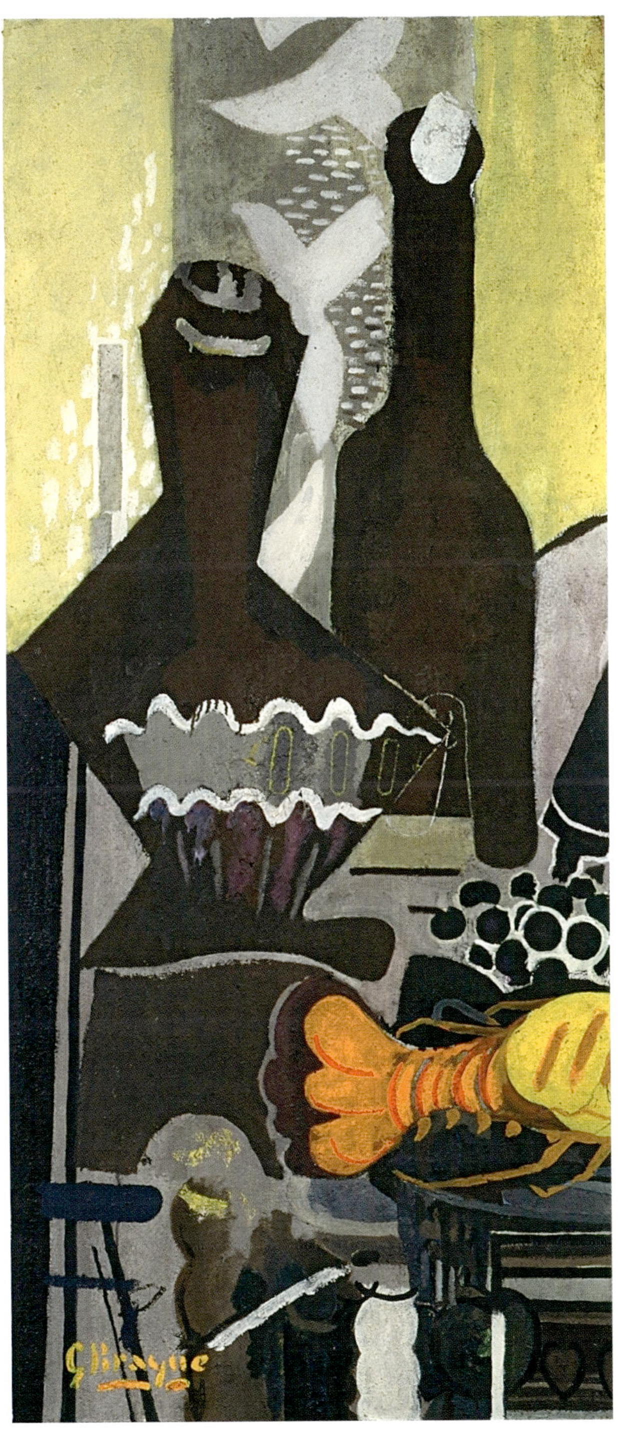

Les derniers paysages
The late landscapes
1955 – 1963

Marine, 1956	*Seascape*, 1956
Huile sur toile	Oil on canvas
26 × 65 cm	10.23 × 25.59 in
Collection particulière	Private collection

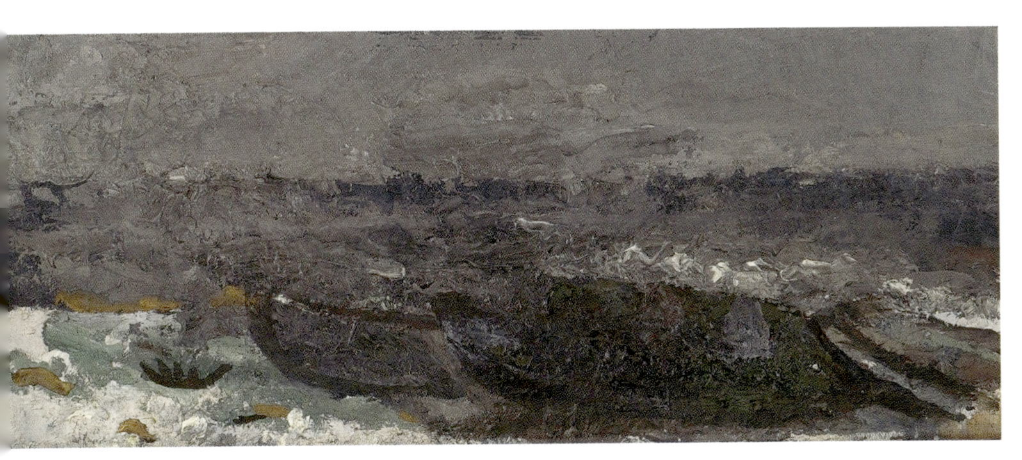

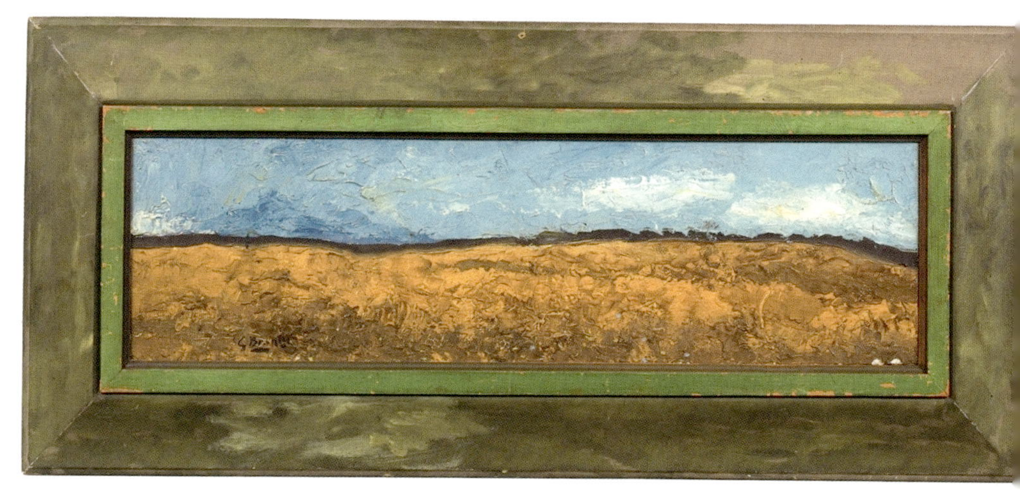

La Plaine I, 1955-1956	*The Plain I*, 1955–1956
Huile sur toile	Oil on canvas
21 × 73 cm avec cadre	8.26 × 28.74 in (framed)
Signé en bas à gauche : *G. Braque*	Signed lower left: *G. Braque*
Saint-Paul, collection Adrien Maeght	Saint-Paul, Collection Adrien Maeght

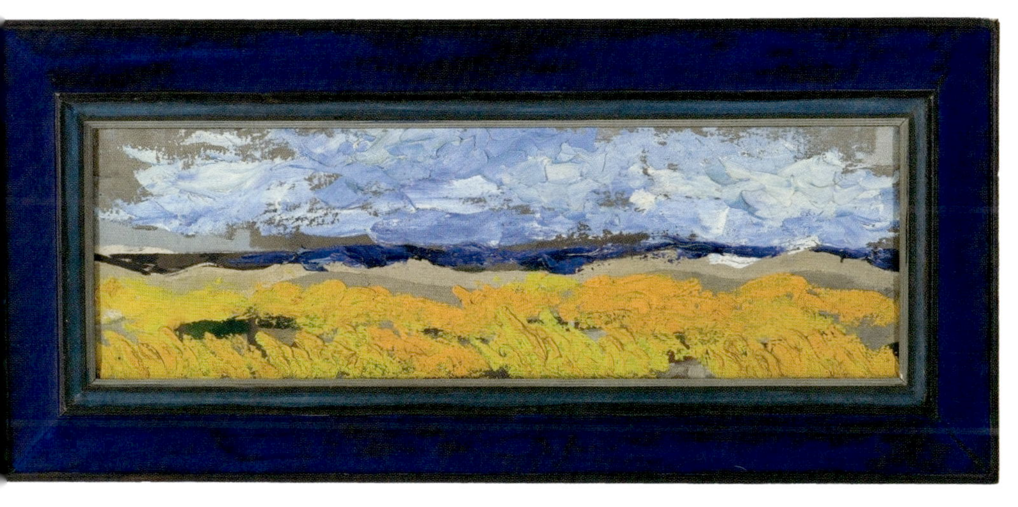

Le Champ de colza, 1956-1957	*Field of Rape*, 1956–1957
Huile sur toile	Oil on canvas
Cadre peint par l'artiste	Frame painted by the artist
20 × 65 cm hors cadre	7.87 × 25.59 in (unframed)
37 × 81,5 cm avec cadre	14.56 × 32.08 in (framed)
Collection particulière	Private collection

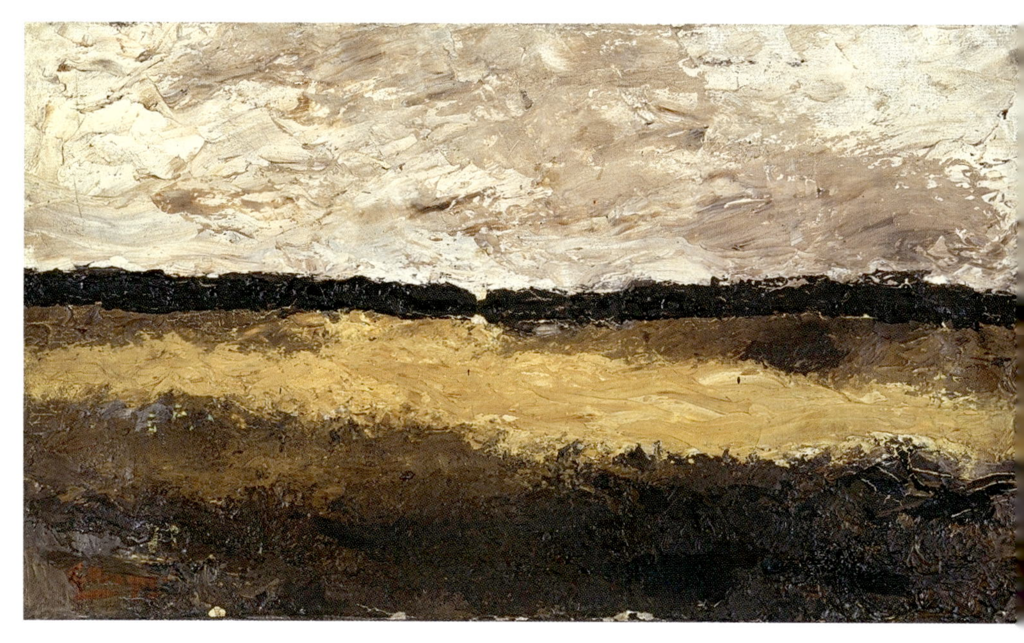

Paysage, les champs ciel bas, 1956-1957	*Landscape, Fields with Overcast Sky*, 1956–1957
Cadre peint par l'artiste	Frame painted by the artist
Huile sur toile	Oil on canvas
27 × 44,5 cm hors cadre	10.62 × 17.51 in (unframed)
Paris, Collection Isabelle Maeght	Paris, Collection Isabelle Maeght

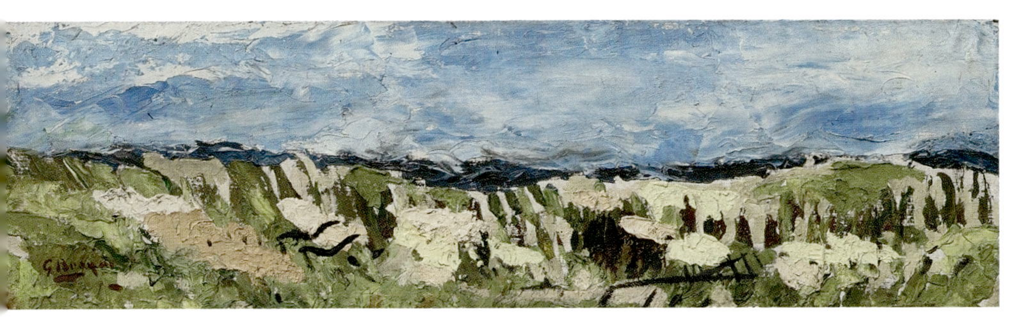

Paysage, 1959	*Landscape*, 1959
Huile sur toile	Oil on canvas
21 × 73 cm	8.26 × 28.74 in
Signé en bas à gauche : *G. Braque*	Signed lower left: *G. Braque*
Saint-Paul, collection Adrien Maeght	Saint-Paul, Collection Adrien Maeght
03302	03302

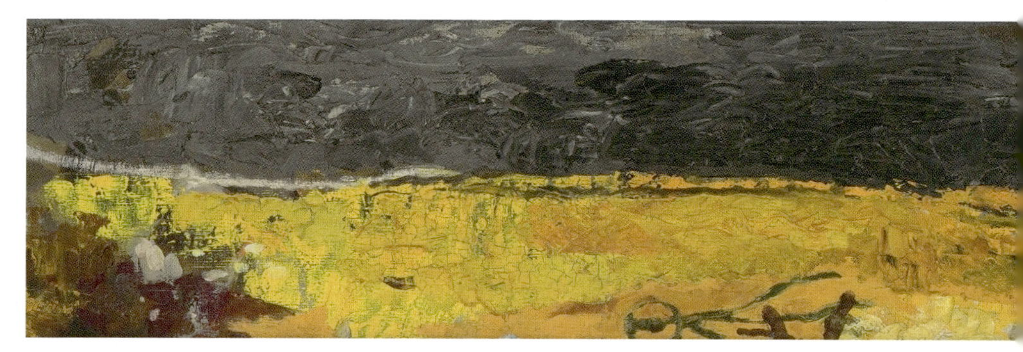

Paysage au ciel sombre I, 1955
Huile sur toile
20 × 72,5 cm hors cadre
Collection particulière

Landscape with Dark Sky I, 1955
Oil on canvas
7.87 × 28.64 in (unframed)
Private collection

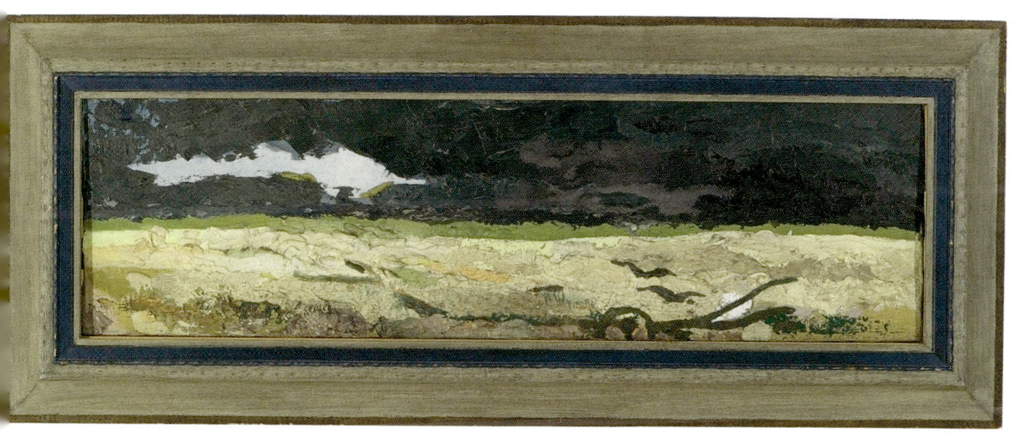

Paysage au ciel sombre II, 1955	*Landscape with Dark Sky II*, 1955
Huile sur toile	Oil on canvas
Cadre peint par l'artiste	Frame painted by the artist
20,5 × 64,5 cm hors cadre	8.07 × 25.39 in (unframed)
35,5 × 79,5 cm avec cadre	13.97 × 31.29 in (framed)
Collection particulière	Private collection

Barque sur la grève, 1956
Huile sur toile
33 × 77 cm
Signé en bas à droite : *G. Braque*
Collection Florence Malraux

Boat on the Shore, 1956
Oil on canvas
12.99 × 30.31 in
Signed lower right: *G. Braque*
Collection Florence Malraux

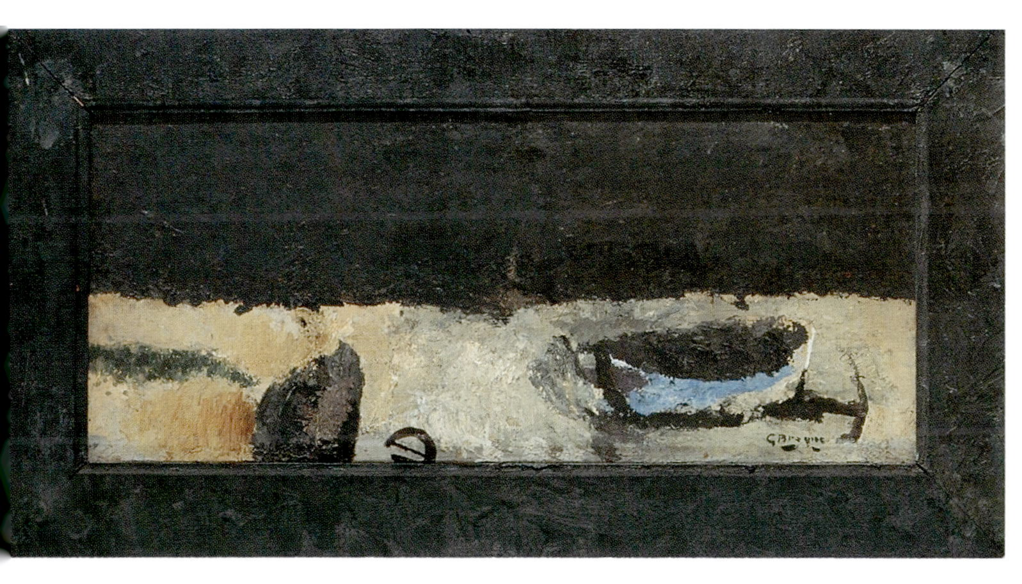

La Charrue, 1960
Huile sur toile
84 × 195 cm
Signé en bas à droite : *G. Braque*
Saint-Paul, collection Adrien Maeght

The Plough, 1960
Oil on canvas
33.07 × 76.77 in
Signed lower right: *G. Braque*
Saint-Paul, Collection Adrien Maeght

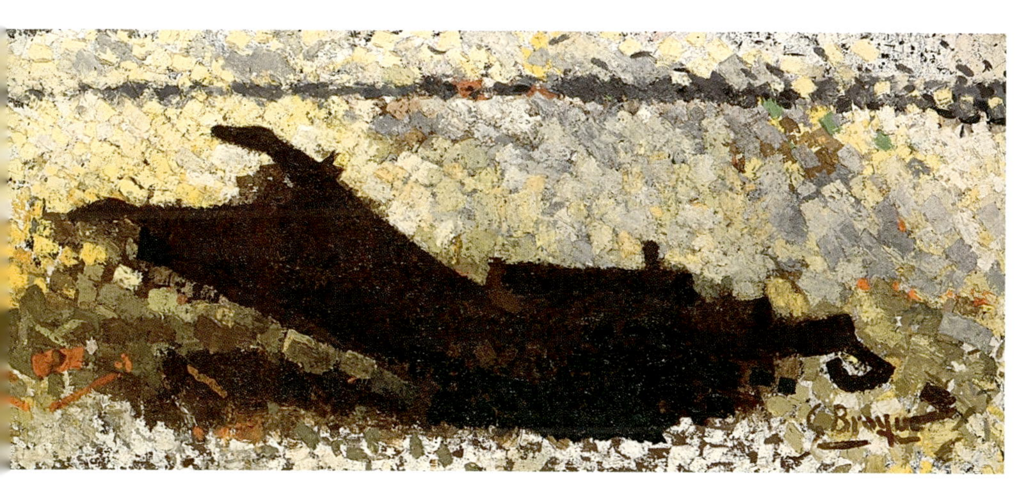
G Braque

La Sarcleuse, 1961-1963
Huile sur toile
102,5 × 176,5 cm
Signé en bas à gauche : *G. Braque*
Paris, Centre Pompidou, Musée national d'art moderne
Donation de Mme Georges Braque, 1965
AM 4310 P

The Cultivator, 1961–1963
Oil on canvas
40.35 × 64.48 in
Signed lower left: *G. Braque*
Paris, Centre Pompidou, Musée national d'art moderne
Gift of the artist's wife, 1965
AM 4310 P

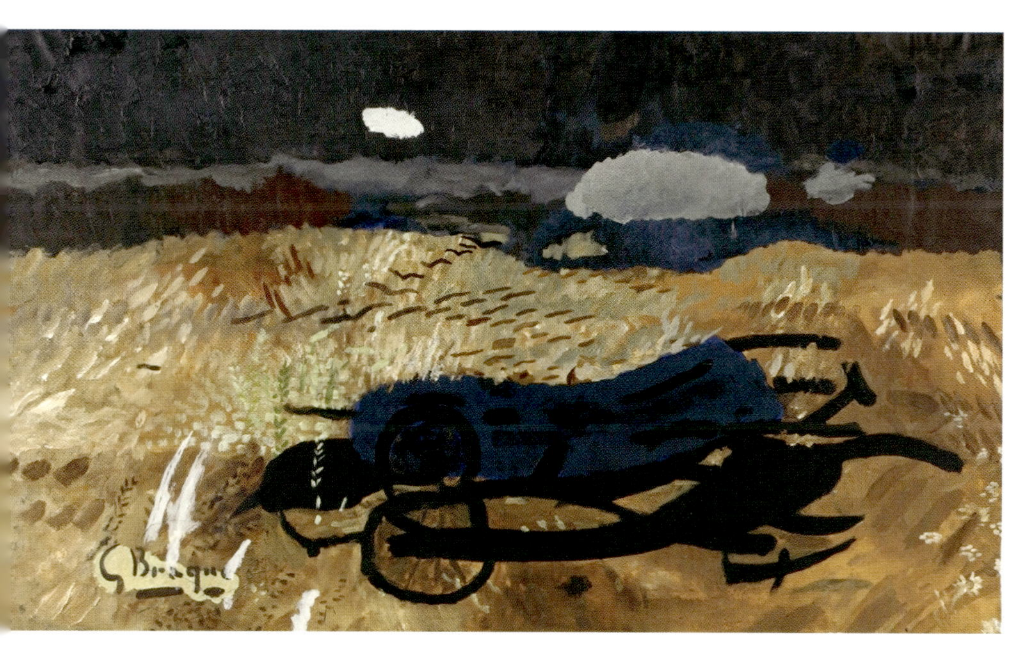
G Braque

Les Ateliers
The Studio paintings
1949 – 1956

Atelier I, 1949	*Studio I*, 1949
Huile sur toile	Oil on canvas
92 × 73 cm	36.22 × 28.74 in
Signé en bas à droite : *G. Braque*	Signed lower right: *G. Braque*
Collection particulière	Private collection

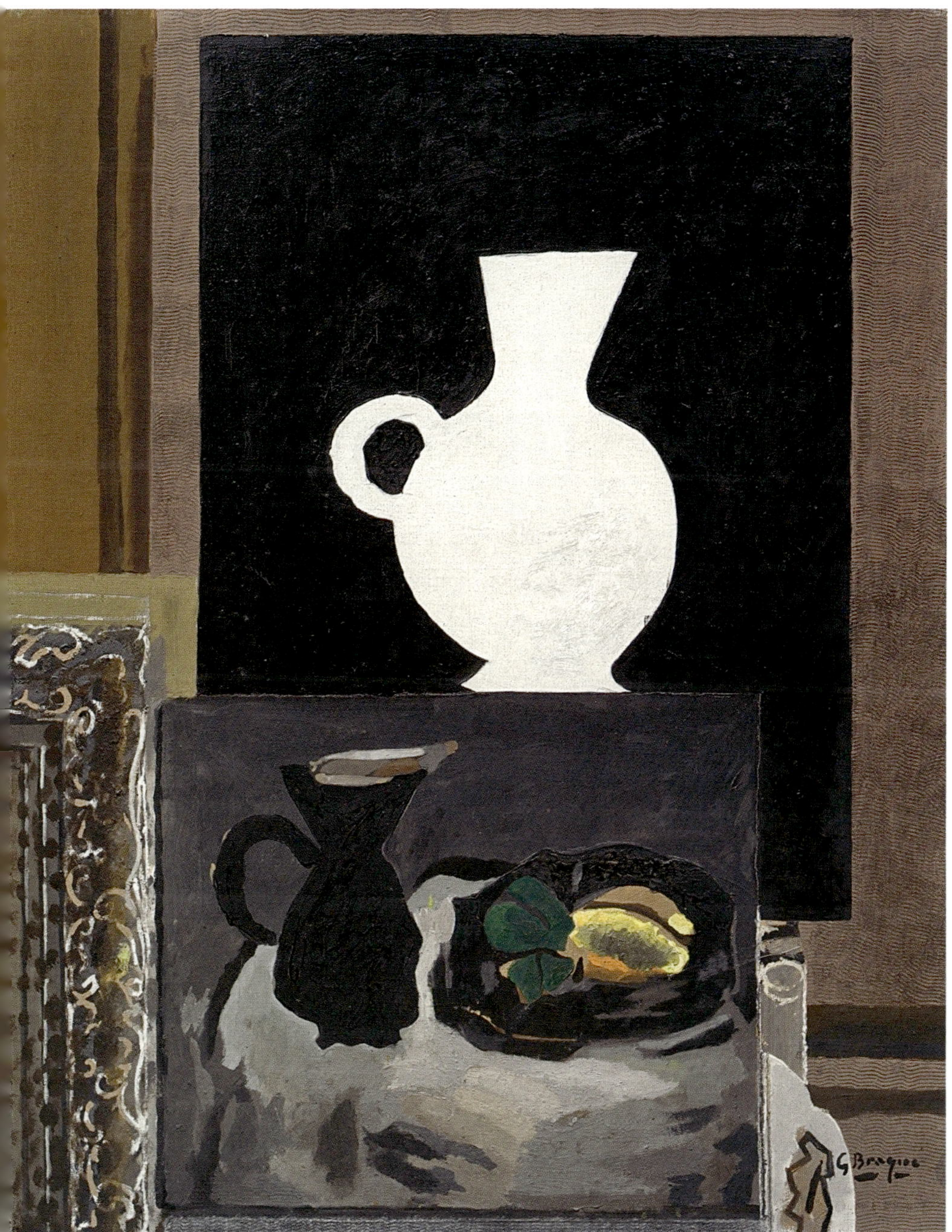
G Braque

Atelier II, 1949	*Studio II*, 1949
Huile sur toile	Oil on canvas
131 × 162,5 cm	51.57 × 63.97 in
Signé en bas à gauche : *G. Braque*	Signed lower left: *G. Braque*
Düsseldorf, Kunstsammlung Nordrhein-Westfalen	Düsseldorf, Kunstsammlung Nordrhein-Westfalen

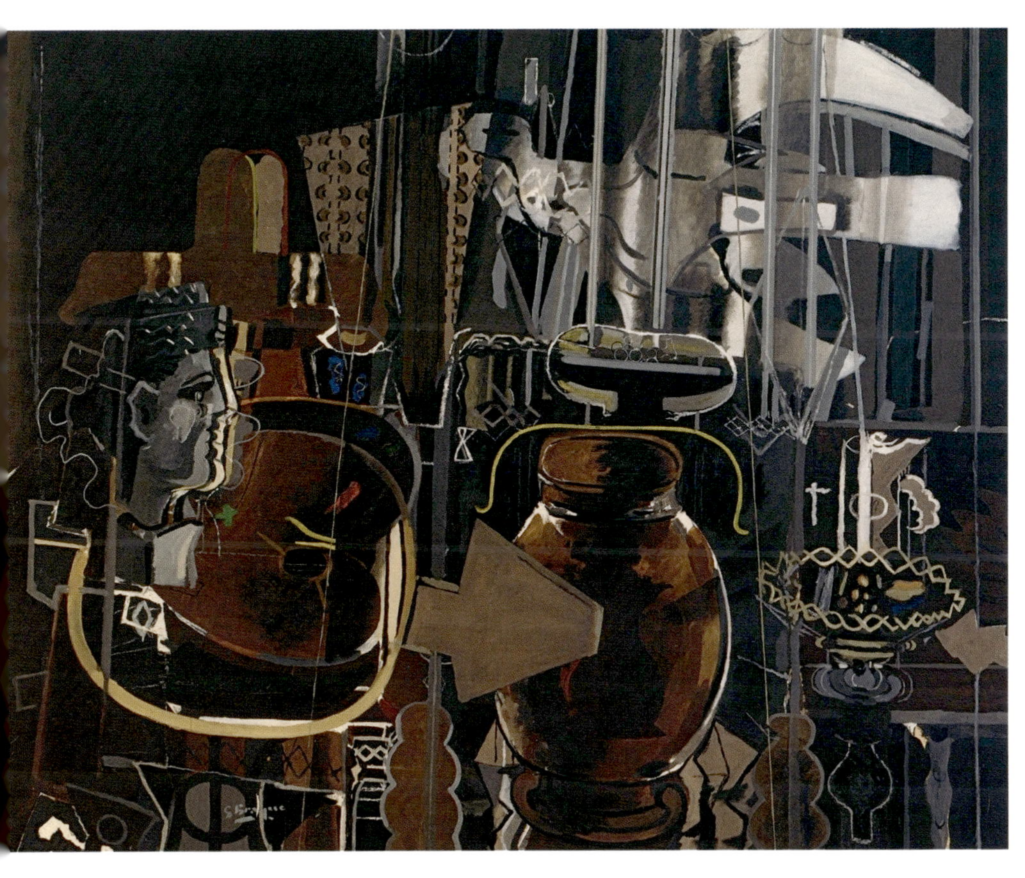

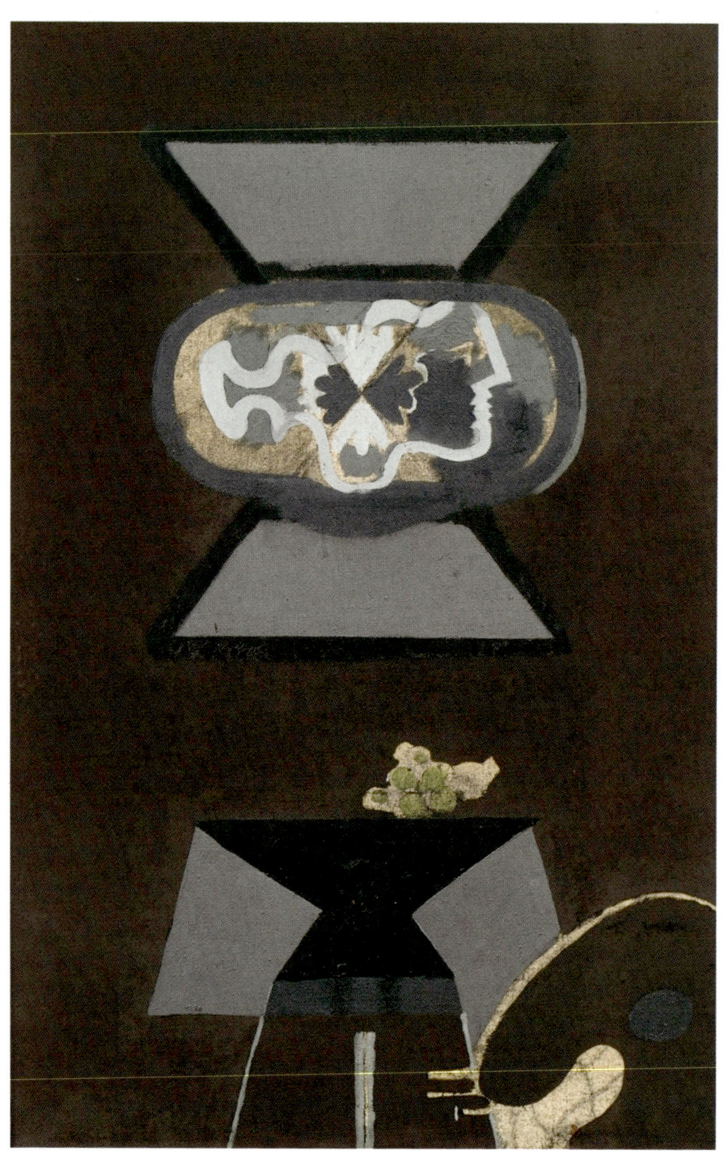

Profil et palette sur fond noir (Atelier III), 1949
Huile sur toile
100 × 65 cm
Collection particulière

Profile and Palette on Black Background (Studio III), 1949
Oil on canvas
39.37 × 25.59 in
Private collection

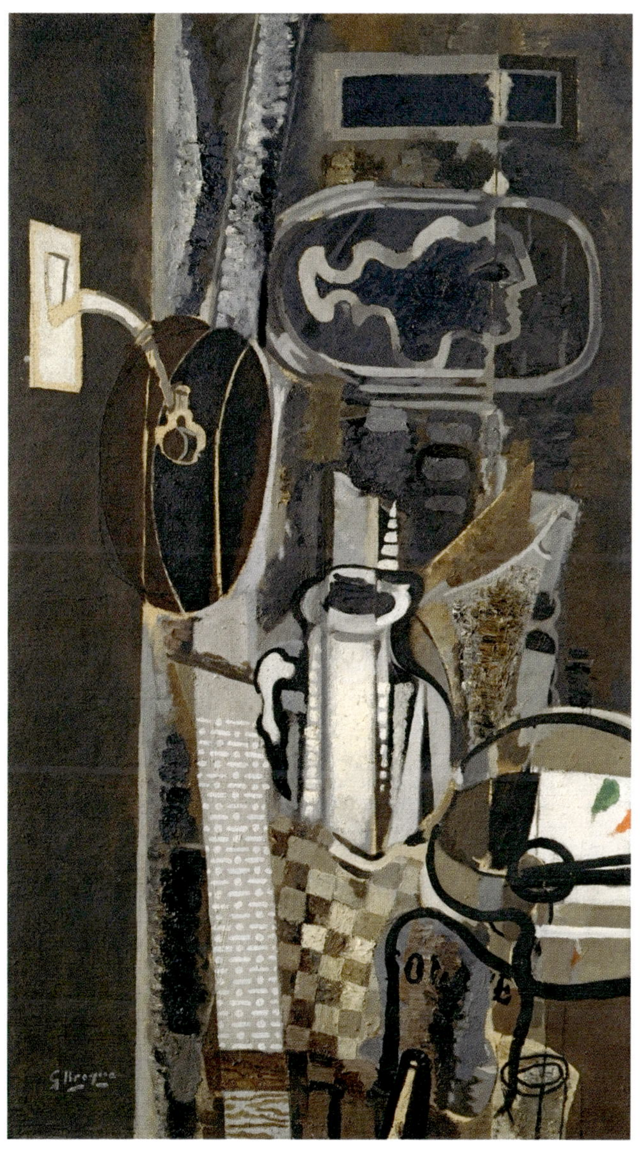

Atelier III, 1949
Huile sur toile
130,8 × 74 cm
New York, The Metropolitan Museum of Art
Bequest of Florene M. Schoenborn, 1995
1996.403.13a, b

Studio III, 1949
Oil on canvas
51.49 × 29.13 in
New York, The Metropolitan Museum of Art
Bequest of Florene M. Schoenborn, 1995
1996.403.13a, b

Atelier IV, 1949
Huile sur toile
130 × 195 cm
Signé en bas à gauche : *G. Braque*
Collection particulière

Studio IV, 1949
Oil on canvas
51.18 × 76.77 in
Signed lower left: *G. Braque*
Private collection

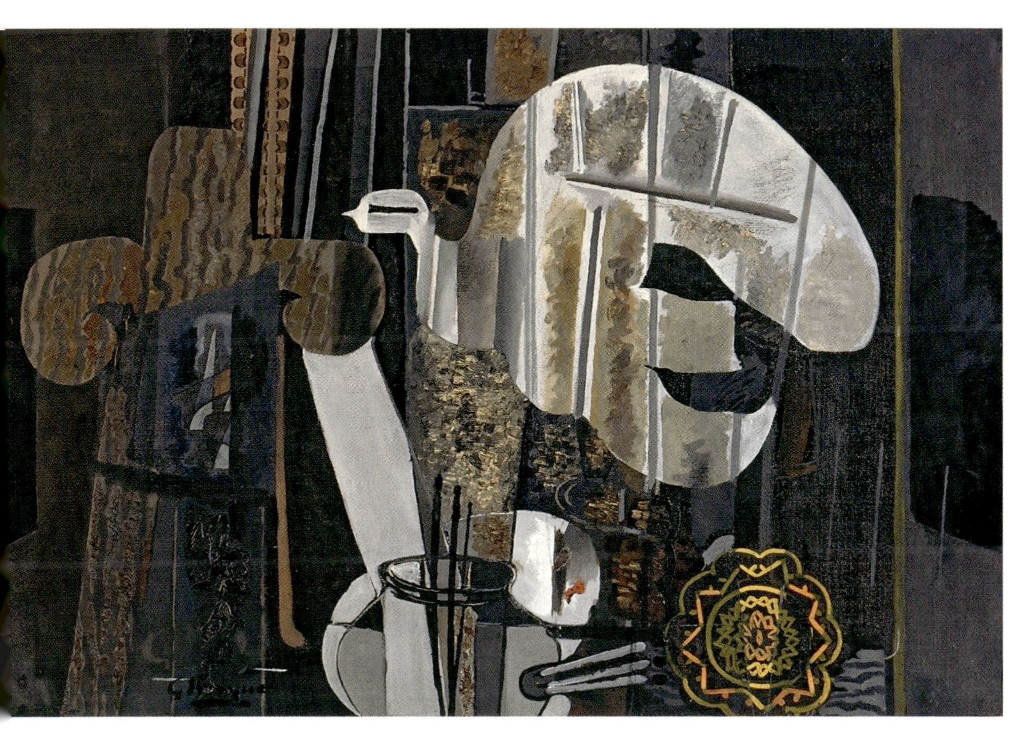

Atelier V, 1949
Huile sur toile
147 × 176,5 cm
Signé en bas à gauche : *G. Braque*
New York, The Museum of Modern Art
Acquired through the Lillie P. Bliss Bequest
123.2000

Studio V, 1949
Oil on canvas
57.87 × 69.48 in
Signed lower left: *G. Braque*
New York, The Museum of Modern Art
Acquired through the Lillie P. Bliss Bequest
123.2000

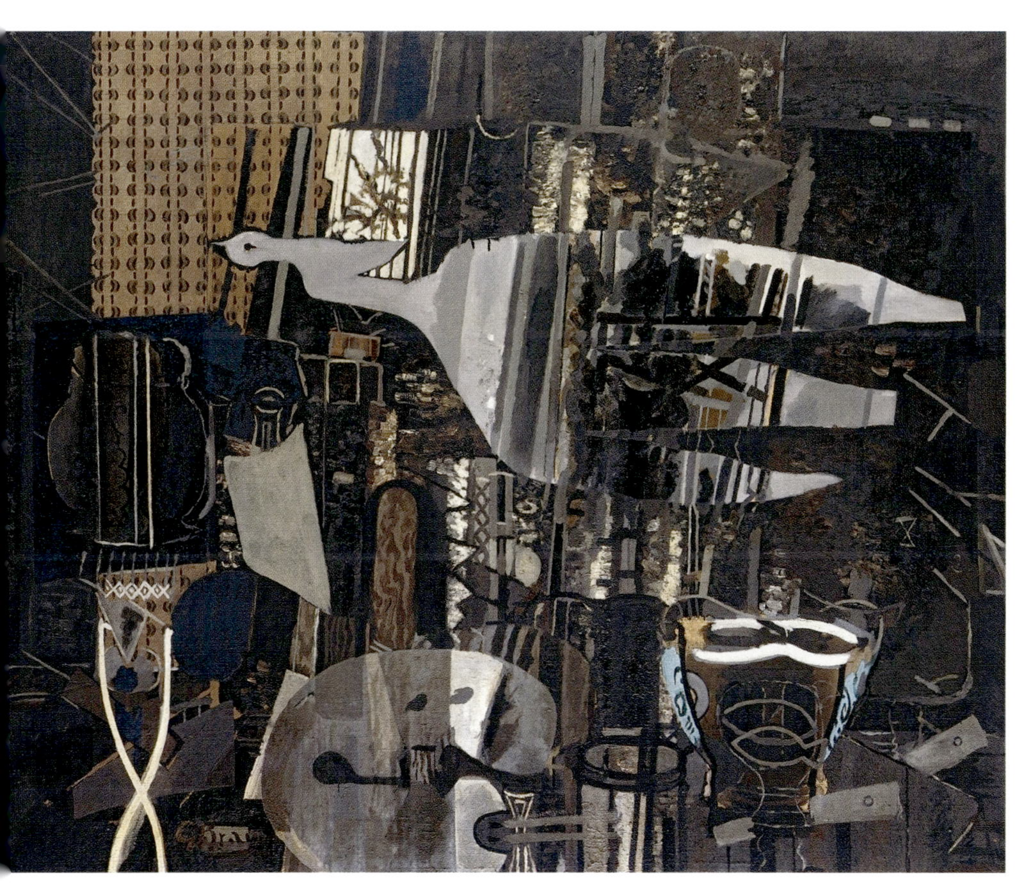

Atelier VI, 1950-1951
Huile sur toile
130 × 162,5 cm
Signé en bas à droite : *G. Braque*
Saint-Paul, Fondation Marguerite et Aimé Maeght

Studio VI, 1950–1951
Oil on canvas
51.18 × 63.97 in
Signed lower right: *G. Braque*
Saint-Paul, Fondation Marguerite et Aimé Maeght

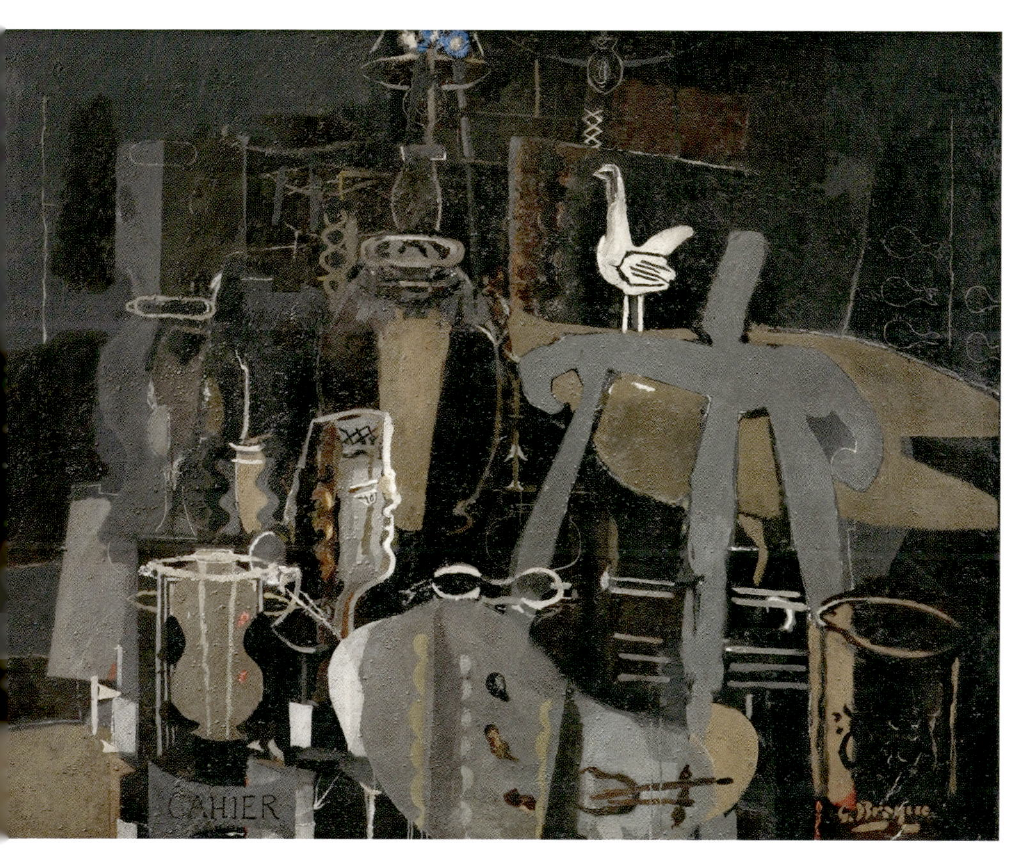
CAHIER

Atelier VIII, 1954-1955	*Studio VIII*, 1954–1955
Huile sur toile	Oil on canvas
132,1 × 196,9 cm	52.00 × 77.51 in
Signé en bas à gauche : *G. Braque*	Signed lower left: *G. Braque*
Oviedo, Fundación Masaveu	Oviedo, Fundación Masaveu

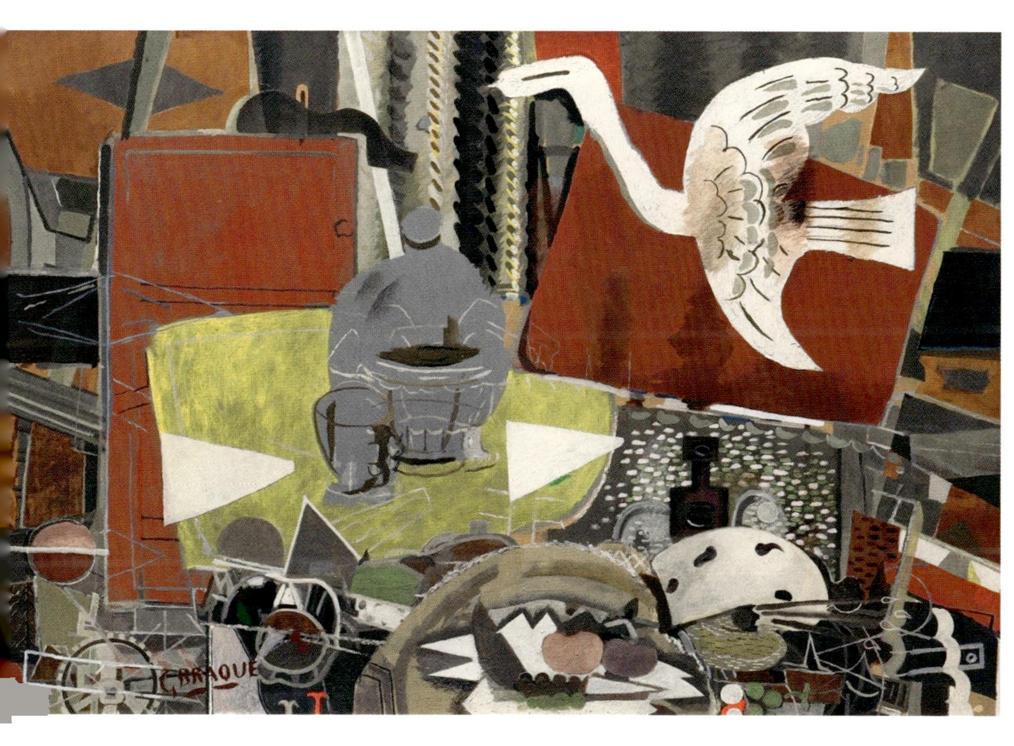
GBRAQUE

Atelier IX, 1952-1956	*Studio IX*, 1952–1956
Huile sur toile	Oil on canvas
146 × 146 cm	57.48 × 57.48 in
Signé en bas à gauche : *G. Braque*	Signed lower left: *G. Braque*
Paris, Centre Pompidou, Musée national d'art moderne	Paris, Centre Pompidou, Musée national d'art moderne
Dation, 1982	Accepted in lieu of inheritance tax, 1982
AM 1982-99	AM 1982-99

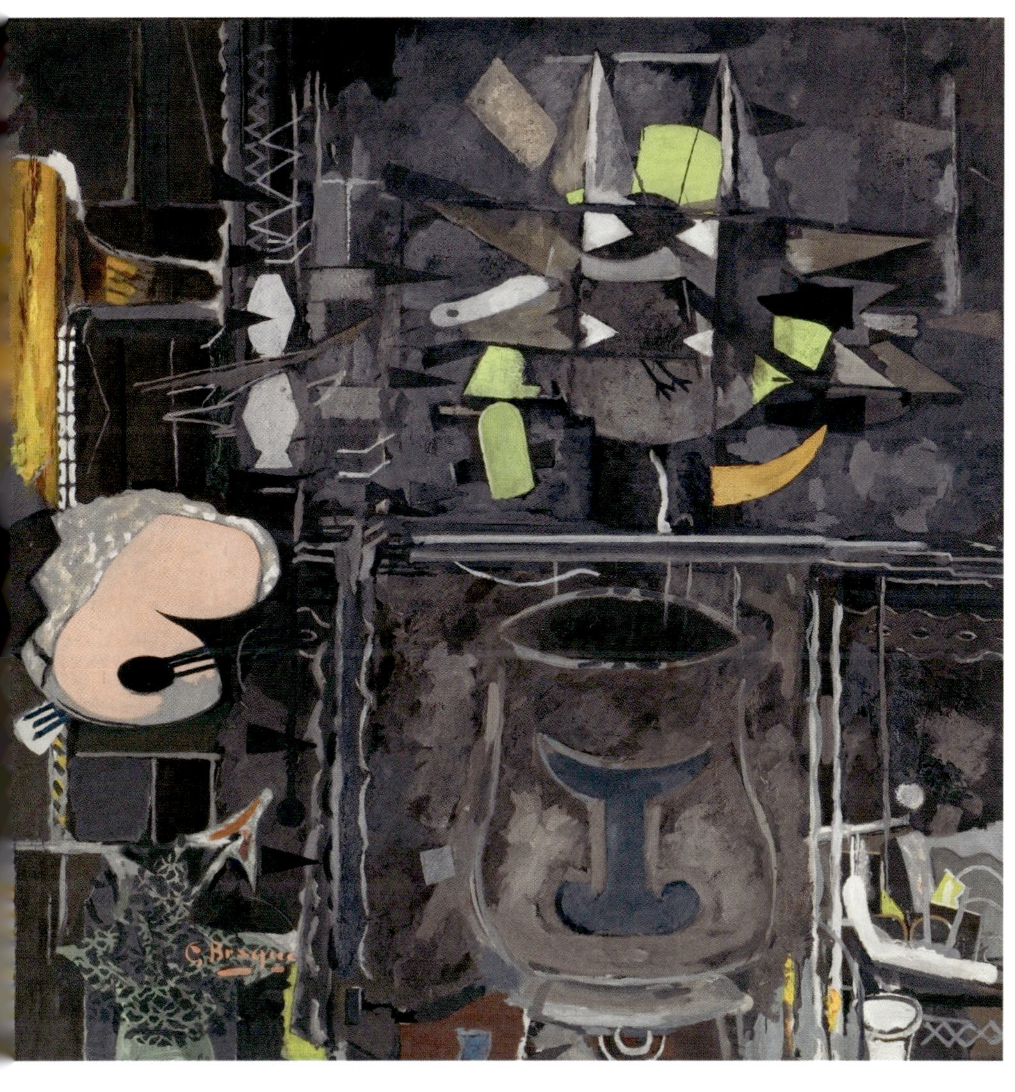
G Braque

Les Oiseaux
The Birds
1954 – 1962

L'Écho, 1953-1956
Huile sur toile
130,2 × 161,9 cm
Signé en bas à gauche : *G. Braque*
Suisse, Nahmad Collection
Inv. n° GB 2976

L'Écho, 1953–1956
Oil on canvas
51.25 × 63.74 in
Signed lower left: *G. Braque*
Switzerland, Nahmad Collection
Inv. n° GB 2976

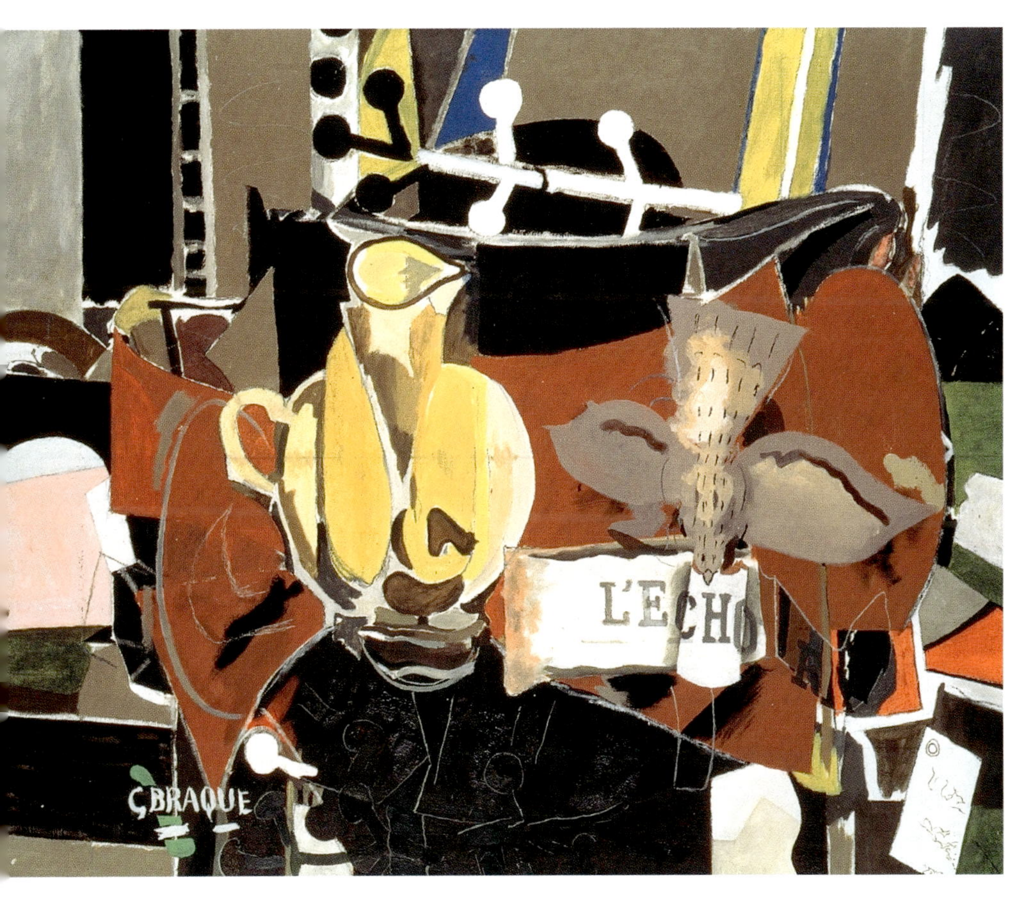
L'ECHO
G BRAQUE

Étude pour le plafond du Louvre, 1953
Gouache sur papier
20,4 × 13,6 cm
Signé et daté en bas à gauche : *G. Braque / 1953*
Belfort, musées de Belfort
Donation de Maurice Jardot
DHK.999.1.24

Study for the Louvre Ceiling, 1953
Gouache on paper
8.03 × 5.35 in
Signed and dated lower left: *G. Braque/1953*
Belfort, Musées de Belfort
Gift of Maurice Jardot
DHK.999.1.24

Étude pour le plafond du Louvre, 1953
Gouache sur papier
21 × 13,6 cm
Signé et daté en bas à droite : *G. Braque / 1953*
Belfort, musées de Belfort
Donation de Maurice Jardot
DHK.999.1.25

Study for the Louvre Ceiling, 1953
Gouache on paper
8.26 × 5.35 in
Signed and dated lower right: *G. Braque/1953*
Belfort, Musées de Belfort
Gift of Maurice Jardot
DHK.999.1.25

Étude pour le plafond du Louvre, 1953
Gouache sur papier
21 × 27 cm
Signé et daté en bas : *G. Braque / 1953*
Belfort, musées de Belfort
Donation de Maurice Jardot
DHK.999.1.23

Study for the Louvre Ceiling, 1953
Gouache on paper
8.26 × 10.62 in
Signed and dated lower edge: *G. Braque/1953*
Belfort, Musées de Belfort
Gift of Maurice Jardot
DHK.999.1.23

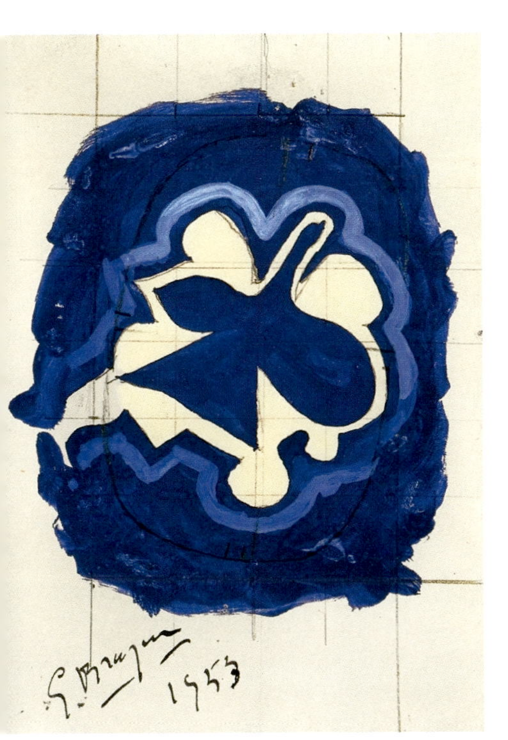

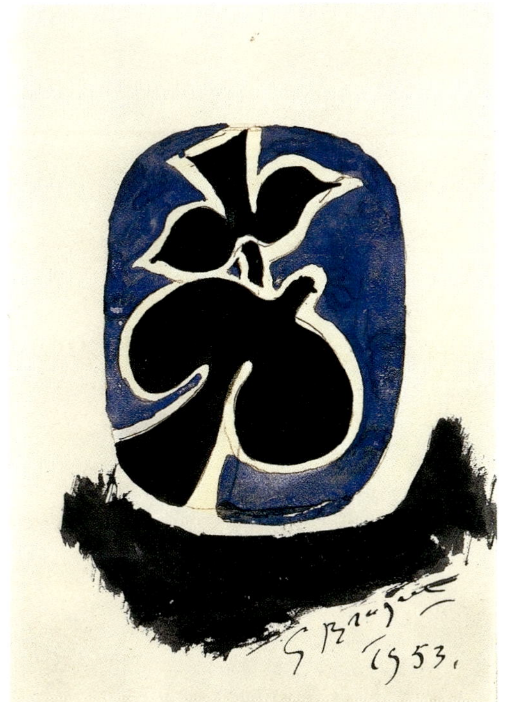

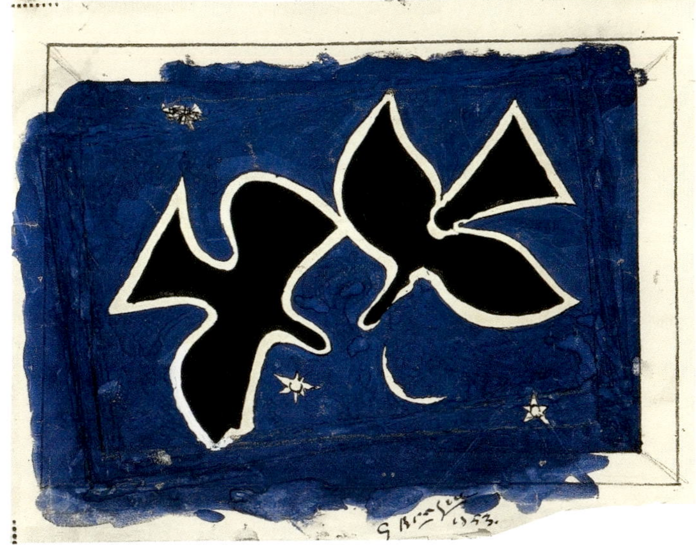

Études pour le plafond du Louvre 1, 2 et 3, 1953
Gouaches sur papier
30 × 18,5 cm chacune
Panneau de gauche : Inscriptions en bas à gauche : *Blanc à réserver*. Signé, daté en bas à droite : *29 Décembre. G Braque / 1952*
Panneau central : Signé en bas à gauche : *G Braque.* Inscriptions : *Plafond. Bleu sur fond noir.* Daté en bas à droite : *Le 21 Décembre 1952*
Panneau de droite : Dédicacé en bas à gauche : *Pour Georges Salles. Ce plafond qui lui doit le jour. G Braque*. Signé, daté en bas à droite : *Le Louvre. 4 janvier. G Braque 1953*
Collection particulière

Study for the Louvre Ceiling 1, 2, and 3, 1953
Gouache on paper
11.81 × 7.28 in (each panel)
Left-hand panel: Inscribed lower left: *Blanc à réserver.* [Area to be left blank.] Signed and dated lower right: *29 Décembre. G Braque/1952*
Central panel: Signed lower left: *G Braque.*
Inscribed: *Plafond. Bleu sur fond noir. [Ceiling. Blue on blac background]* Dated lower right: *Le 21 Décembre 1952*
Right-hand panel: Dedicated lower left: *Pour Georges Salles. Ce plafond qui lui doit le jour. [For Georges Salles. The ceilin that owes its existence to him.] G Braque*. Signed and dated lower right: *Le Louvre. 4 janvier. G Braque 1953*
Private collection

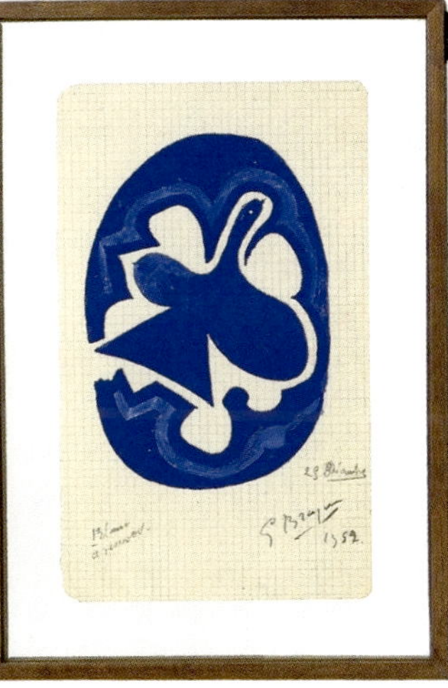
1952

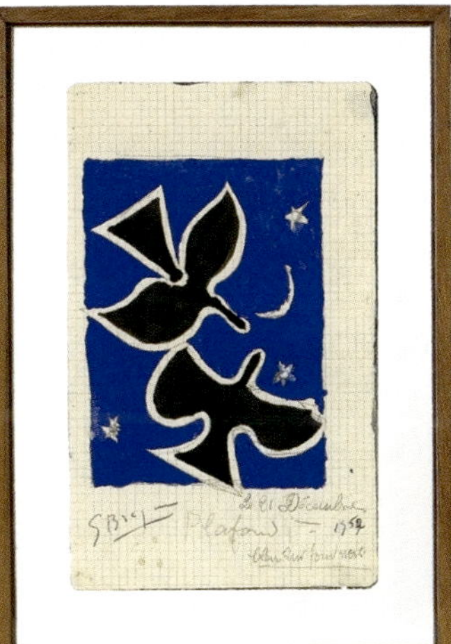
Plafond
1952

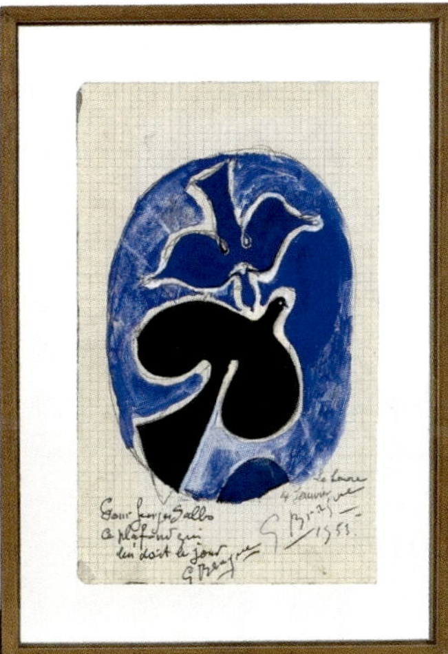
1953

Composition aux étoiles, 1954-1958
Huile sur toile
195 × 97 cm
Collection particulière

Composition with Stars, 1954–1958
Oil on canvas
76.77 × 38.18 in
Private collection

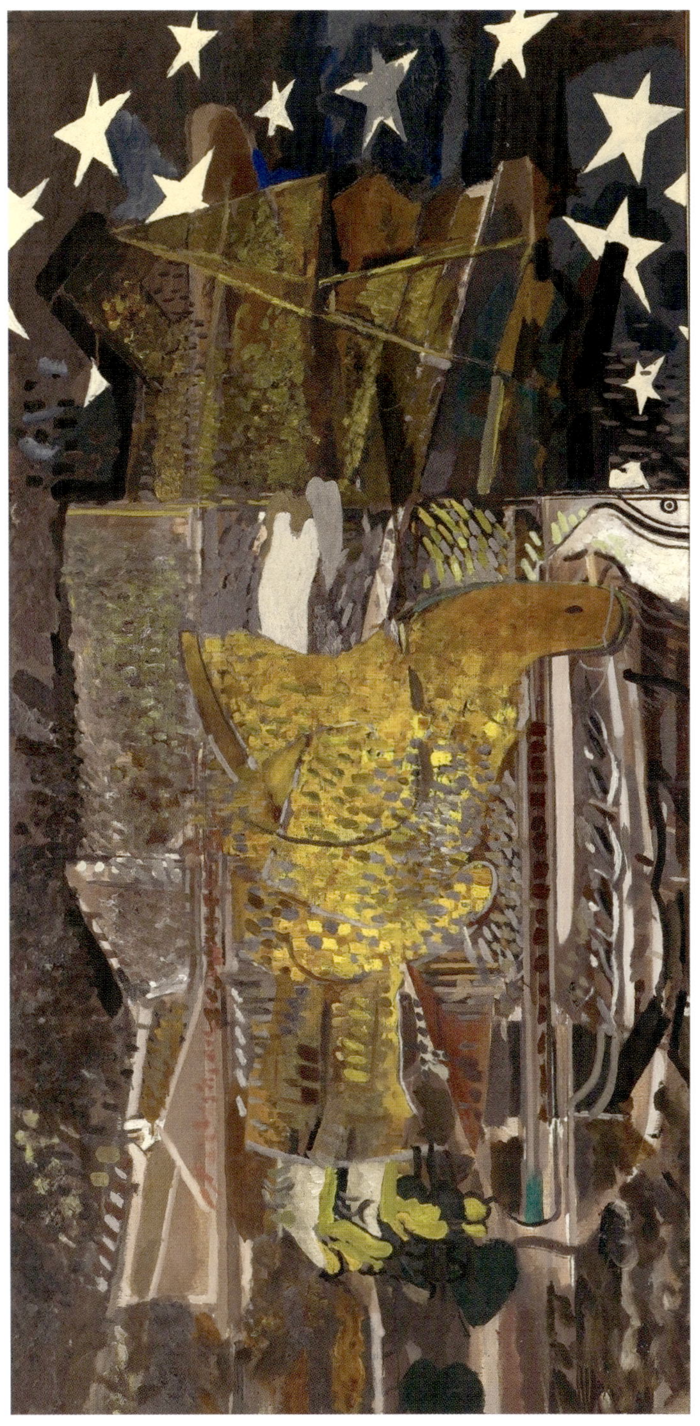

Le Nid dans le feuillage, 1958
Huile sur toile
114 × 132 cm
Signé en bas à droite : *G. Braque*
Paris, collection Isabelle Maeght

Nest among the Leaves, 1958
Oil on canvas
44.88 × 51.96 in
Signed lower right: *G. Braque*
Paris, Collection Isabelle Maeght

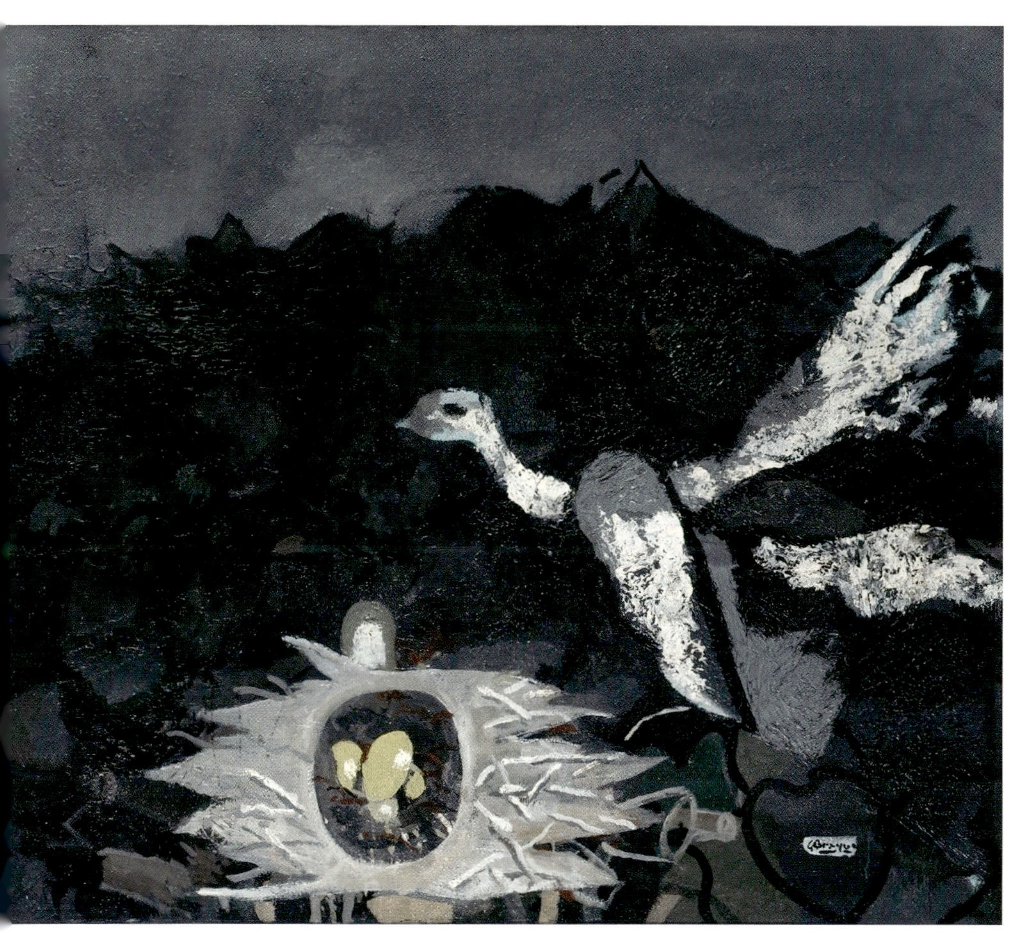

L'Oiseau et son nid, 1955
Huile et sable sur toile
130,5 × 173,5 cm
Signé en bas à gauche : *G. Braque*
Paris, Centre Pompidou, Musée national d'art moderne
Donation de Mme Georges Braque, 1965
AM 4307 P

The Bird and Its Nest, 1955
Oil and sand on canvas
51.37 × 68.30 in
Signed lower left: *G. Braque*
Paris, Centre Pompidou, Musée national d'art moderne
Gift of the artist's wife, 1965
AM 4307 P

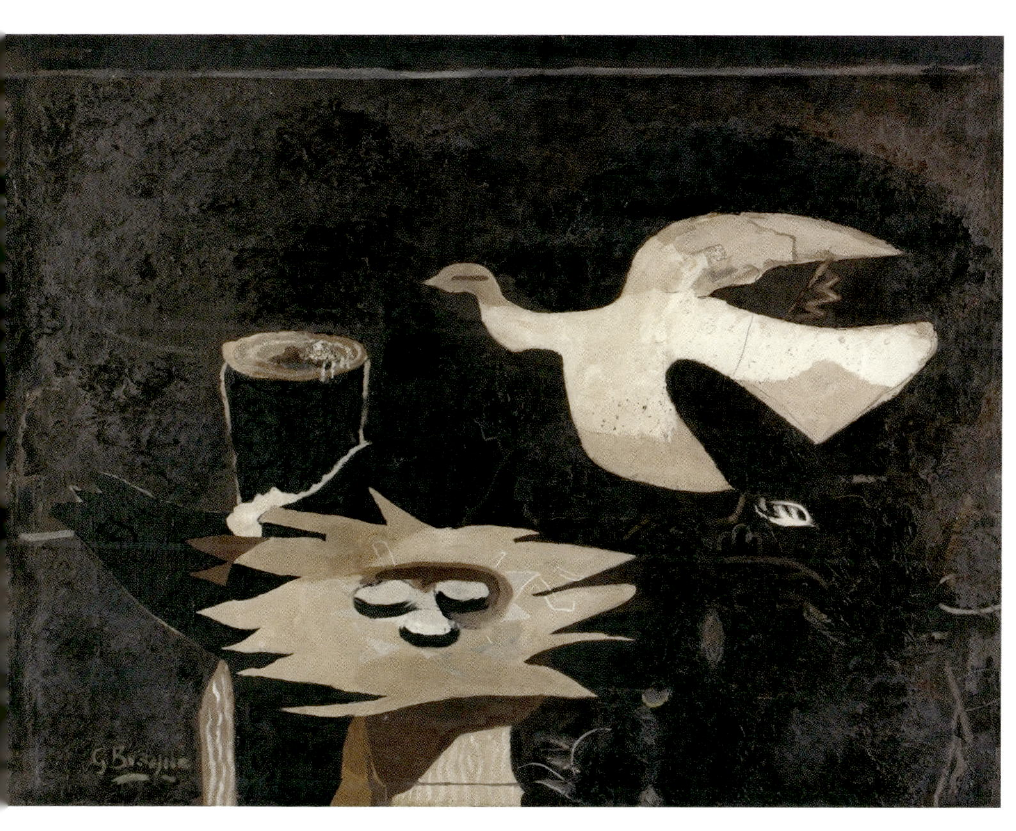

Oiseau 1 – Oiseau 2, 1954	*Bird 1*, *Bird 2*, 1954
Huile sur toile	Oil on canvas
80 × 285 cm	31.49 × 112.20 in
Signé en bas à droite : *G. Braque*	Signed lower right: *G. Braque*
Saint-Paul, collection Adrien Maeght	Saint-Paul, Collection Adrien Maeght

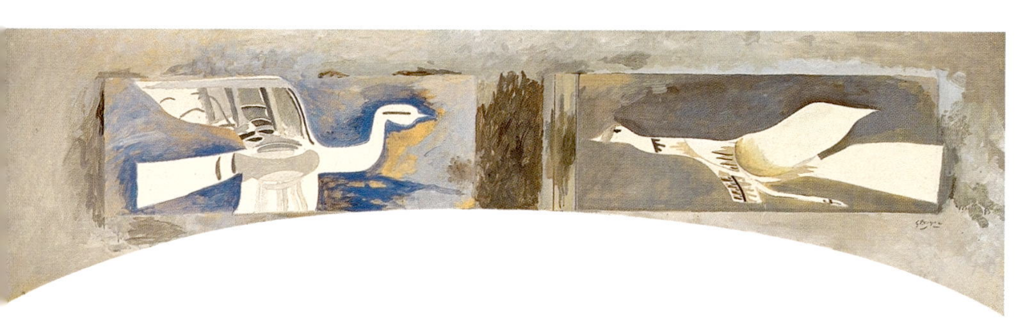

Les Oiseaux en vol, 1959	*Birds in Flight*, 1959
Huile sur toile	Oil on canvas
72 × 162 cm	28.34 × 63.77 in
Collection particulière	Private collection

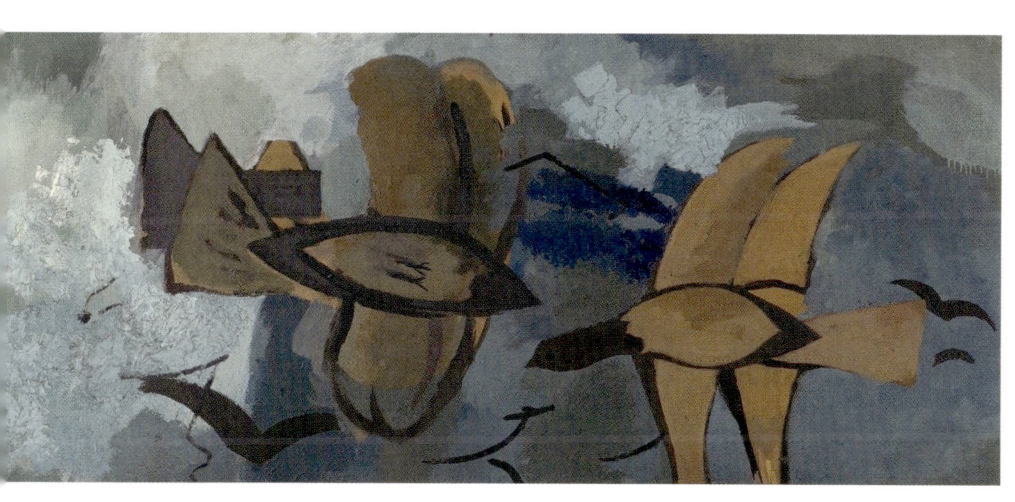

Les Oiseaux, 1954-1962
Huile sur papier marouflé sur toile
73 × 92 cm
Belfort, musées de Belfort
Donation de Maurice Jardot
DHK.999.1.27

The Birds, 1954–1962
Oil on paper mounted on canvas
28.74 × 36.22 in
Belfort, Musées de Belfort
Gift of Maurice Jardot
DHK.999.1.27

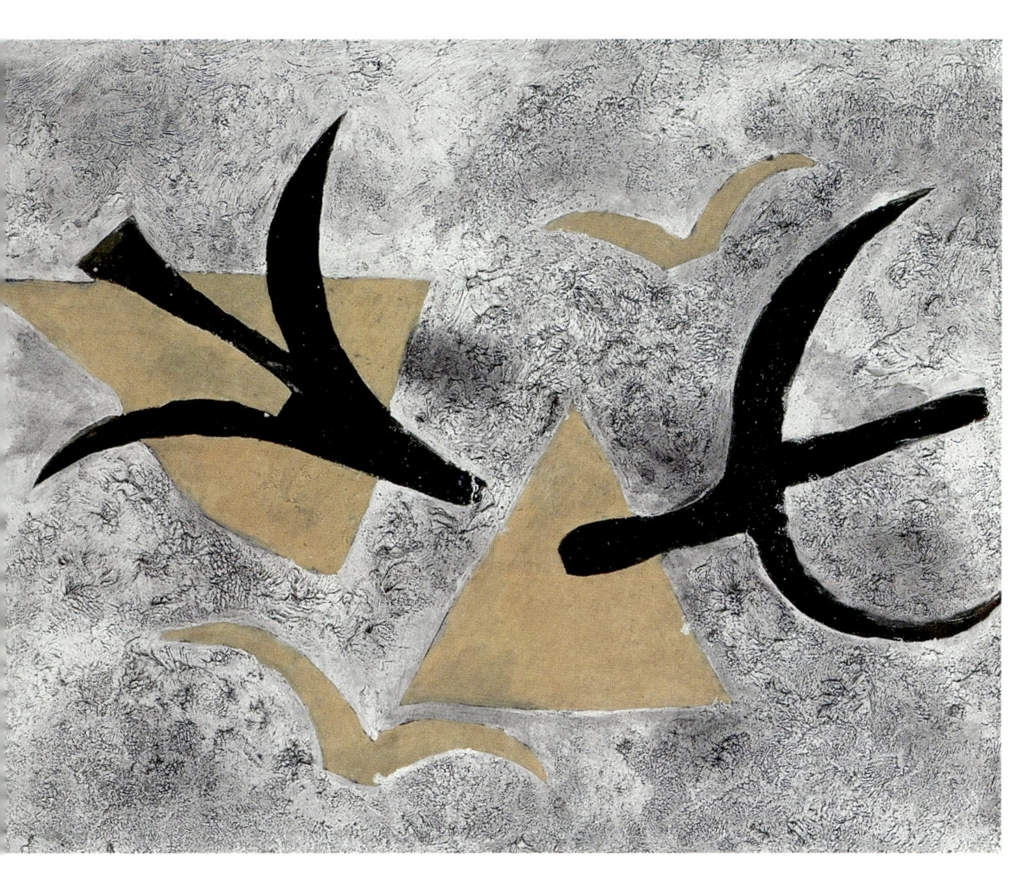

Les Oiseaux noirs, 1956-1957
Huile sur toile
129 × 181 cm
Signé en bas à droite : *G. Braque*
Saint-Paul, collection Adrien Maeght

The Black Birds, 1956–1957
Oil on canvas
50.78 × 71.25 in
Signed lower right: *G. Braque*
Saint-Paul, Collection Adrien Maeght

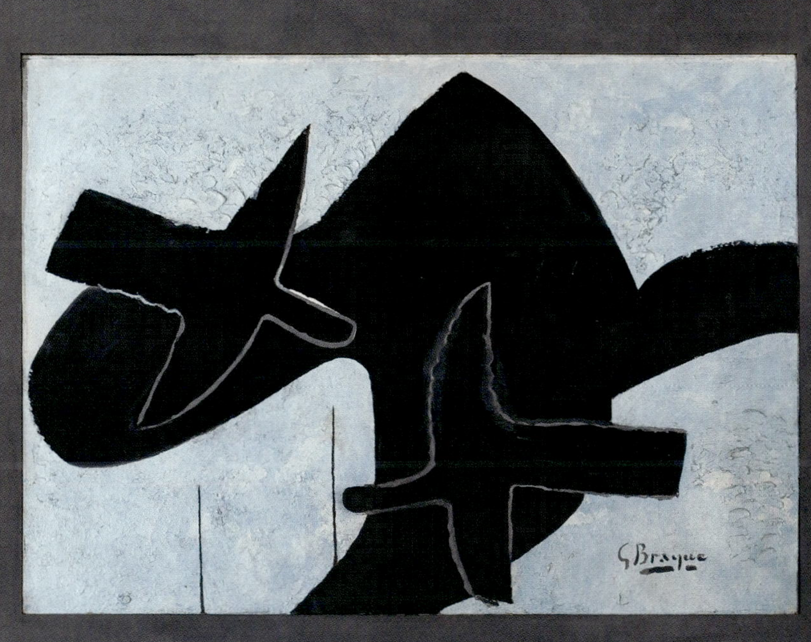
G Braque

L'Oiseau noir et l'oiseau blanc, 1960
Huile sur toile
134 × 167,5 cm
Collection particulière

Black Bird and White Bird, 1960
Oil on canvas
52.75 × 65.94 in
Private collection

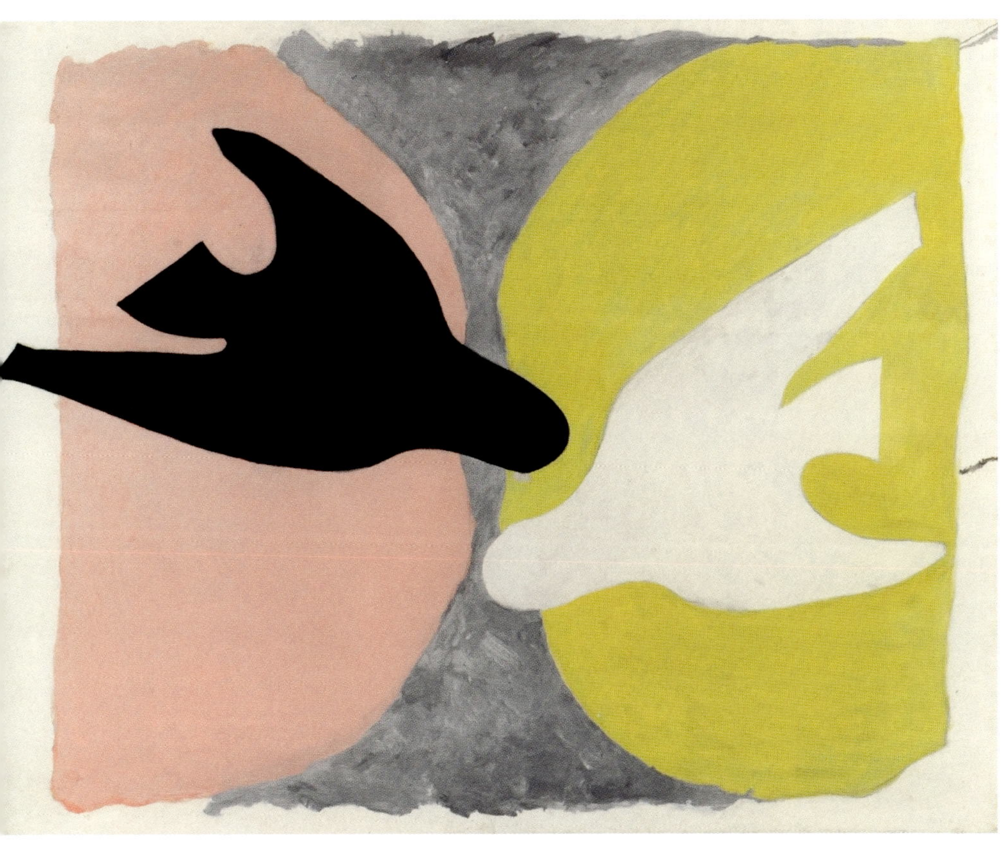

À tire d'aile, 1956-1961
Huile et sable sur toile marouflée sur panneau
114 × 170,5 cm
Signé en bas à droite dans un cartouche : *G. Braque*
Paris, Centre Pompidou, Musée national d'art moderne
Donation de Mme Georges Braque, 1965
AM 4308 P

In Full Flight, 1956–1961
Oil and sand on canvas mounted on panel
44.88 × 67.12 in
Signed lower right in cartouche: *G. Braque*
Paris, Centre Pompidou, Musée national d'art moderne
Gift of the artist's wife, 1965
AM 4308 P

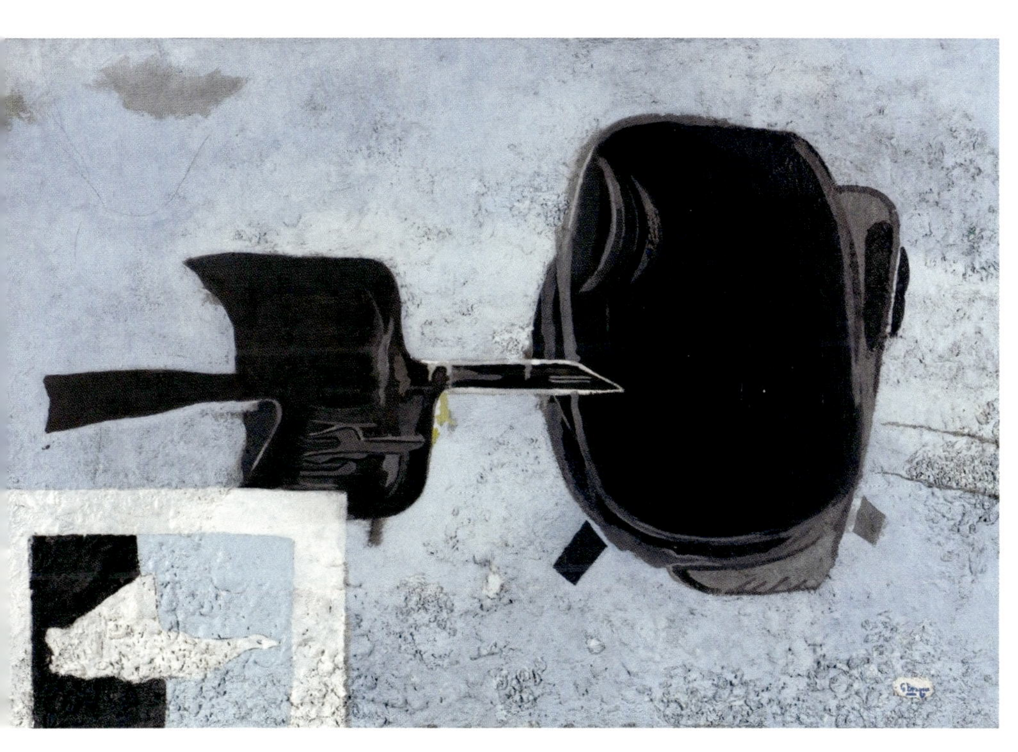

Livres illustrés par Georges Braque
Books illustrated by Georges Braque

Georges Braque
Cahier de Georges Braque, 1916-1947, 1947
Illustré de deux lithographies originales
en couleurs en 1re et 2e pages de couverture.
Une lithographie originale en noir en faux-titre
50 × 33 cm
Paris, Maeght Éditeur, 1947
Saint-Paul, Fondation Marguerite et Aimé Maeght
5415

Georges Braque
Cahier de Georges Braque, 1916–1947, 1947
Including two original lithographs in colours
1st and 2nd pages of cover, and one original lithograph
in black on half-title page
19.68 × 12.99 in
Paris, Maeght Éditeur, 1947
Saint-Paul, Fondation Marguerite et Aimé Maeght
5415

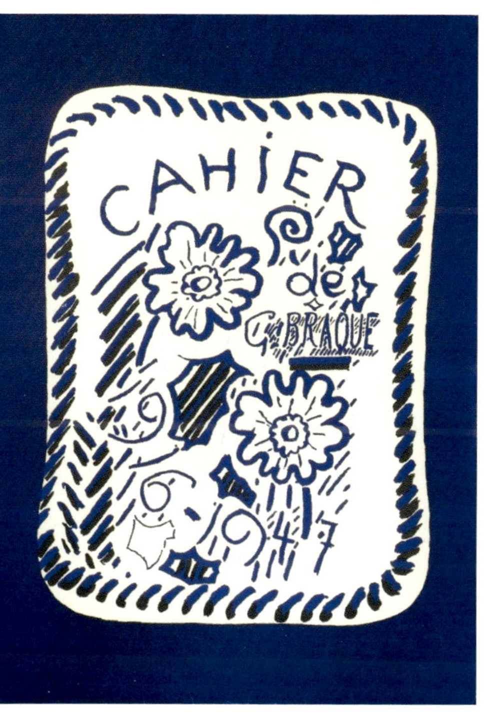
CAHIER
de
G. BRAQUE
1947

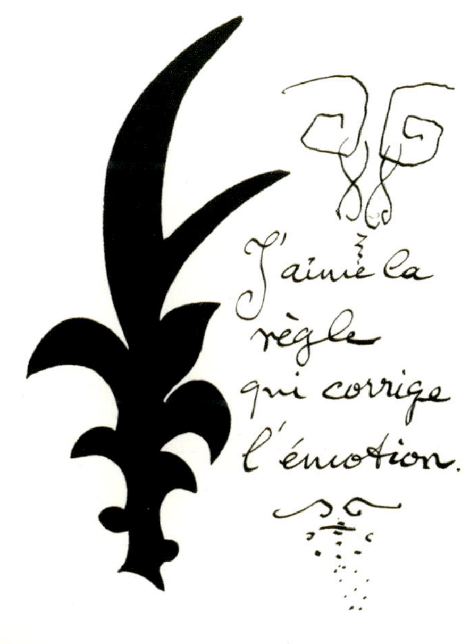
J'aime la
règle
qui corrige
l'émotion.

Georges Braque, Pierre Reverdy
La Liberté des mers, 1959
Texte de Pierre Reverdy illustré d'une couverture en couleurs, d'un frontispice et de cinq illustrations à pleine page en couleurs, d'une illustration à pleine page en noir et d'ornements dans le texte de Georges Braque
57,5 × 39,5 cm
Paris, Maeght Éditeur, 1959
Saint-Paul, Fondation Marguerite et Aimé Maeght
5418

Georges Braque, Pierre Reverdy
The Freedom of the Seas, 1959
Text by Pierre Reverdy, with cover in colours, frontispiece, five full-page illustrations in colours, one full-page illustration in black, and various decorative in-text additions by Georges Braque
22.63 × 15.55 in
Paris, Maeght Éditeur, 1959
Saint-Paul, Fondation Marguerite et Aimé Maeght
5418

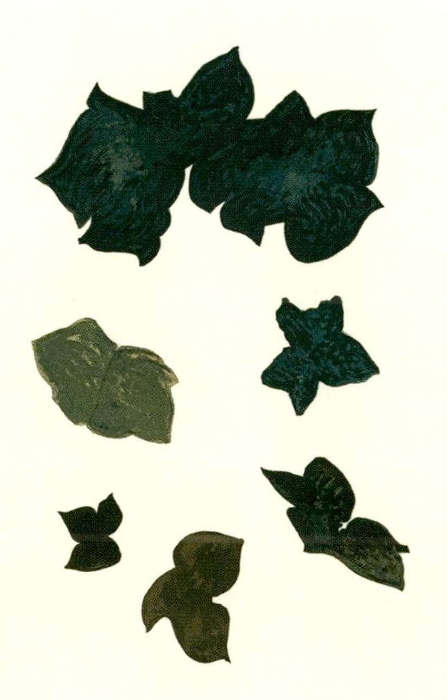

Clair
mystère

Par-dessus
le portique
où s'enroule
la treille
et où chante
l'oiseau -

Georges Braque, Guillaume Apollinaire
Si je mourais là-bas, 1962
Poème de Guillaume Apollinaire de 1915
illustré de dix-huit bois gravés en couleur,
un pour la couverture et un comme ornement pour
une page de protection hors-texte de Georges Braque
48,5 × 38 cm
Paris, Louis Broder Éditeur, 1962
Saint-Paul, Fondation Marguerite et Aimé Maeght
5420

Georges Braque, Guillaume Apollinaire
If I Were to Die There, 1962
1915 poem by Guillaume Apollinaire
with 18 woodcuts in colours by Georges Braque,
with one for the cover and one as decoration
for an hors-text endpaper.
19.09 × 14.96 in
Paris, Louis Broder Éditeur, 1962
Saint-Paul, Fondation Marguerite et Aimé Maeght
5420

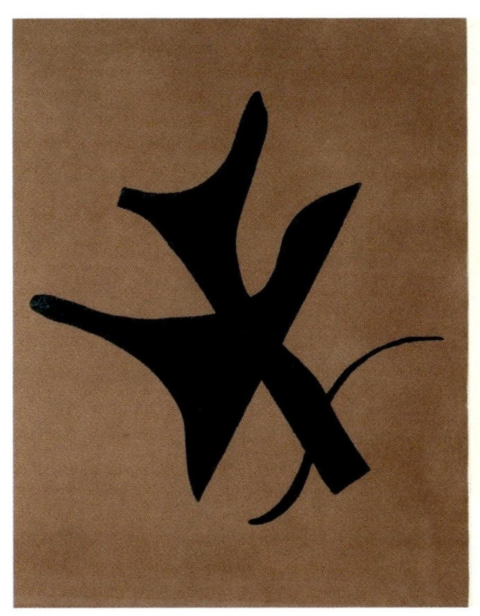

GUILLAUME APOLLINAIRE

Si je mourais là-bas

GEORGES BRAQUE

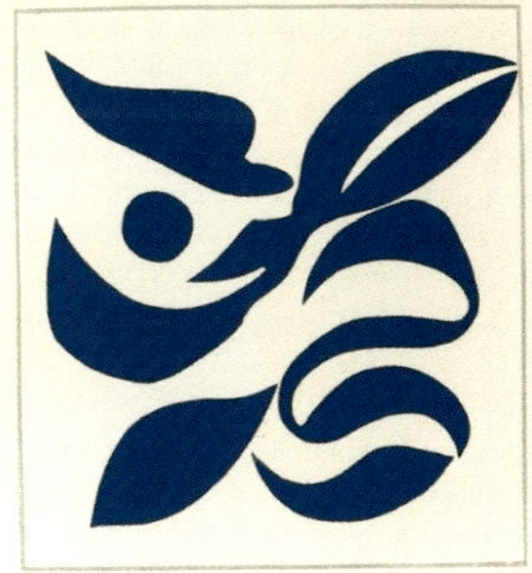

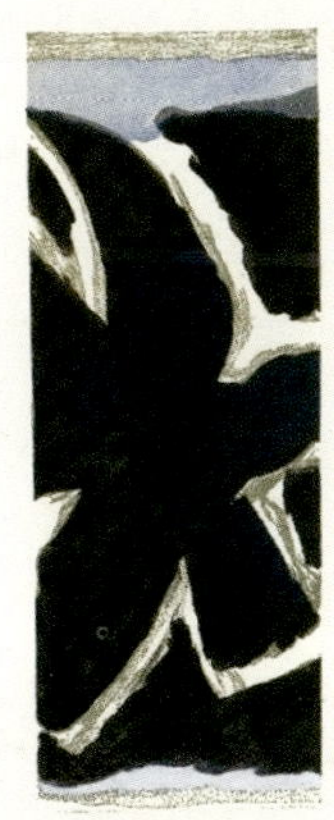

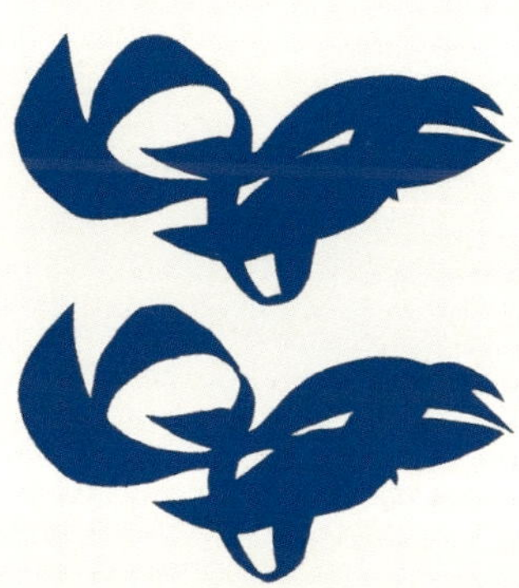

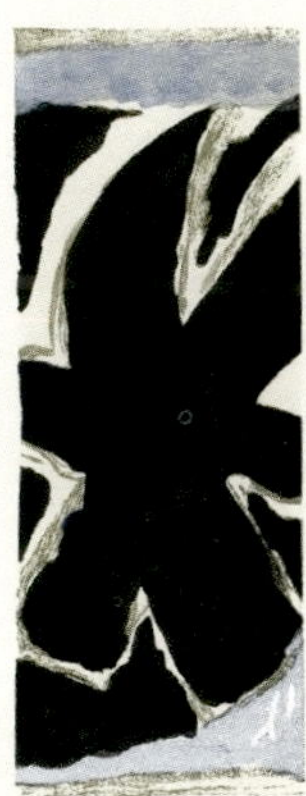

Georges Braque, René Char
Lettera Amorosa, 1963
Frontispice
Lithographie en couleurs
Épreuve d'essai
30 × 22,5 cm
Signée : *Georges Braque*
Collection particulière

Georges Braque, René Char
Lettera Amorosa, 1963
Frontispiece
Lithograph in colours
Proof copy
11.81 × 8.85 in
Signed: *Georges Braque*
Private collection

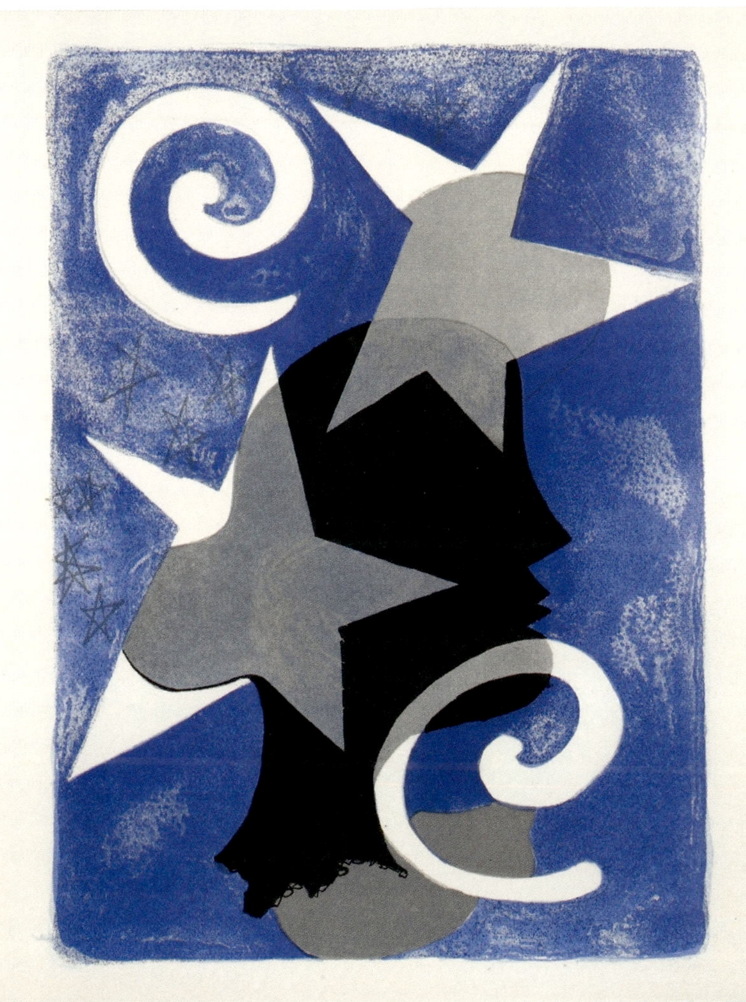

Georges Braque, Jacques Prévert
Varengeville, 1968
Texte de Jacques Prévert illustré
de dix-sept compositions lithographiques en couleurs
d'après des peintures de Georges Braque
33,5 × 41 cm
Paris, Maeght Éditeur, 1968
Saint-Paul, Fondation Marguerite et Aimé Maeght

Georges Braque, Jacques Prévert
Varengeville, 1968
Text by Jacques Prévert illustrated
with 17 lithographic compositions in colours
after paintings by Georges Braque
13.18 × 16.14 in
Paris, Maeght Éditeur, 1968
Saint-Paul, Fondation Marguerite et Aimé Maeght

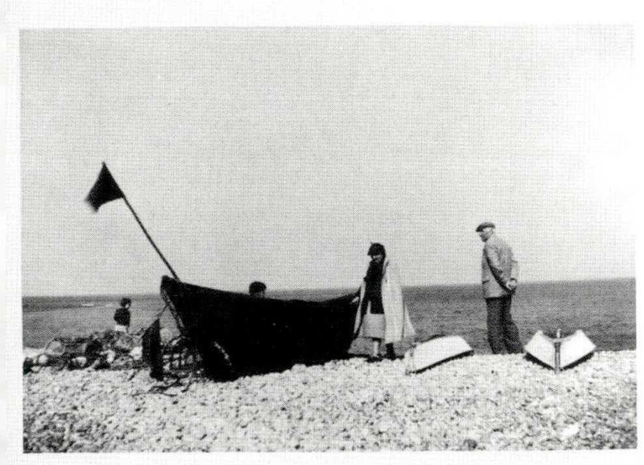

GEORGES BRAQUE   JACQUES PRÉVERT

VARENGEVILLE

MAEGHT EDITEUR

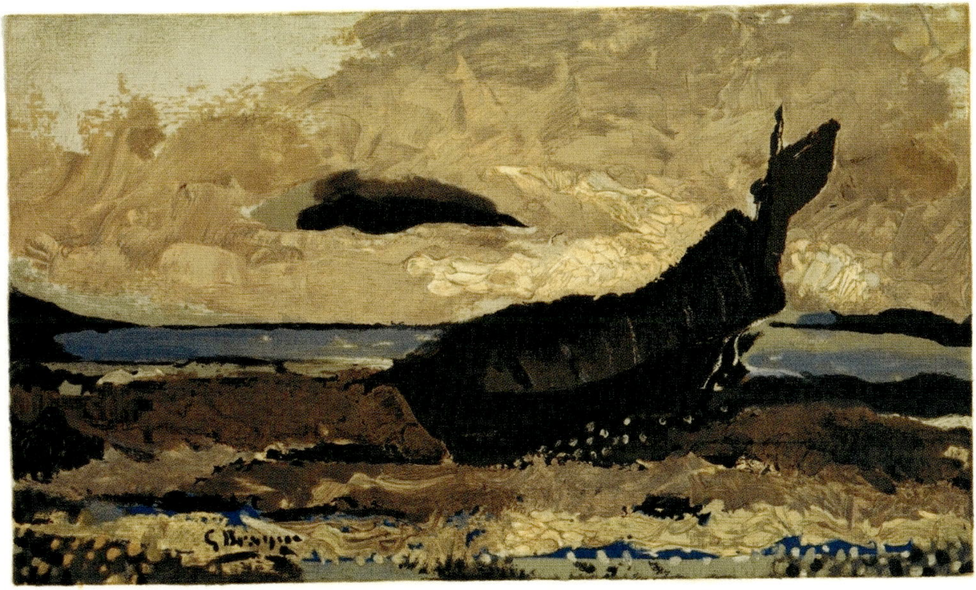

Photographies et documents
Photographs and documents

Anonyme
Georges Braque jouant de la flûte, Le Havre, vers 1897
Épreuve gélatino-argentique
22,5 × 10,5 cm
Archives Quentin Laurens

Unknown
Georges Braque playing the flute, Le Havre *c.*1897
Silver gelatin print
8.85 × 4.13 in
Archives Quentin Laurens

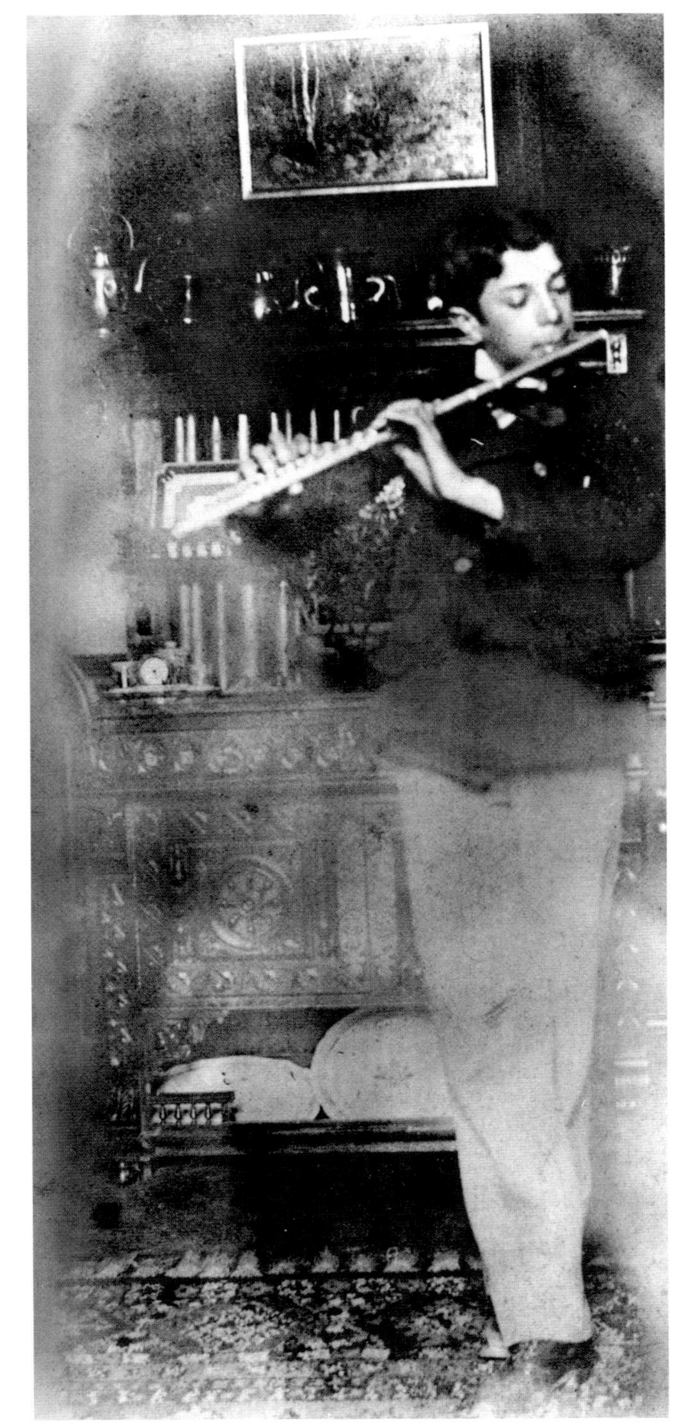

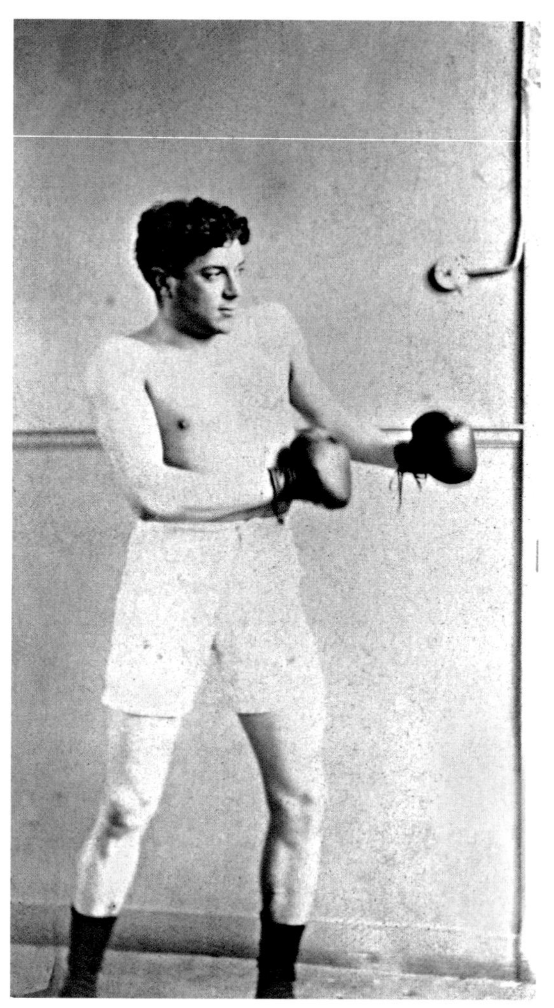

Anonyme	Unknown
Georges Braque boxant, vers 1904-1905	*Georges Braque boxing*, *c.*1904–1905
Épreuve gélatino-argentique	Silver gelatin print
22,5 × 12,5 cm	8.85 × 4.92 in
Archives Quentin Laurens	Archives Quentin Laurens

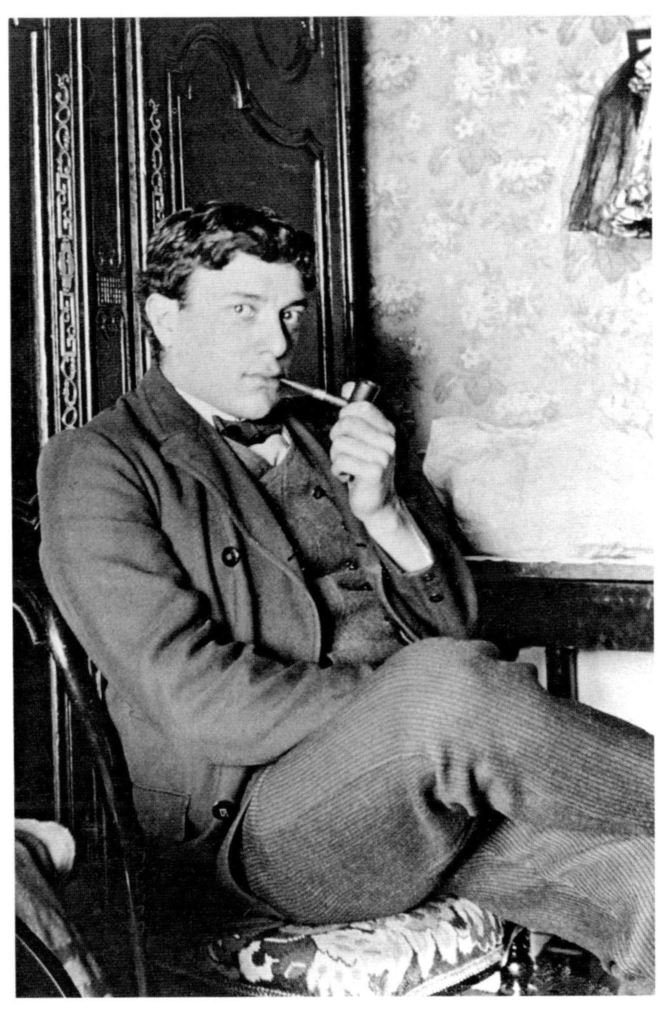

Anonyme	Unknown
Portrait de Georges Braque, vers 1906-1907	*Portrait of Georges Braque*, c.1906–1907
Épreuve gélatino-argentique	Silver gelatin print
22,5 × 15 cm	8.85 × 5.90 in
Archives Quentin Laurens	Archives Quentin Laurens

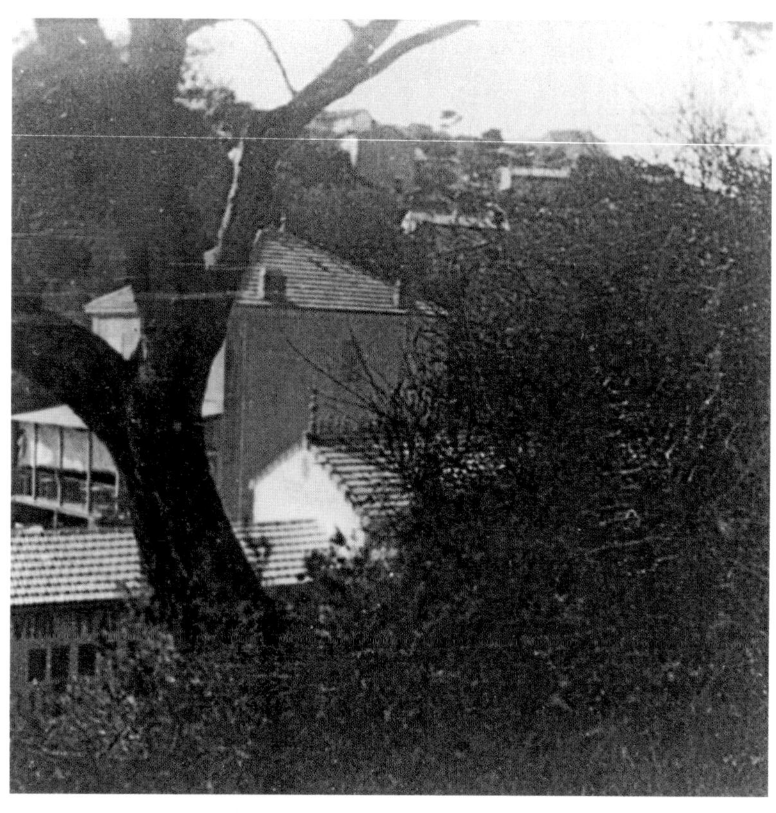

Daniel-Henry Kahnweiler
Vue de L'Estaque, 1910
Épreuve gélatino-argentique
20 × 20 cm
Archives Quentin Laurens

Daniel-Henry Kahnweiler
View of L'Estaque, 1910
Silver gelatin print
7.87 × 7.87 in
Archives Quentin Laurens

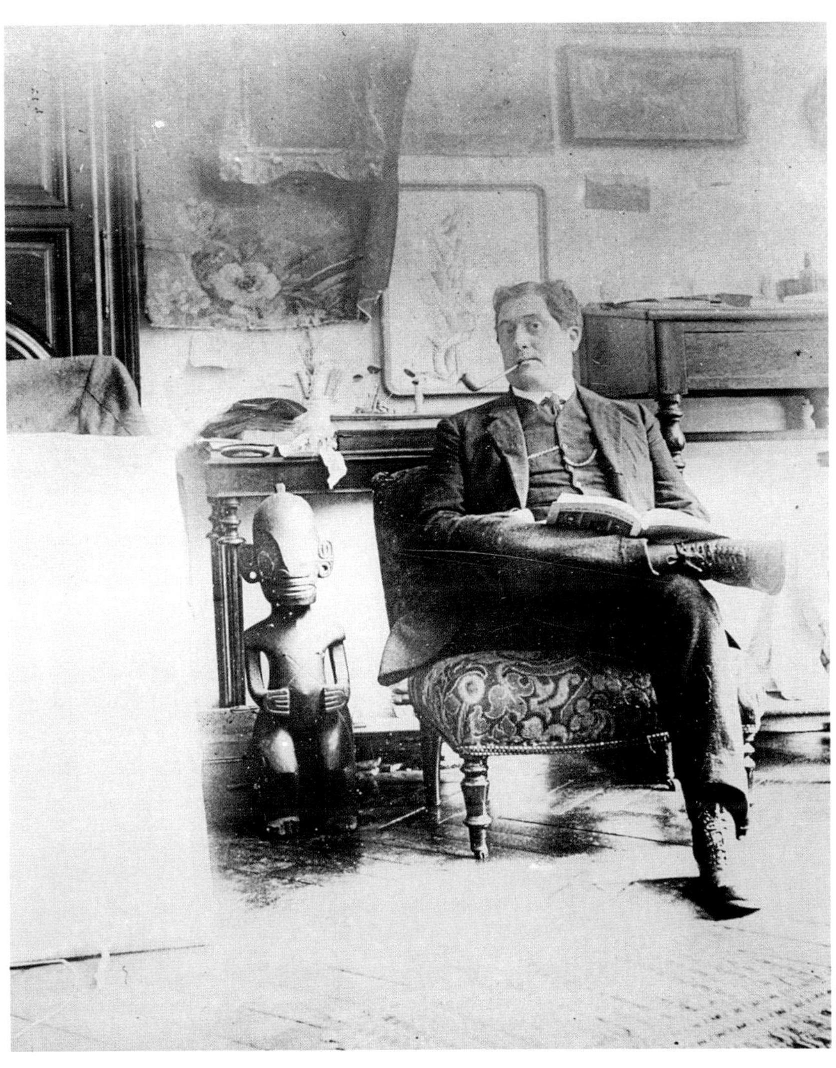

Pablo Picasso
Guillaume Apollinaire dans l'atelier de Picasso du 11, boulevard de Clichy, automne 1910
Épreuve gélatino-argentique
20 × 15 cm
Paris, Musée national Picasso

Pablo Picasso
Guillaume Apollinaire in Picasso's studio at 11 Boulevard de Clichy, autumn 1910
Silver gelatin print
7.87 × 5.90 in
Paris, Musée national Picasso

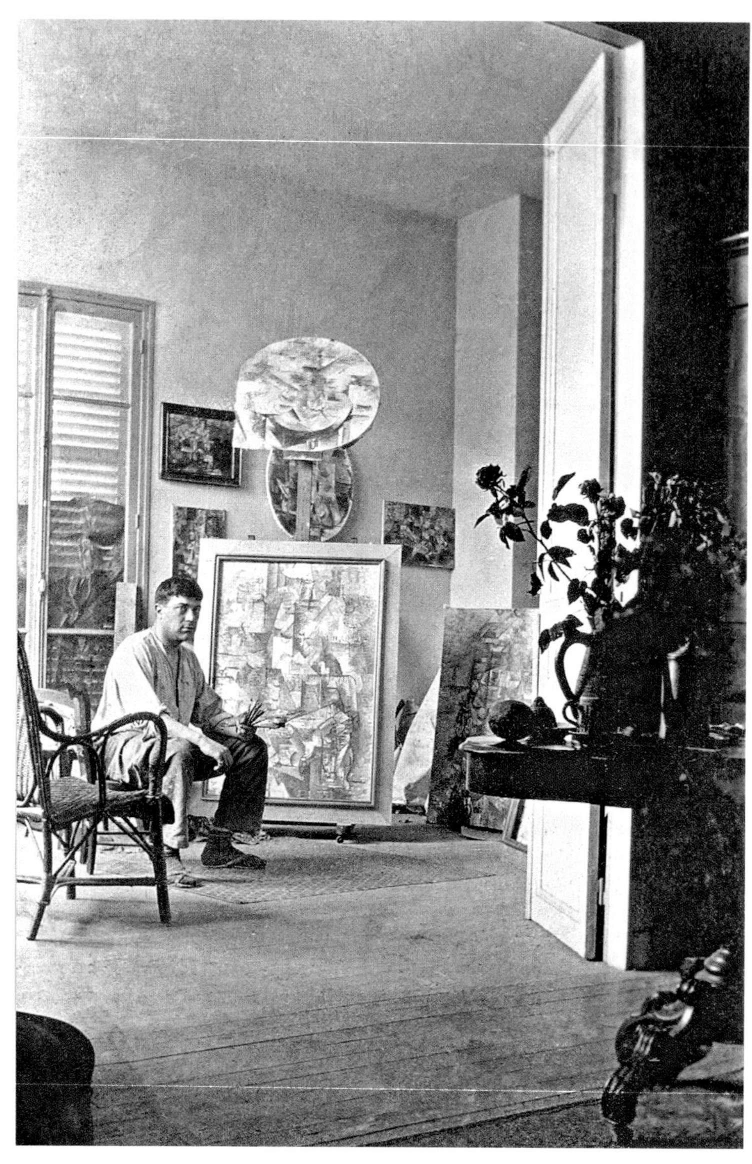

Anonyme
Georges Braque dans son atelier,
5, impasse Guelma, devant Le Portugais, début 1912
Épreuve gélatino-argentique
22,5 × 15 cm
Archives Quentin Laurens

Unknown
Georges Braque in his studio, 5 Impasse Guelma,
standing in front of 'Le Portugais', early 1912
Silver gelatin print
8.85 × 5.90 in
Archives Quentin Laurens

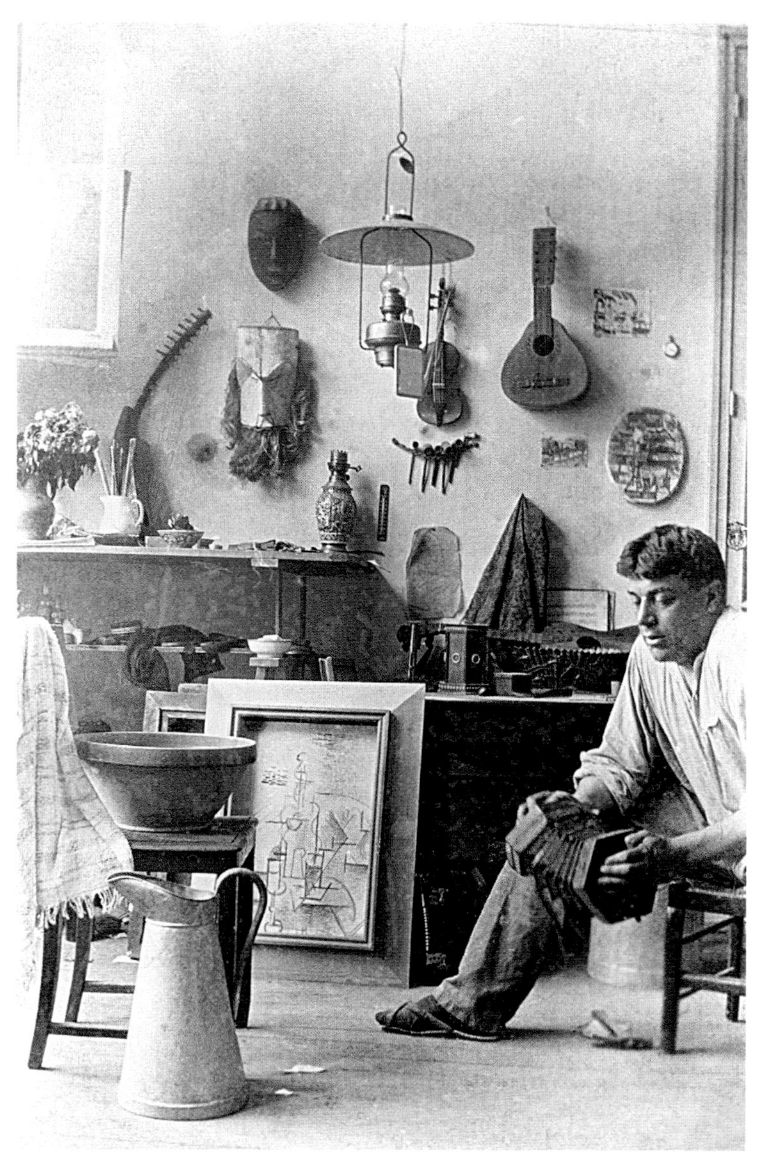

Anonyme	Unknown
Georges Braque dans son atelier,	*Georges Braque in his studio*
jouant de l'accordéon, 5, impasse Guelma, vers 1911	*playing the accordion, 5 Impasse Guelma*, c.1911
Épreuve gélatino-argentique	Silver gelatin print
22,5 × 15 cm	8.85 × 5.90 in
Archives Quentin Laurens	Archives Quentin Laurens

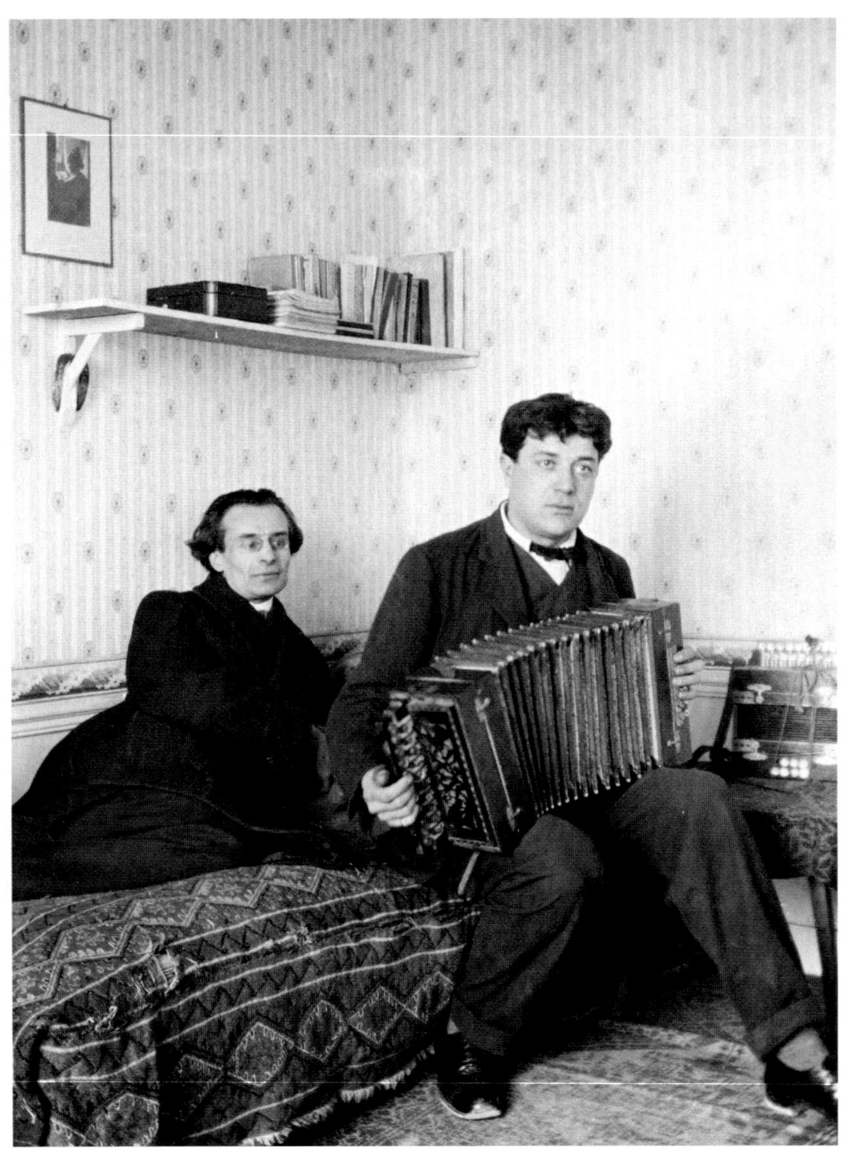

Anonyme
Le graveur Gonon et Georges Braque, Paris, 5, impasse Guelma, 1912
Épreuve gélatino-argentique
20 × 15 cm
Archives Quentin Laurens

Unknown
The engraver Gonon and Georges Braque, Paris, 5 Impasse Guelma, 1912
Silver gelatin print
7.87 × 5.90 in
Archives Quentin Laurens

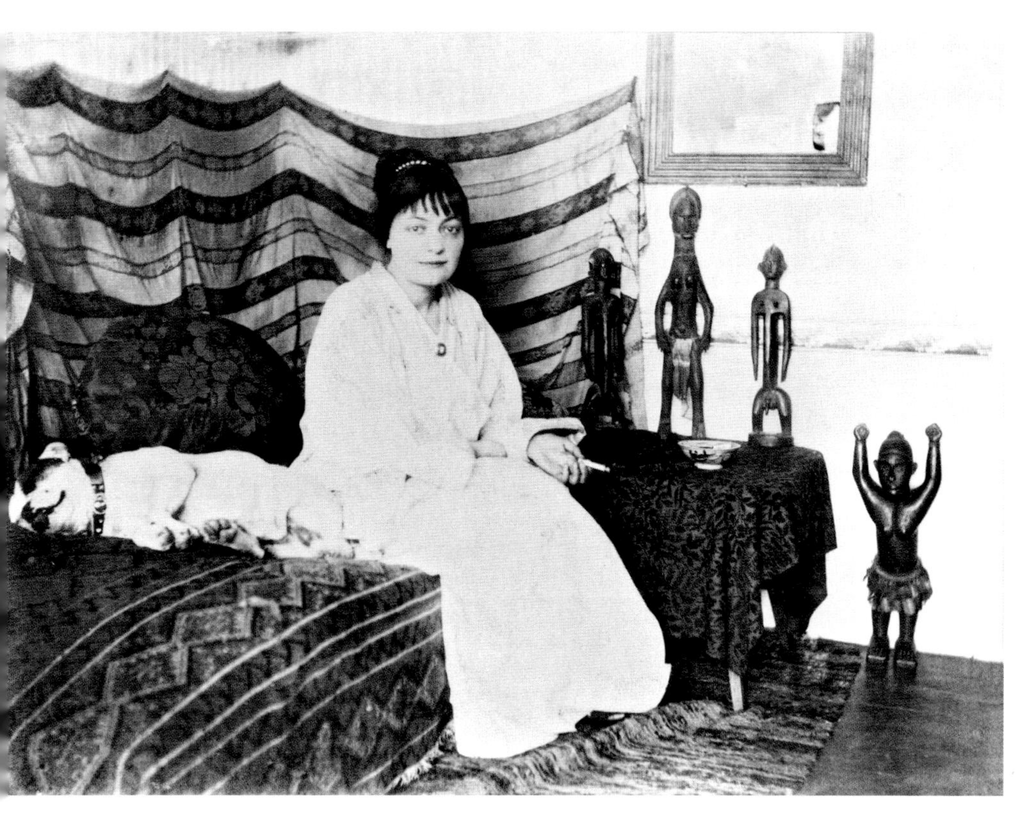

Anonyme	Unknown
Marcelle Braque et son chien Turc, vers 1912	*Marcelle Braque and her dog Turc*, c.1912
Épreuve gélatino-argentique	Silver gelatin print
15 × 20 cm	5.90 × 7.87 in
Archives Quentin Laurens	Archives Quentin Laurens

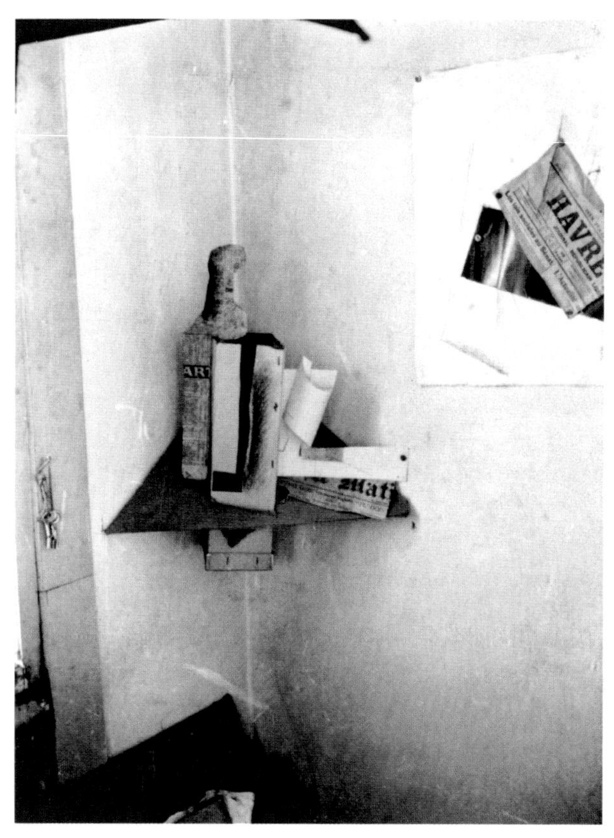

Daniel-Henry Kahnweiler
Construction en papier de Braque,
Paris, hôtel Roma, après le 18 février 1914
Épreuve gélatino-argentique
20 × 15 cm
Archives Quentin Laurens

Daniel-Henry Kahnweiler
Paper construction by Braque,
Paris, Hôtel Roma, after 18 February 1914
Silver gelatin print
7.87 × 5.90 in
Archives Quentin Laurens

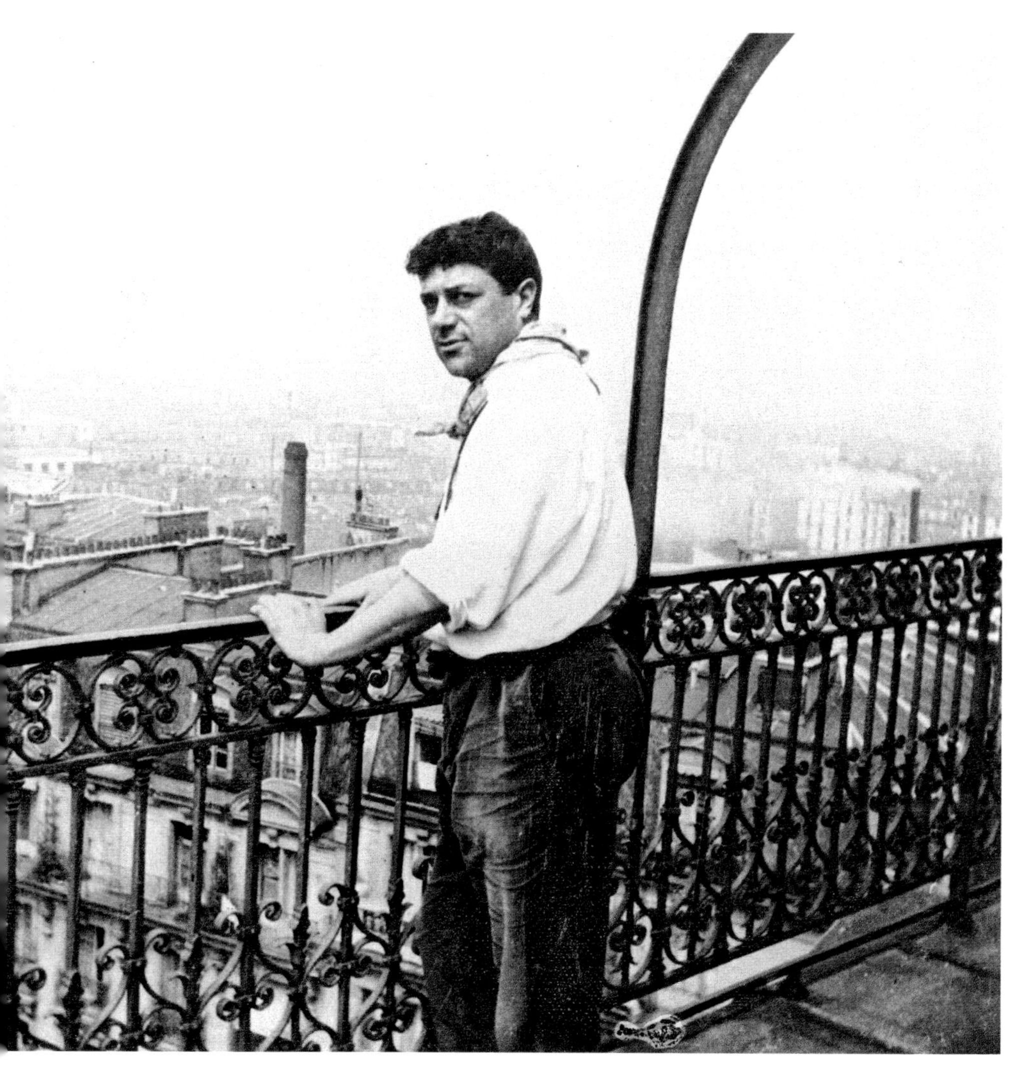

Daniel-Henry Kahnweiler
Georges Braque, Paris, hôtel Roma, 1913
Épreuve gélatino-argentique
20 × 20 cm
Archives Quentin Laurens

Daniel-Henry Kahnweiler
Georges Braque, Paris, Hôtel Roma, 1913
Silver gelatin print
7.87 × 7.87 in
Archives Quentin Laurens

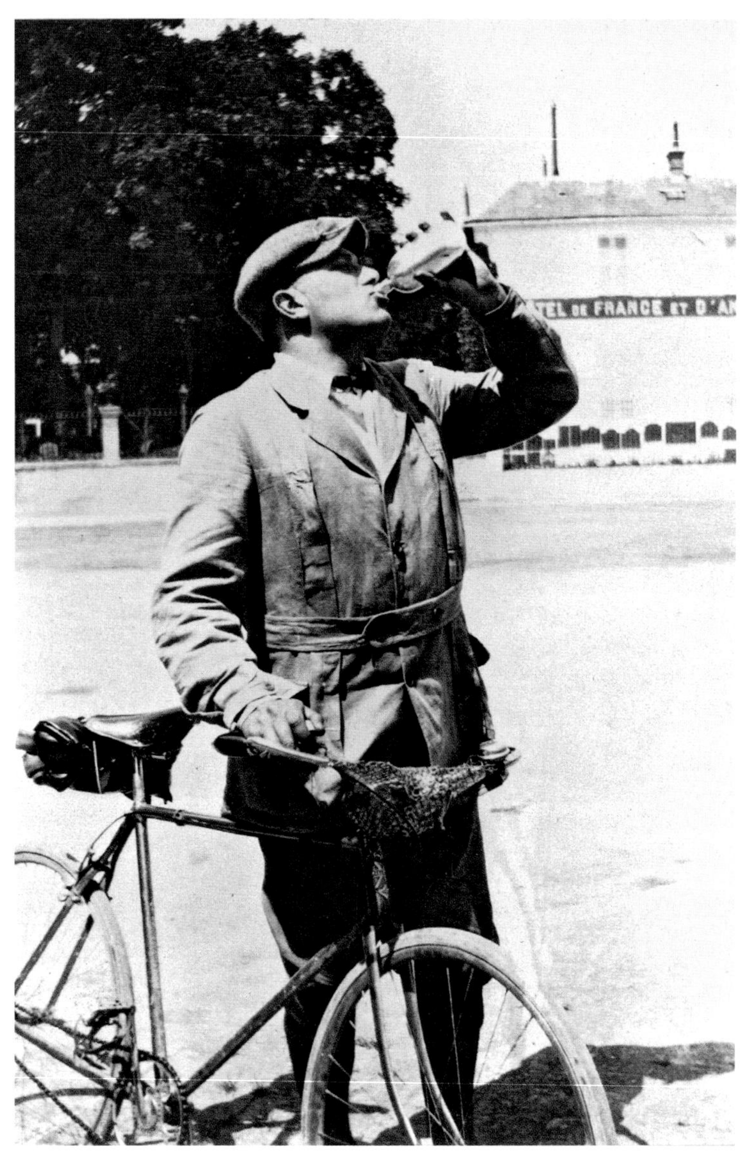

Anonyme
Georges Braque, sur la route entre Paris et Sorgues, Sens, 28 ou 29 juin 1914
Épreuve gélatino-argentique
22,5 × 15 cm
Archives Quentin Laurens

Unknown
Georges Braque on the road from Paris to Sorgues, Sens, 28 or 29 June 1914
Silver gelatin print
8.85 × 5.90 in
Archives Quentin Laurens

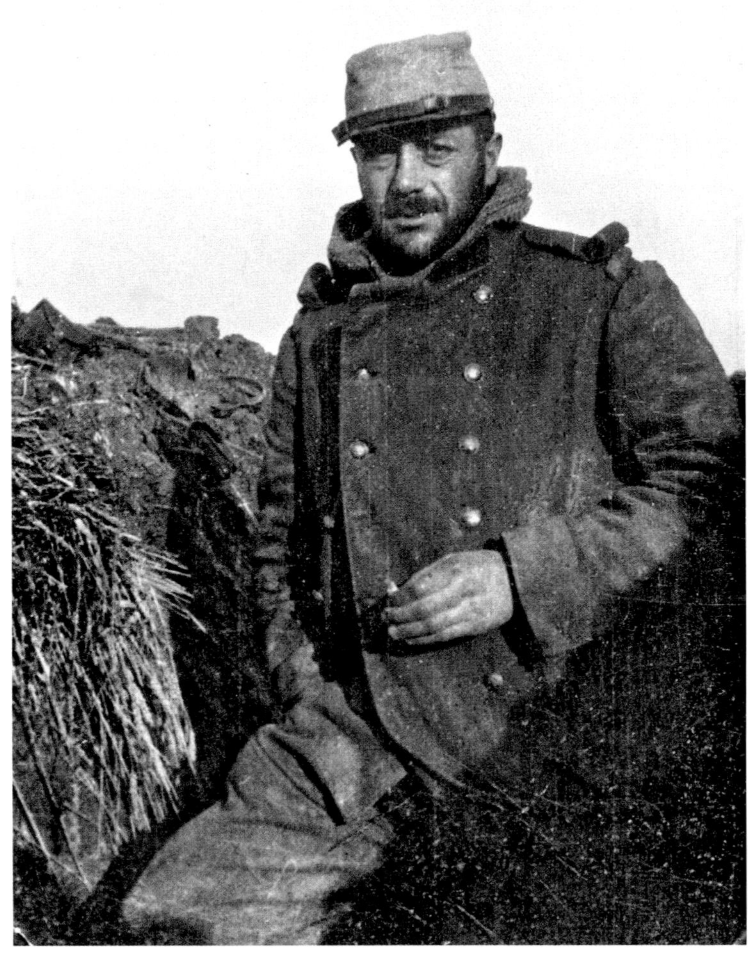

Anonyme	Unknown
Georges Braque, « Souvenir de l'attaque du 17 décembre 1914. Maricourt. Somme », 1914	*Georges Braque, 'The attack of 17 December 1914. Maricourt. Somme'*, 1914
Épreuve gélatino-argentique	Silver gelatin print
22,5 × 15 cm	8.85 × 5.90 in
Archives Quentin Laurens	Archives Quentin Laurens

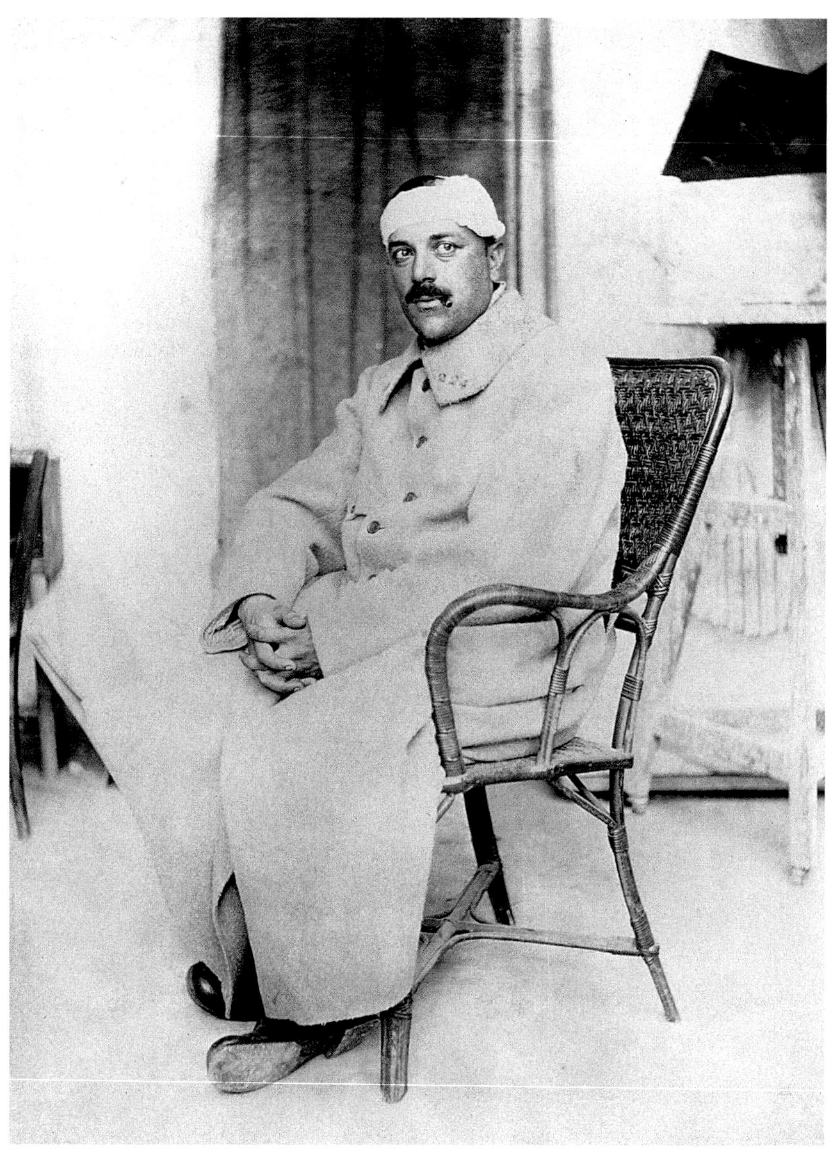

Henri Laurens
Georges Braque, la tête bandée, dans l'atelier d'Henri Laurens, 1915
Épreuve gélatino-argentique
20 × 15 cm
Archives Quentin Laurens

Henri Laurens
Georges Braque with bandaged head, in Henri Laurens's studio, 1915
Silver gelatin print
7.87 × 5.90 in
Archives Quentin Laurens

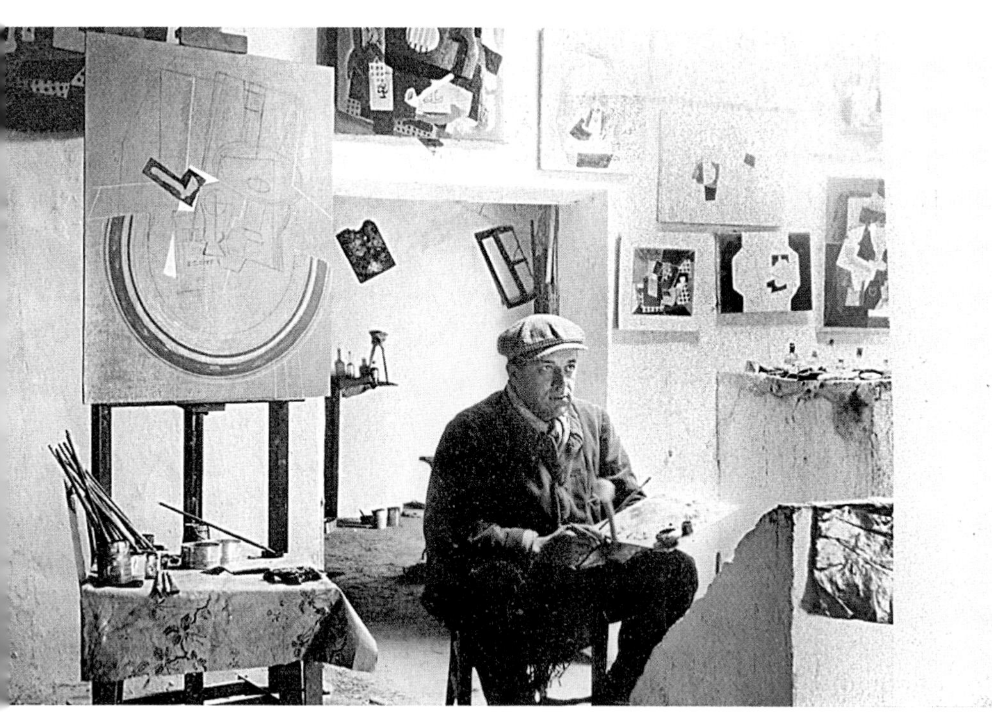

Anonyme
Georges Braque dans son atelier à Sorgues, 1917
Épreuve gélatino-argentique
15 × 22 cm
Archives Quentin Laurens

Unknown
Georges Braque in his studio in Sorgues, 1917
Silver gelatin print
5.90 × 8.66 in
Archives Quentin Laurens

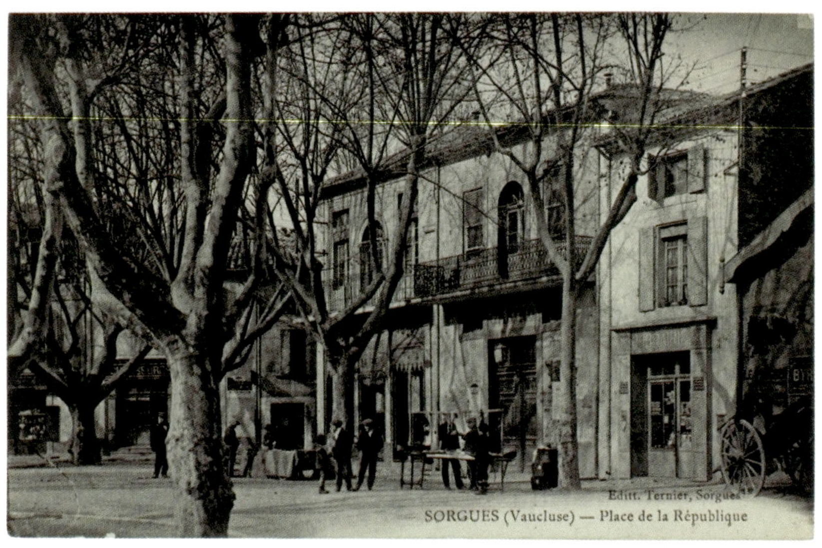

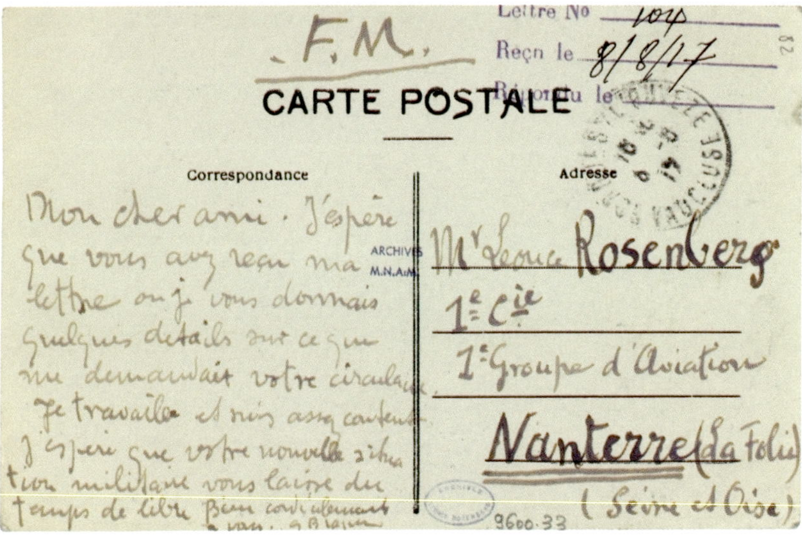

F.M.

Lettre No 104
Reçu le 8/8/17
Répondu le

CARTE POSTALE

Correspondance

Mon cher ami. J'espère que vous avez reçu ma lettre où je vous donnais quelques détails sur ce que me demandait votre circulaire. Je travaille et suis assez content. J'espère que votre nouvelle situation militaire vous laisse du temps de libre. Bien cordialement à vous. G Braque

Adresse

Mr Léonce Rosenberg
1e Cie
1e Groupe d'Aviation
Nanterre (La Folie)
(Seine et Oise)

Carte postale de Sorgues adressée par Georges Braque à Léonce Rosenberg, Sorgues, 18 avril 1916
9 × 14 cm
Paris, Centre Pompidou, Musée national d'art moderne, Bibliothèque Kandinsky, Fonds Léonce Rosenberg
Achat, 1991
9600.19

Postcard sent by Georges Braque to Léonce Rosenberg from Sorgues, Sorgues, 18 April 1916
3.54 × 5.51 in
Paris, Centre Pompidou, Musée national d'art moderne, Bibliothèque Kandinsky, Fonds Léonce Rosenberg
Purchased, 1991
9600.19

Braque

1917

153 (bas)

DINER BRAQUE.

Les admirateurs du peintre Braque vous invitent à diner dimanche 14 janvier à 7 heures 1/2 dans l'atelier de Marie Vassilieff, 21 avenue du Maine. (Mètro Maine)

Le comité d'organization:

Apollinaire	Paul Dermée
Juan Gris	Halvorsen
Max Jacob	Matisse
Metzinger	Picasso
Reverdy	Vassilieff

Prière d'envoyer six francs à Madmoiselle Marie Vassilieff, 21 avenue du Maine en signe d'adhesion avant vendridi.

Invitation au dîner Braque dans l'atelier de Marie Vassilieff, Paris, 14 janvier 1917
Tapuscrit
17,2 × 22,7 cm
Paris, Centre Pompidou, Musée national d'art moderne, Bibliothèque Kandinsky, Fonds Léonce Rosenberg
Achat, 1991
9600.25

Invitation to the Braque dinner in Marie Vassilieff's studio, Paris, 14 January 1917
Typed
6.77 × 8.93 in
Paris, Centre Pompidou, Musée national d'art moderne, Bibliothèque Kandinsky, Fonds Léonce Rosenberg
Purchased, 1991
9600.25

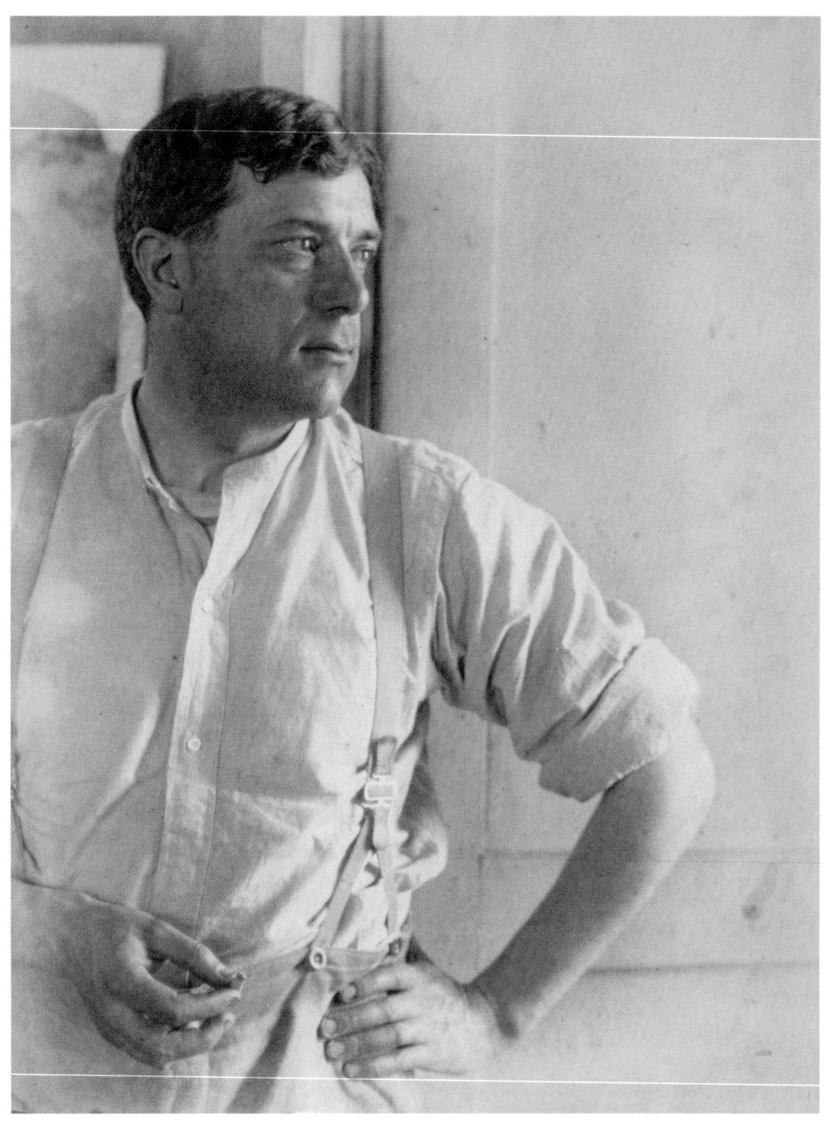

Man Ray (Radnitzky Emmanuel, dit)
Georges Braque, 1922
Épreuve gélatino-argentique sur papier
à noircissement direct contrecollée sur papier
23,9 × 19,2 cm
Paris, Centre Pompidou, Musée national d'art moderne
Achat, 1982
AM 1982-175

Man Ray (Radnitzky Emmanuel, known as)
Georges Braque, 1922
Silver gelatin print on printing-out
paper glued to paper
9.40 × 7.55 in
Paris, Centre Pompidou, Musée national d'art moderne
Purchased, 1982
AM 1982-175

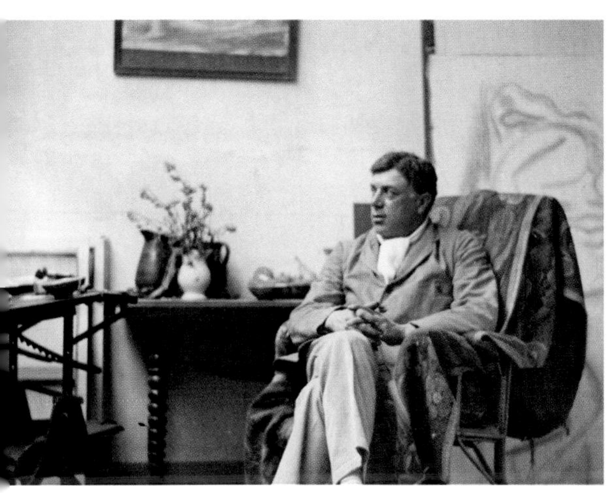

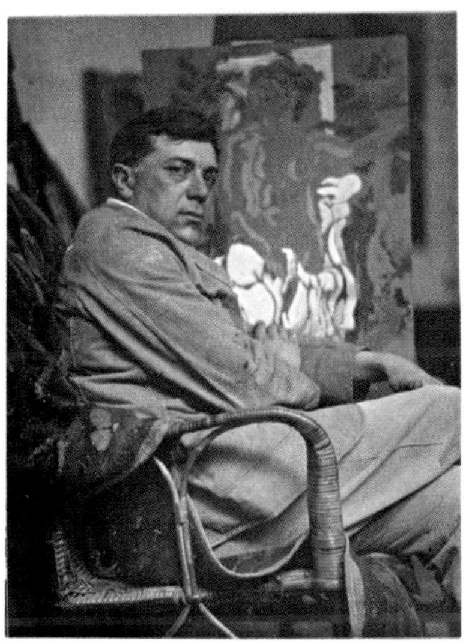

Man Ray (Radnitzky Emmanuel, known as)
Georges Braque, vers 1922-1925
Épreuve gélatino-argentique
19,2 × 23,9 cm
Paris, Centre Pompidou,
Musée national d'art moderne
Dation en 1994

Man Ray (Radnitzky Emmanuel, known as)
Georges Braque, c.1922-1925
Silver gelatin print
7.4 × 9.4 in
Paris, Centre Pompidou,
Musée national d'art moderne
Dation 1994

Man Ray (Radnitzky Emmanuel, dit)
Georges Braque, 1925
Épreuve gélatino-argentique
8,1 × 6 cm
Paris, Centre Pompidou,
Musée national d'art moderne
Dation en 1994

Man Ray (Radnitzky Emmanuel, known as)
Georges Braque, 1922
Silver gelatin print
3.1 × 2.3 in
Paris, Centre Pompidou,
Musée national d'art moderne
Dation 1994

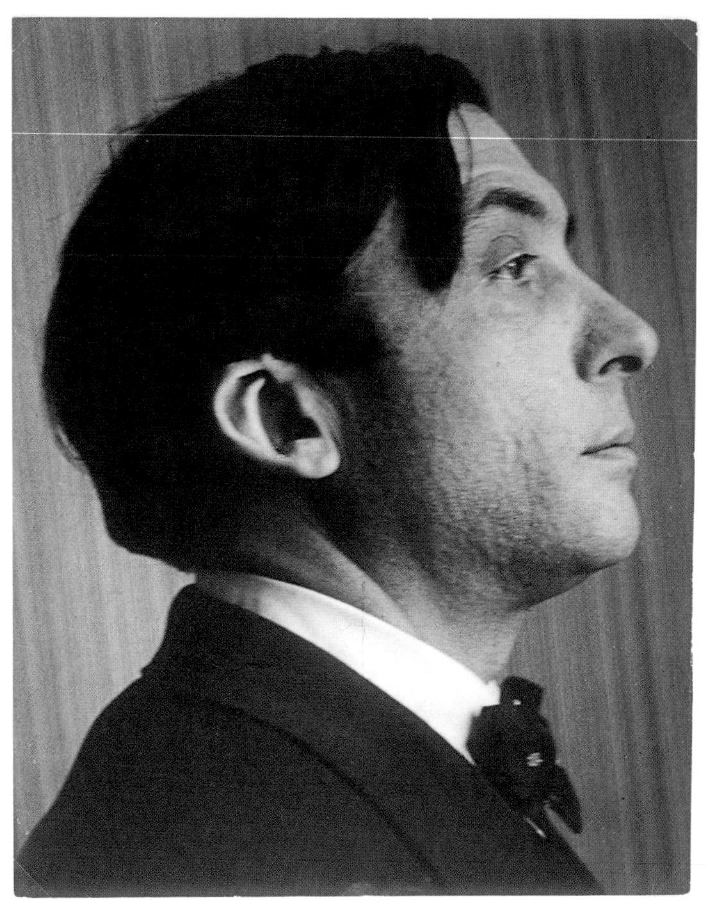

Brassaï (Halász Gyula, dit)	Brassaï (Halász Gyula, known as)
Reverdy, vers 1932	*Reverdy*, *c.*1932
Épreuve gélatino-argentique	Silver gelatin print
24 × 17,5 cm	9.44 × 6.88 in
Paris, Centre Pompidou, Musée national d'art moderne	Paris, Centre Pompidou, Musée national d'art moderne
Donation de Mme Gilberte Brassaï, 2002	Gift of Mme Gilberte Brassaï, 2002
AM 2003-5 (176)	AM 2003-5 (176)

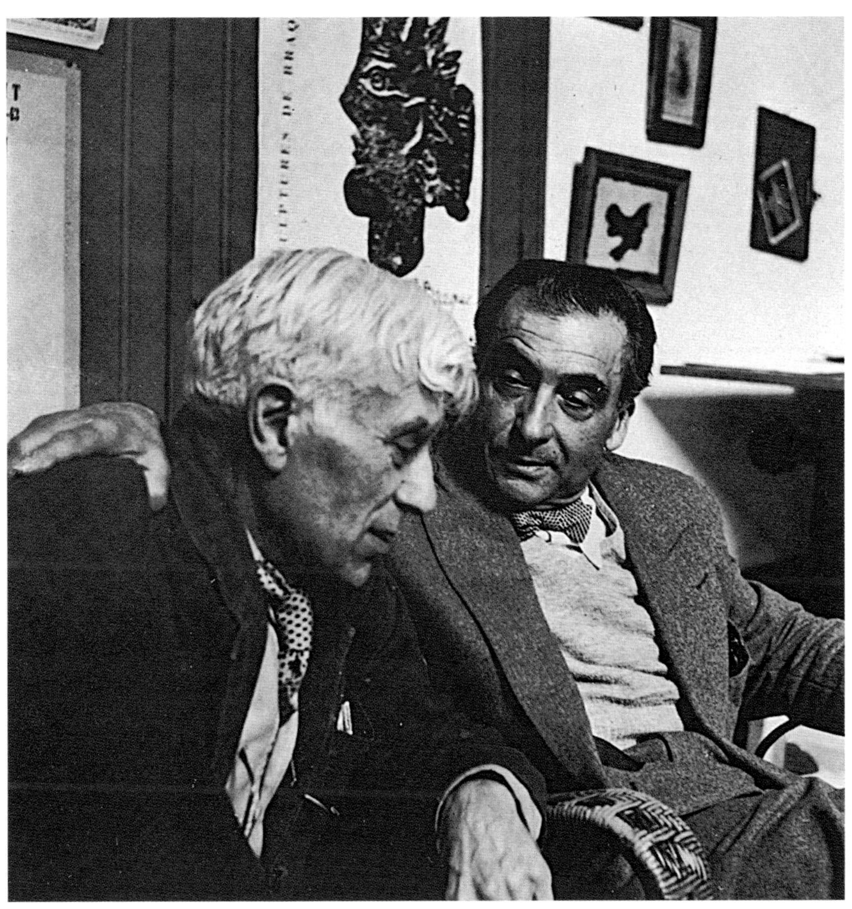

Mariette Lachaud
Georges Braque et Pierre Reverdy,
fin des années 1950
Épreuve gélatino-argentique
Archives galerie Maeght

Mariette Lachaud
Georges Braque and Pierre Reverdy,
late 1950s
Silver gelatin print
Archives Galerie Maeght

C'est Louis Massignon qui étudie la vie et l'oeuvre de Hallâj et dit soudain : « Il n'est pas question de prétendre que l'étude de cette vie montante a donné m'ait livré le secret de son coeur. C'est plutôt lui qui a sondé le mien. » C'est Mauriac estimant qu'il vient un moment où la paix et le silence qui suivent la communion cessent de n'être que paix et silence pour être signe, et signe qui manifeste la présence de Dieu

(le Swann de) (qui reconnaît soudain)
C'est Proust découvrant (dans la phrase musicale qu'il entend) « la présence d'une de ces réalités invisibles auxquelles.. il se sentait le désir et presque la force de consacrer sa vie [1] » Et moi, mon cas est bien vulgaire, et même bas, au prix des leurs. Mais peut-être n'en est-il que plus instructif, s'il offre d'un événement un exemple facile et qui peut à tout instant se reproduire — s'il met en quelque sorte à notre portée un singulier passage, et comme un échange de réalités. Revenons à ma sciatique.

Moi, je tâchais malaisément (mais sur ce malaise aussi il faudra nous interroger) de comprendre ce qui s'était passé. J'attaquais la chose de biais plutôt que de face. (qui me venaient ainsi) Des réflexions prenaient d'elles-mêmes forme d'aphorismes ou d'adages (c'étaient), entre autres :

attendre, pour croire à une douleur,
qu'elle échappe aux idées qu'on se fait
la douleur authentique : celle qui déroute
notre attente

Ou bien (je tâchais de serrer l'événement de plus près) :

la douleur elle-même, non ses apparences
il ne s'agit pas d'un spectacle, mais des choses elles-mêmes

ou encore, mais plus vaguement :

Être au lieu de connaître
Réaliser au lieu de regarder
Ne plus assister à mes douleurs, me soumettre à elles

~~Mais l'on voit à quelle difficulté j'avais affaire : comme s'il y eût eu dans l'événement, de toute nécessité une part secrète~~

1. Du côté de chez Swann (I)

CM

Jean Paulhan
Braque le Patron, 1942
Sept feuillets manuscrits
30 × 19 cm
Saint-Germain-la-Blanche-Herbe, Institut Mémoires de l'édition contemporaine, Fonds Jean Paulhan
PLH 28.5

Jean Paulhan
Braque le Patron, 1942
7 handwritten sheets
11.81 × 7.48 in
Saint-Germain-la-Blanche-Herbe, Institut Mémoires de l'édition contemporaine, Fonds Jean Paulhan
PLH 28.5

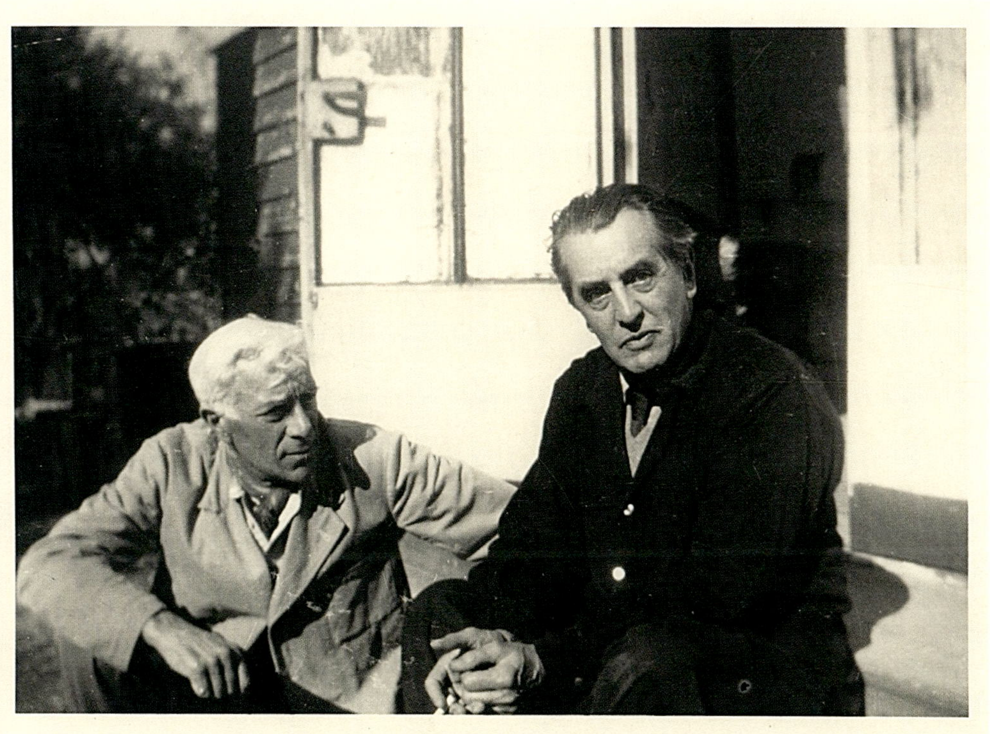

<table>
<tr><td align="right">Mariette Lachaud
Jean Paulhan et Georges Braque
à Varengeville, 1946
Épreuve gélatino-argentique
13 × 17,9 cm
Paris, collection particulière</td><td>Mariette Lachaud
Jean Paulhan and Georges Braque
in Varengeville, 1946
Silver gelatin print
5.11 × 7.04 in
Paris, private collection</td></tr>
</table>

Comment va Germaine? J'espère qu'elle est
toujours aussi bien qu'à Varengeville et que
son nouveau traitement ne l'a pas trop fatiguée.

Nous pensons à Paris.

Mais écrivez-nous encore.

Je vous embrasse tous les deux

M. Braque

toutes mes amitiés pour vous deux
Je travaille beaucoup mais ne produis
guère. Je me taille du travail pour
cet hiver à Paris. J'ai fait 55
pages de mes cahiers. Mais j'en ajoute
toujours. Alors! J'ai relu Braque le Patron
ce que vous rajoutez fortifie encore
votre texte c'est très vrai. Je suis de votre
avis il faut donner ce livre aux amis à
ma rentrée à Paris je les signerai
Et votre grippe j'espère que ça n'a rien été

Lettre de Georges Braque à Jean Paulhan
(« j'ai relu Braque le Patron ce que
vous rajoutez fortifie… »), fin octobre 1946
Lettre manuscrite
27 × 21 cm
Saint-Germain-la-Blanche-Herbe, Institut Mémoires
de l'édition contemporaine, Fonds Jean Paulhan

Letter from Georges Braque to Jean Paulhan
('I have re-read Braque le Patron –
what you add strengthens …'), late October 1946
Handwritten letter
10.62 × 8.26 in
Saint-Germain-la-Blanche-Herbe, Institut Mémoires
de l'édition contemporaine, Fonds Jean Paulhan

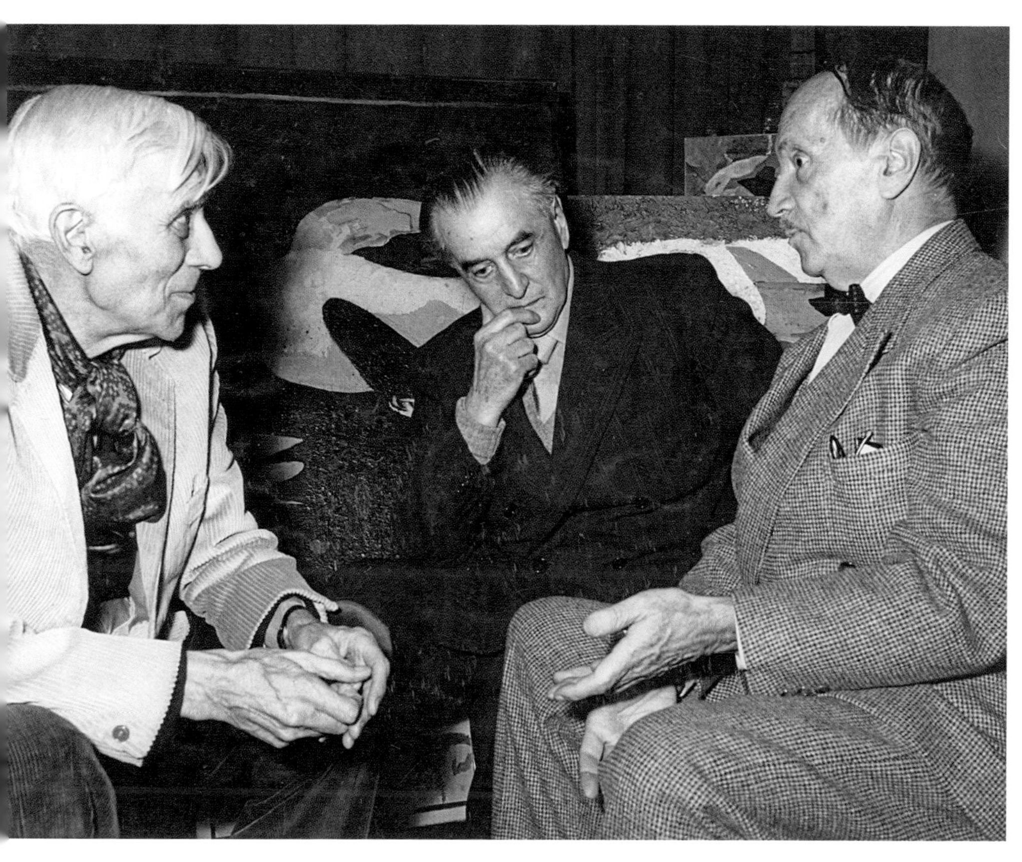

Mariette Lachaud
Georges Braque, Jean Paulhan et Saint-John Perse, Paris, 1951
Épreuve gélatino-argentique
20 × 25 cm
Saint-Germain-la-Blanche-Herbe, Institut Mémoires de l'édition contemporaine, Fonds Jean Paulhan

Mariette Lachaud
Georges Braque, Jean Paulhan, and Saint-John Perse, Paris, 1951
Silver gelatin print
7.87 × 9.84 in
Saint-Germain-la-Blanche-Herbe, Institut Mémoires de l'édition contemporaine, Fonds Jean Paulhan

Profil à la palette : maquette pour l'affiche de l'exposition « Œuvres récentes de Georges Braque », Paris, galerie Maeght, 1956, 1956
Aquarelle, mine de plomb et collage sur papier contrecollé sur carton
53,5 × 74 cm
Saint-Paul, Fondation Marguerite et Aimé Maeght
4185

Profile with Palette: poster design for the exhibition 'Recent Works by Georges Braque', Paris, Maeght Gallery, 1956, 1956
Watercolour, lead pencil, and collage on paper glued to cardboard
21.06 × 29.13 in
Saint-Paul, Fondation Marguerite et Aimé Maeght
4185

Profil à la palette : maquette pour l'affiche de l'exposition « Œuvres récentes de Georges Braque », Paris, galerie Maeght, 1956, 1956
Gouache et crayon sur papier
53,5 × 74 cm
Saint-Paul, Fondation Marguerite et Aimé Maeght
5208

Profile with Palette: poster design for the exhibition 'Recent Works by Georges Braque', Paris, Maeght Gallery, 1956, 1956
Gouache and pencil on paper
21.06 × 29.13 in
Saint-Paul, Fondation Marguerite et Aimé Maeght
5208

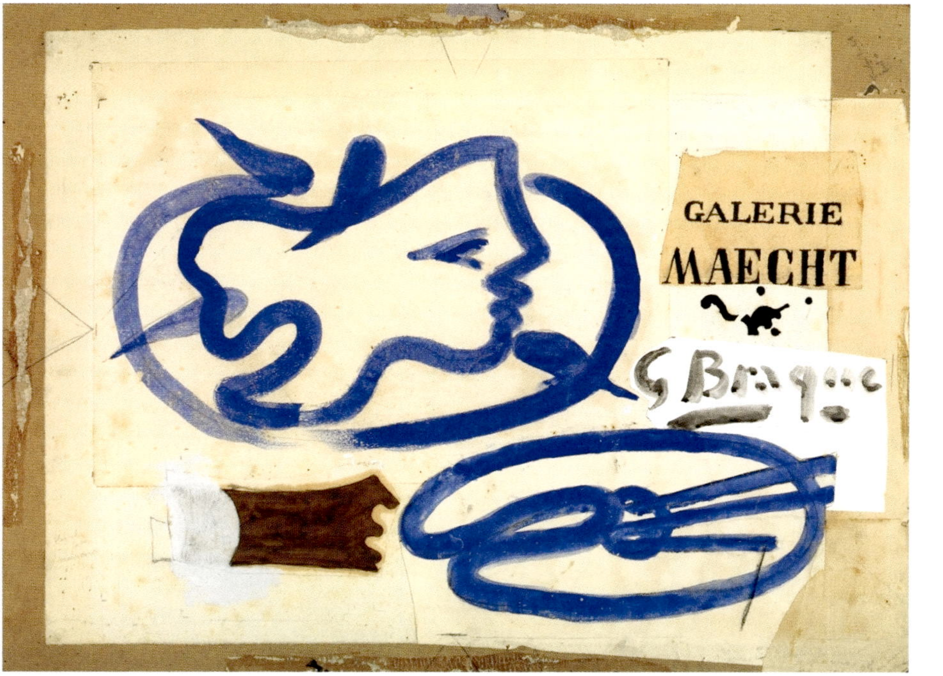

GALERIE
MAEGHT
G Braque

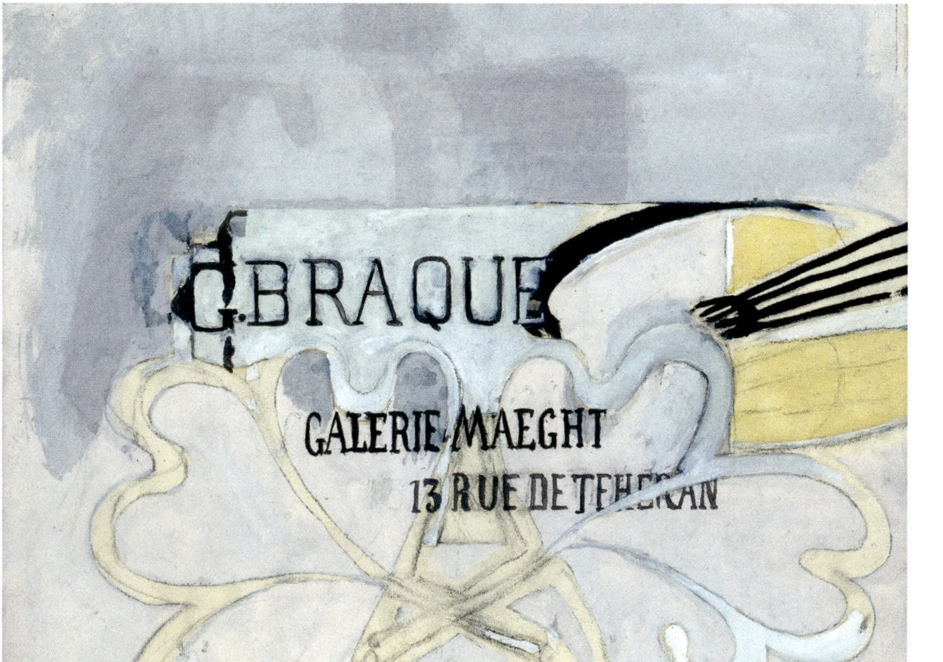

G.BRAQUE
GALERIE MAEGHT
13 RUE DE TEHERAN

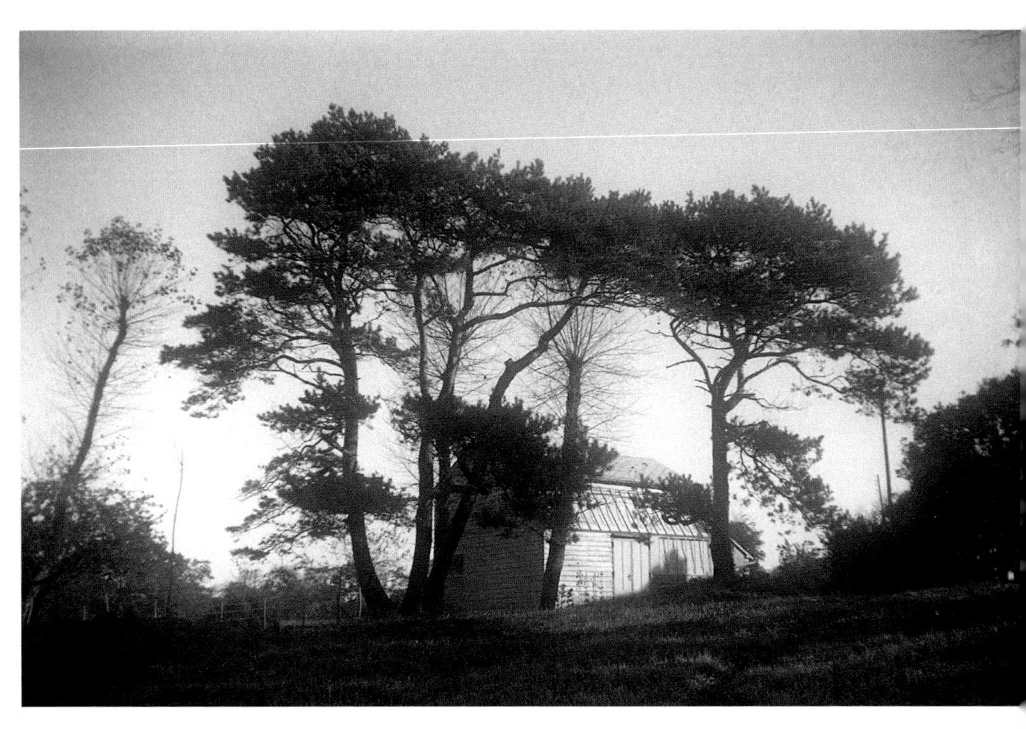

Mariette Lachaud
L'atelier de Georges Braque construit par Paul Nelson à Varengeville, après 1931
Épreuve gélatino-argentique
20 × 30 cm
Archives Quentin Laurens

Mariette Lachaud
The studio built for Georges Braque by Paul Nelson in Varengeville, after 1931
Silver gelatin print
7.87 × 11.81 in
Archives Quentin Laurens

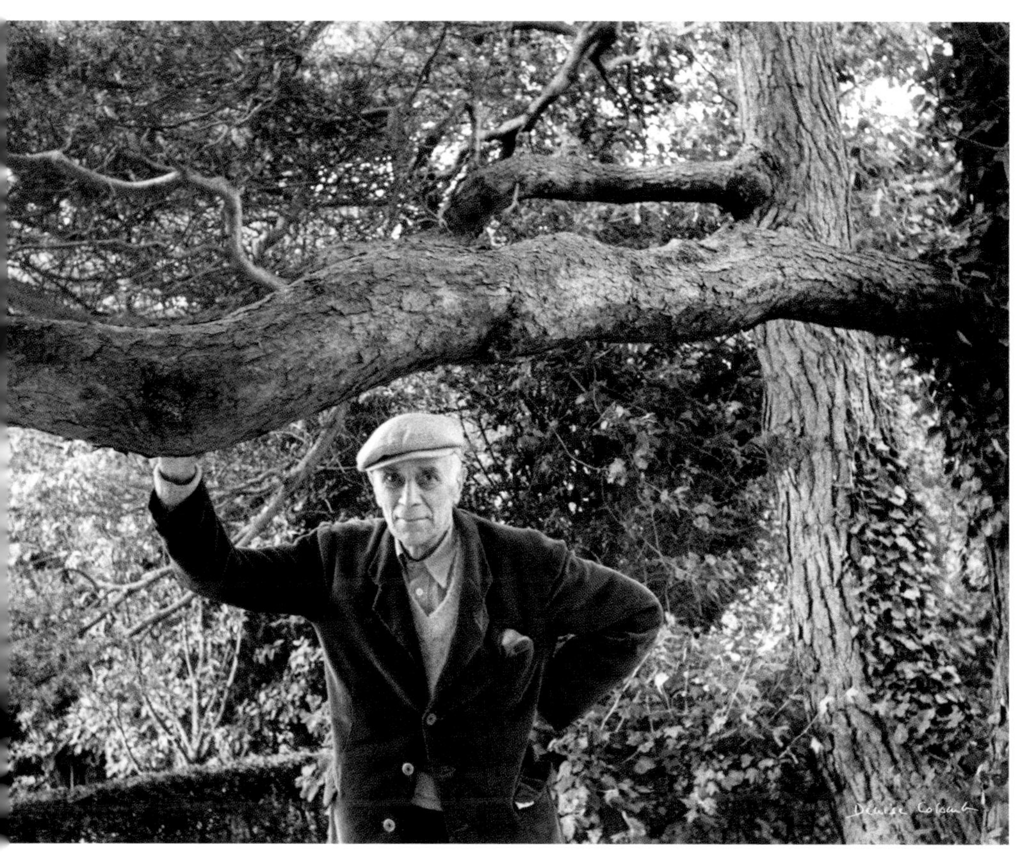

Denise Colomb
Georges Braque, Varengeville, 1957
Épreuve gélatino-argentique
24,5 × 33,2 cm
Paris, Centre Pompidou, Musée national d'art moderne,
Bibliothèque Kandinsky, Fonds Cahiers d'art
Don Yves de Fontbrune, 2005
10710

Denise Colomb
Georges Braque, Varengeville, 1957
Silver gelatin print
9.64 × 13.07 in
Paris, Centre Pompidou, Musée national d'art moderne,
Bibliothèque Kandinsky, Fonds Cahiers d'art
Gift of Yves de Fontbrune, 2005
10710

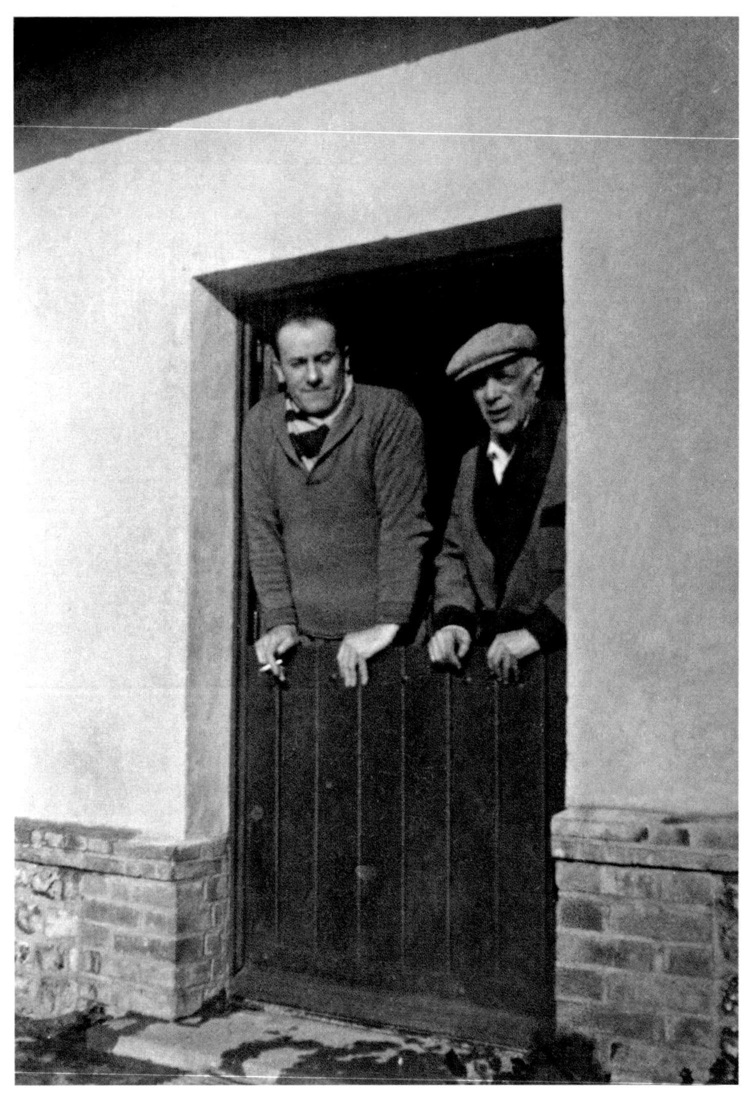

Mariette Lachaud
René Char et Georges Braque à Varengeville, 1947
Épreuve gélatino-argentique
Archives galerie Maeght

Mariette Lachaud
René Char and Georges Braque at Varengeville, 1947
Silver gelatin print
Archives Galerie Maeght

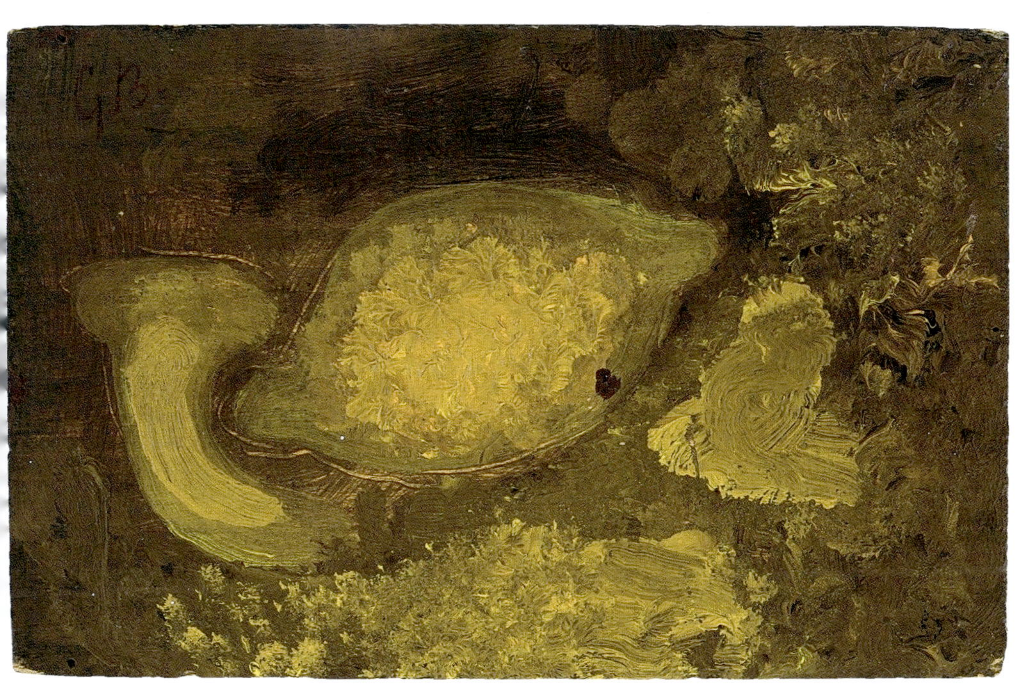

Georges Braque
Nature morte aux citrons, 1963
Huile sur bois
11,2 × 17,7 cm
Signé : *G. B.*
Inscription de Marcelle Braque :
Pour René Char. L'une des dernières sinon la dernière œuvre de Georges Braque avant sa mort
Étiquette coin droit : Inscription de René Char :
Cette peinture de Georges Braque m'a été offerte par Marcelle Braque en souvenir de son mari. 5 avril 1965
Collection particulière

Georges Braque
Still Life with Lemons, 1963
Oil on wood, 4.40 × 6.96 in
Signed: *G. B.*
Inscribed by Marcelle Braque: *Pour René Char. L'une des dernières sinon la dernière œuvre de Georges Braque avant sa mort.* [For René Char. One of the last works, if not the last, completed by Georges Braque before his death.]
Inscribed right corner by René Char: *Cette peinture de Georges Braque m'a été offerte par Marcelle Braque en souvenir de son mari. 5 avril 1965* [This painting was given to me by Marcelle Braque in memory of her husband. 5 April 1965]
Private collection

Mariette Lachaud	Mariette Lachaud
Georges Braque peignant	*Georges Braque painting*
La Nappe rose (1961), 1961	*'The Pink Tablecloth' (1961)*, 1961
Épreuve gélatino-argentique	Silver gelatin print
25 × 30 cm	9.84 × 11.81 in
Archives Quentin Laurens	Archives Quentin Laurens

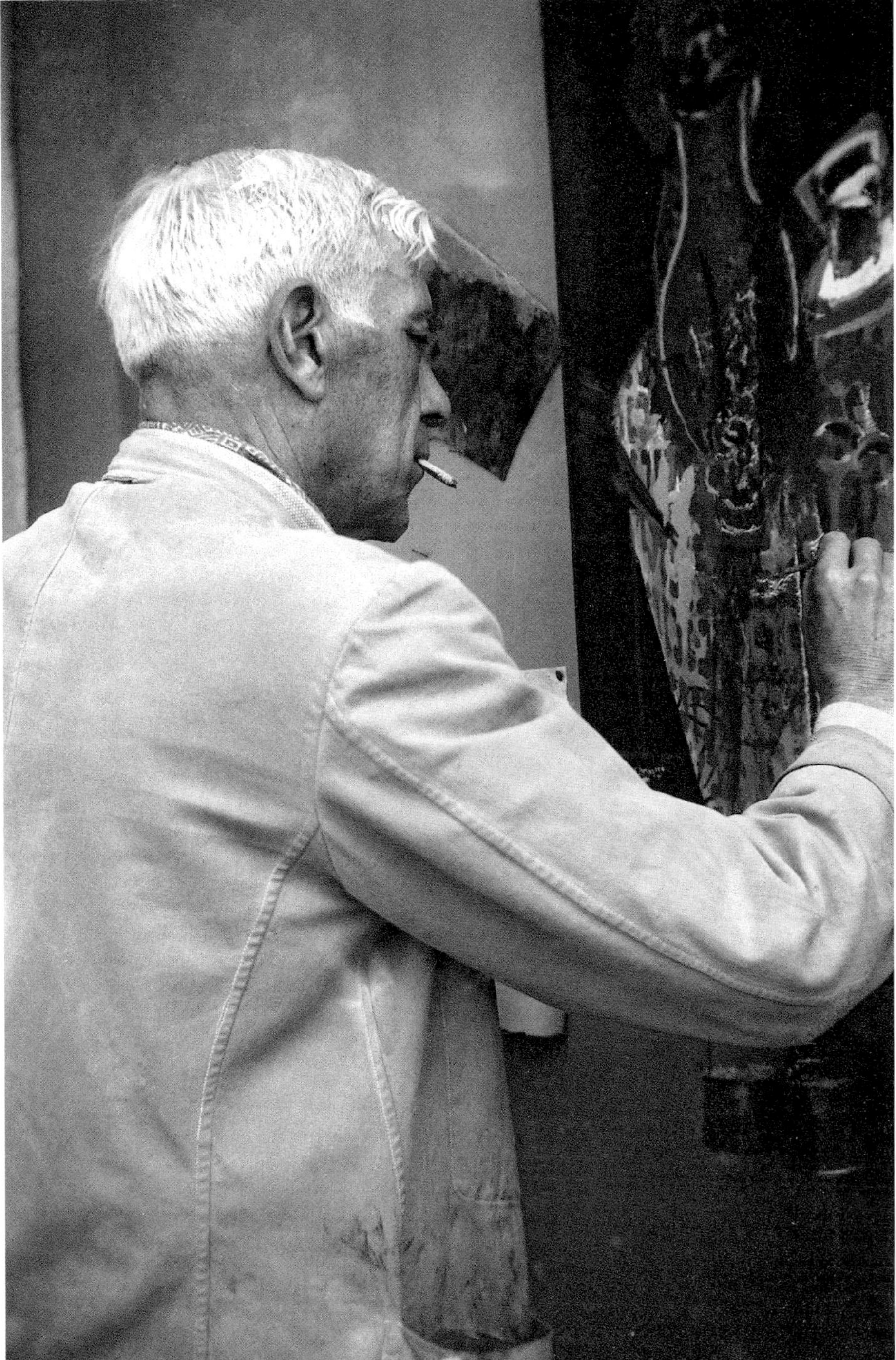

Mariette Lachaud
Georges Braque sur la plage de Varengeville, vers 1960
Épreuve gélatino-argentique
25 × 30 cm
Archives Quentin Laurens

Mariette Lachaud
Georges Braque on the beach at Varengeville, c.1960
Silver gelatin print
9.84 × 11.81 in
Archives Quentin Laurens

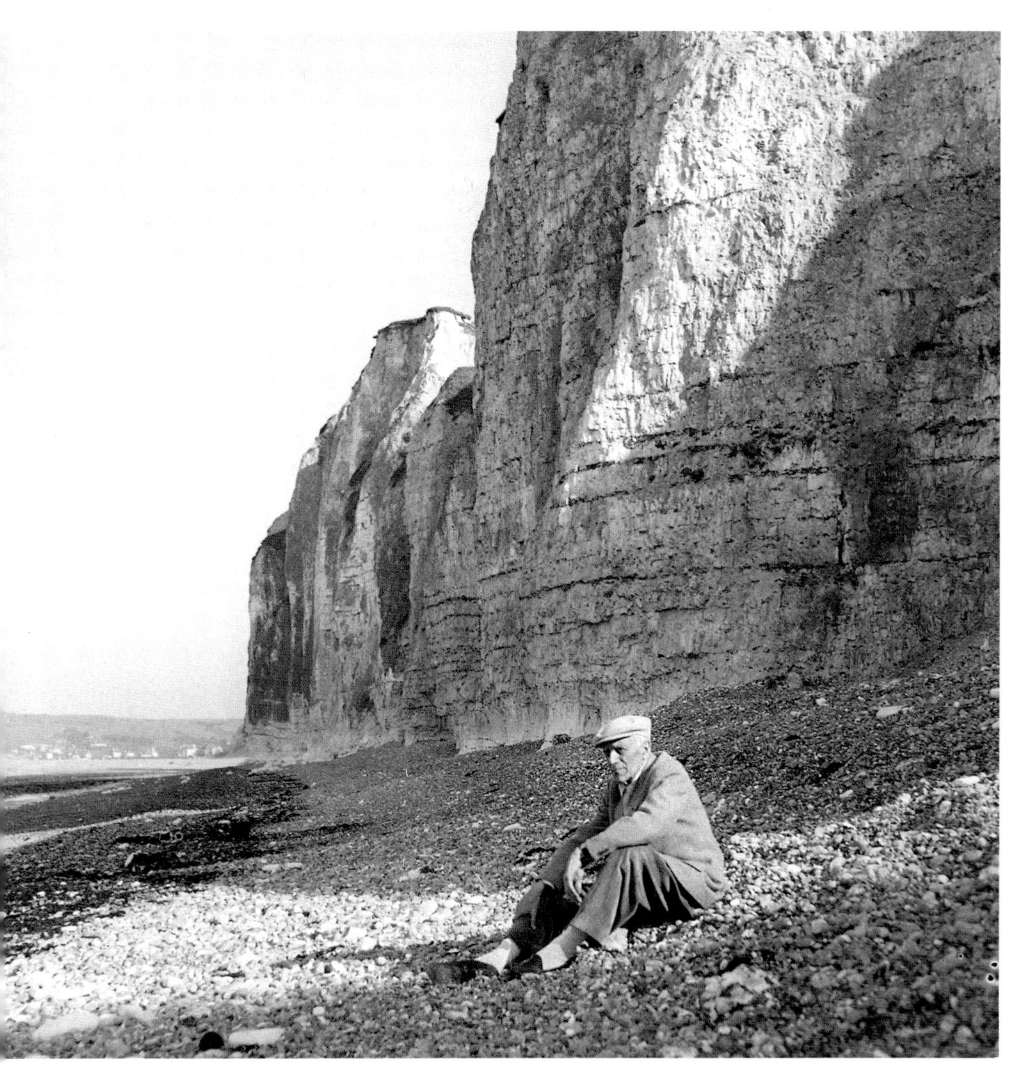

Crédits photographiques
Photographic credits

Bâle
© akg-images : p. 57
© Digital (A) Kunstmuseum © 2012. DeAgostini Picture Library / Scala, Florence : p. 137
© Fondation Beyeler, Bâle : p. 73, p. 111
© Kunstmuseum Basel, Martin P. Bühler : p. 82, p. 83 haut

Belfort
© Musées de Belfort / Claude-Henri Bernardot : p. 200-207, p. 299, p. 313

Berne
© Hermann und Margrit Rupf-Stiftung, Kunstmuseum Bern : p. 44, p. 58

Cambridge
© The Provost and Fellows of King's College, Cambridge © Fitzwilliam Museum, Cambridge : p. 85

Caracas
© Caracas, Museo de Arte Contemporaneo : p. 251

Chicago
© The Art Institute of Chicago : p. 23, p. 221

Cleveland
© Cleveland Museum of Art, OH, USA / Leonard C. Hanna, Jr. Fund / The Bridgeman Art Library : p. 183

Copenhague
© Statens Museum for Kunst, Danemark, Copenhagen : p. 15
© Statens Museum for Kunst, Copenhagen, Denmark / De Agostini Picture Library / G. Dagli Orti / The Bridgeman Art Library : p. 43

Dijon
© Musée des Beaux-Arts de Dijon : p. 139 haut

Düsseldorf
© Kunstsammlung Nordrhein-Westfalen / Foto : Walter Klein, Düsseldorf : p. 283

Édimbourg
© Scottish National Gallery of Modern Art, Edinburgh, UK / The Bridgeman Art Library : p. 88

Eindhoven
© Collection Van Abbemuseum, Eindhoven, The Netherlands Photograph : Peter Cox, Eindhoven, The Netherlands : p. 53 bas gauche, p. 145

Essen
© Museum Folkwang, Essen : p. 95 haut

Grenoble
© Musée de Grenoble : p. 95

Houston
© Photo Hickey-Robertson, Houston / The Menil Collection, Houston : p. 237

Küsnacht
© Merzbacher Kunststiftung : p. 19 haut

La Nouvelle-Orléans
© New Orleans Museum of Art : p. 31

Londres
© by courtesy of The Courtauld Gallery, London : p. 13
© Christie's Images / The Bridgeman Art Library : p. 327
© Tate, London 2013 : p. 59, p. 249

Lyon
© Lyon MBA – Photo Alain Basset : p. 77
© RMN-Grand Palais / René-Gabriel Ojéda / Thierry Le Mage : p. 192

Madrid
© Album / Oronoz / AKG : p. 143
© Museo Thyssen-Bornemisza / Scala, Florence : p. 65, p. 67
© Museo Nacional Centro de Arte Reina Sofia : p. 131

Munich
© BPK, Berlin, Dist. RMN-Grand Palais / image BStGS : p. 66

New Haven
© 2012. Yale University Art Gallery / Art Resource, NY / Scala, Florence : p. 233

New York
© 2012. Digital image, The Museum of Modern Art, New York / Scala, Firenze : p. 35, p. 75, p. 93, p. 117, p. 289
© Solomon R. Guggenheim Museum : p. 55 gauche et droite
© The Leonard A. Lauder Cubist Trust : p. 41, p. 61, p. 109
© The Metropolitan Museum of Art, Dist. RMN-Grand Palais / Image of the MMA : p. 87, p. 163, p. 285

Otterlo
© Coll. Kröller-Muller Museum, Otterlo : p. 141

Oviedo
Fotografía © Fundación María Cristina Masaveu Peterson (1) Autor de la fotografía : D. Marcos Morilla : p. 293

Paris
© Centre Pompidou, MNAM-CCI, Dist. RMN / Droits réservés : p. 39, p. 64, p. 79, p. 91, p. 119 haut et bas, p. 121, p. 129, p. 133, p. 146, p. 165, p. 185, p. 193, p. 227 haut et bas, p. 247 ; Georges Meguerditchian : p. 47, p. 83 bas ; Jacqueline Hyde : p. 37 ; Jean-Claude Planchet : p. 68 ; Philippe Migeat : p. 17 bas, p. 21 haut et bas, p. 33, p. 49 haut et bas, p. 81, p. 209 ; Adam Rzepka : p. 350 ; Jacques Faujour : p. 127, p. 149, p. 253 ; Bertrand Prévost : p. 26 haut, p. 211, p. 213, p. 228, p. 239, p. 295, p. 307, p. 159 haut, p. 169, p. 279, p. 319, p. 187, p. 174, p. 175, p. 25, p. 214, p. 217 haut droite
© Centre Pompidou, MNAM-CCI, Dist. RMN-Grand Palais / Philippe Migeat © Man Ray Trust / ADAGP : p. 348, p. 349 gauche et droite
© Centre Pompidou – MNAM – Bibliothèque Kandinsky : p. 4, p. 346, p. 347, p. 359
© Clichés Leiris SAS : p. 331, p. 332, p. 333, p. 334, p. 336, p. 337, p. 338, p. 339, p. 340, p. 341, p. 342, p. 343, p. 344, p. 345
© Collection S&P Traboulsi : p. 24
© Courtesy Galerie L'Or du temps : p. 261 gauche
© IMEC : p. 352, p. 354
© Musée d'Art moderne / Roger-Viollet : p. 51, p. 130, p. 153
© IMEC – Photographie Mariette Lachaud / ADAGP, Paris 2013 : p. 355
© Photo François Doury : p. 275, p. 325, p. 294
© Photo Aïnu : p. 261 droite
© Photo Galerie Maeght, Paris : p. 147 bas, p. 215, p. 217 haut gauche, p. 217 bas droite, p. 265, p. 268, p. 270, p. 271, p. 277, p. 287, p. 305, p. 309, p. 315
© Photographie Mariette Lachaud, copyright Archives Laurens / ADAGP, Paris 2013 : p. 358, p. 363, p. 365
© Photographie Mariette Lachaud / ADAGP, Paris 2013 : p. 351, p. 353
© RMN-Grand Palais / Jean-Gilles Berizzi – © Succession Picasso, 2013 : p. 335

Philadelphie
© Photo The Philadelphia Museum of Art / Art Resource / Scala, Florence : p. 155, p. 191

Prague
© Narodni Galerie, Prague : p. 159 bas, p. 161

Saint-Paul
© Archives Fondation Marguerite et Aimé Maeght, Saint-Paul : p. 97, p. 99 haut et bas, p. 100, p. 101, p. 102, p. 103, p. 104, p. 195, p. 197, p. 199, p. 212, p. 217 bas gauche, p. 291, p. 321, p. 323, p. 329 haut et bas, p. 357 haut et bas

Stockholm
© Moderna Museet, Stockholm, Sweden / The Bridgeman Art Library : p. 53 haut

Strasbourg
© Musée d'Art moderne et contemporain de Strasbourg, photo A. Plisso : p. 89

Suisse
© Nahmad Collection, Suisse : p. 219, p. 259, p. 297

Troyes
© RMN-Grand Palais / Gérard Blot : p. 26 bas

Ulm
© akg-images : p. 123

Vienne
© akg-images : p. 157

Villeneuve-d'Ascq
© Lille métropole, musée d'Art moderne, d'Art contemporain et d'Art brut / Philip Bernard : p. 45, p. 53 bas droite, p. 135, p. 139 bas
© Lille métropole, musée d'Art moderne, d'Art contemporain et d'Art brut / Muriel Anssens : p. 63, p. 69, p. 115

Washington
© National Gallery of Art, Washington : p. 29, p. 62
© The Phillips Collection, Washington, D.C., USA / Acquired 1934 / The Bridgeman Art Library : p. 181
© The Phillips Collection, Washington : p. 235

Zurich
© Kunsthaus : p. 167

Collections particulières
© Droits réservés : p. 17 haut, p. 19 bas, p. 71, p. 94, p. 105, p. 107, p. 112, p. 113 haut et bas, p. 125, p. 147 haut, p. 151, p. 171, p. 173, p. 177 gauche et droite, p. 179, p. 189, p. 223, p. 225, p. 229, p. 231, p. 241, p. 243, p. 245, p. 255, p. 257, p. 263, p. 267, p. 269, p. 272, p. 273, p. 281, p. 284, p. 287, p. 301, p. 303, p. 311, p. 317

Publication de la Réunion des musées nationaux – Grand Palais
La Réunion des musées nationaux – Grand Palais Publication

Directeur des éditions / Director of Publications
Henri Bovet

Directrice adjointe des éditions / Assistant Director of Publications
Marie-Dominique de Teneuille

Chef du département du livre / Head of Books
Marie-Blanche Maillard

Responsable d'édition / Publication Manager
Véronique Leleu, assistée d'Emmanuelle Maffesoli

Relectrice / Copyediting
Anne Chapoutot

Traduction / Translation
Margaret Clarke

Iconographe / Picture Editor
Consuelo Crulci-Perrois

Directrice artistique / Art Director
Caroline Chambeau

Graphiste / Graphic Designer
Lucie Polard

Responsable de fabrication / Production Manager
Isabelle Loric

Les textes ont été composés en Avenir
Typeset in Avenir

Les illustrations ont été gravées par IGS,
L'Isle-d'Espagnac
Photo engraving by IGS, L'Isle-d'Espagnac

Cet ouvrage a été achevé d'imprimer en octobre 2013
sur les presses de l'imprimerie Ingoprint, Barcelone
Printed by Ingoprint, Barcelona

1er dépôt légal : août 2013
Dépôt légal : octobre 2013
ISBN : 78-2-7118-6109-5
EE 10 6109

Version hors commerce
978-2-7118-6201-6
EE 10 6201